陕西师范大学史学丛书

丛书主编／何志龙

中古文史存稿

焦 杰／著

科学出版社

北京

内 容 简 介

本书以中古时期的历史文化为研究对象，主要由"国史探微""文史钩陈""文化考异""观音新论"四个部分汇编成册。在传统的文献考据方法的基础上，从不同角度对中古时期的政治、文化、宗教等方面进行了论述。此外，本书还采用了社会性别的视角，对观音女性化发展倾向等内容进行了细致的探讨。

本书可供历史学、文献学等相关专业的师生阅读和参考。

图书在版编目（CIP）数据

中古文史存稿 / 焦杰著. —北京：科学出版社，2019.12

（陕西师范大学史学丛书/何志龙主编）

ISBN 978-7-03-062816-9

Ⅰ.①中… Ⅱ.①焦… Ⅲ.①史评－中国－中古 Ⅳ.①K240.7

中国版本图书馆 CIP 数据核字（2019）第 239926 号

责任编辑：任晓刚 / 责任校对：王晓茜
责任印制：张　伟 / 封面设计：润一文化

科 学 出 版 社 出版
北京东黄城根北街 16 号
邮政编码：100717
http://www.sciencep.com
涿州市东南印刷厂 印刷
科学出版社发行　各地新华书店经销
*
2019 年 12 月第 一 版　开本：720×1000　B5
2019 年 12 月第一次印刷　印张：17 1/2
字数：320 000
定价：96.00 元
（如有印装质量问题，我社负责调换）

丛 书 总 序

在高等院校，教学与科研是一般教师关注的主要对象，教师们不仅关注自身的教学与科研，也关注他人的教学与科研，但对于学校和学院，高度关注的则是学科，即我们通常讲的学科建设。所谓学科建设，一般包含学科平台建设、师资队伍建设、科学研究和人才培养四个方面。学科平台建设，主要指硕士学位授权点和博士学位授权点的设置和建设，博士后科研流动站的设置和建设，另外也包括教育部人文社会科学重点研究基地的设置和建设，以及其他各类研究平台的设置和建设。师资队伍建设，主要指师资队伍的规模、职称结构、学历结构、年龄结构、学缘结构等方面。科学研究，主要指师资队伍成员从事学术研究所产出并公开发表和出版的学术论文、著作以及研究报告等。人才培养，主要指硕士学位授权点和博士学位授权点所培养的硕士研究生和博士研究生的数量、质量及其在学术界的影响和社会各行业的影响。学科建设的四个方面相互依托，相互促进，相辅相成，共同构成了学科建设的有机整体。其中，学科平台是基础，有了学科平台，有利于引进人才和加强队伍建设，有了学科平台，才能招收研究生，进行人才培养。队伍建设是核心，拥有一支合理的师资队伍，才能支撑和维持学科平台，才能有进行科学研究和人才培养的主体。科学研究是关键，科学研究的成果体现学科平台的力量，也是培养人才的前提和基础，没有较强的科学研究能力，不可能培养出合格的人才。人才培养是目标，人才培养必须依托学科平台，同时，人才培养不仅必须要有师资队伍，而且必须要有具备科学研究能力的师资队伍，才能完成合格的人才培养。

与国内大多数高校的历史学科一样，陕西师范大学的历史学科建设，在2012年之前，主要进行的是学科的外延建设。所谓外延建设，就是指增加学科的数量和规模，如拥有几个一级博士学位授权点，几个国家重点学科以及几个教育部人文社会科学重点研究基地等。随着我国改革开放的深化和综合国力的增强，民众对高等教育有更高期待，党的"十八大"明确提出推动高等教育的内涵发展，走以质量提升为核心的内涵发展道路，高校学科建设进入了一个新的时期，学科建设的重点由外延建设转向内涵建设。外延建设主要强调量，而内涵建设则更加注重质，外延建设为内涵建设奠定了坚实的基础。也就是说，在已有学科平台的基础上，凝练高水平的队伍，产出高水平的成果，培养高质量的人才，将成为学科发展的关键所在，而统领这三方面的正是学科特色。凡大学都应该有自己的特色，大学的特色集中体现在学科特色上。所谓学科特色，主要指在某一学科的某一领域，凝练一支高水平的研究团队，产出一系列有影响的研究成果，同时培养出一批在学术界和相关行业有影响的人才。为什么说学科特色是学科内涵建设的灵魂，原因有三：一是从人力资源配置看，很难有一个高校有能力支撑一个学科（一级学科）所包含的所有学科领域。二是从财物资源配置看，很难有一个高校有能力支持一个学科（一级学科）所包含的所有学科领域发展所需要的财力和物力。支持学科建设不仅要有研究团队，而且要有为研究团队提供从事科学研究所必需的财力和物力，如从事历史学研究所必需的场所设施、网络环境和图书资料等，只有满足人、财、物的合理配置，才能进行科学研究。三是只有发展学科特色，资源配置才能实现成本最低，效率最高。如果学科领域广泛，需要配置的文献资源也必然广泛，相应地如果学科领域相对集中，需要配置的文献资源也相对集中，成本低而利用率高。另外，发展学科特色，易于承传学术传统，易于形成内部合作，易于产出系列成果，易于团队培养人才，易于形成学术影响，也易于保持学术影响。

发展学科特色需要考虑诸多因素。作为历史学科建设，要充分考虑地方历史文化，形成自己的学科优势，这种优势既能更好地服务地方，也能充分彰显自己的学科特色。要注重已有学术传统，顺应国家长期发展的重大战略目标，着眼未来，长远规划学科特色。要充分考虑学校的实力地位，谋划学校能够实现的规划，因为学科建设规划只有在人、财、物的可持续投入基础上才能实现。

　　陕西师范大学的历史学科，依托地处周秦汉唐历史文化中心，考古资源丰富，出土文物规格高和数量大的优势，经过几代历史人70多年的不懈努力，逐步形成了以周秦汉唐历史为主要研究领域的学科特色，中国古代史国家重点学科的获批，也是对这一学科特色的充分肯定。随着国家对历史学科精细化分类管理，原来既是门类也是一级学科的历史学一分为三，调整为中国史、世界史、考古学三个一级学科。根据学校地位的变化和学校对历史学科人、财、物的持续投入状况，面对三个一级学科的评估和建设，在国家一流大学和一流学科建设中，我们面临着前所未有的巨大挑战。在严峻的挑战面前，思路必须明确，决策必须正确，行动必须快捷。环顾国内外高等院校学科建设成功者，无不具有显著特色。我们在学科内涵建设中，特色发展是唯一选择。作为中国史一级学科，其统属的中国古代史和历史地理学两个国家重点学科，是我校的特色学科，也是我校的优势学科，在国内学科建设的激烈竞争中，只有加大建设力度，才能保持优势地位。而要保持传统优势学科的地位，除了加大已有建设的力度，还必须不断探索新的学科增长点，才能进一步强化学科优势，彰显学科特色。中央提出的"一带一路"建设，是我国发展的大战略，为地处丝绸之路起点的我校历史学科发展迎来了难得的发展机遇，学院"丝绸之路历史文化研究中心"的建立，不仅顺应了国家重大战略需求，同时也是我院探索新的学科增长点的体现。中国史升格为一级学科后，发展中国近现代史学科势在必行，而从时间和空间上看，中国近现代史学科的研究领域同样极为广泛，我们也必须选择某一领域，重点建设，特色发展。西北地区的近现代史研究是中国近现代史研究的重要组成部分，把西北地区的近现代史作为我校中国近现代史学科的发展方向，同样具有明显的地域优势，也必将成为我校的学科特色和新亮点。

　　此外，文物与博物馆学也是学院谋求学科建设发展特色的一大发力点。2008年1月23日，中宣部、财政部、文化部和国家文物局联合下发《关于全国博物馆、纪念馆免费开放的通知》，根据该通知，全国各级文化文物部门归口管理的公共博物馆、纪念馆，全国爱国主义教育示范基地将全部实行免费开放，博物馆已成为国民素质教育的重要基地。在全国范围内，博物馆如雨后春笋，发展迅猛，但博物馆学的专业人才却明显不足，这就为高等院校博物馆学人才培养提出了新的要求。陕西是考古大省、文物大省，更是博物馆大省，博物馆的人才需求也相对较大。基于地缘优势和省内学科建设差异化发展的思路，我校在考古学学科下重点发展博物馆学，经过十多年的发展，取得了一定成就，陕西省文物局与我校签订战略合作框架协议，国家文物局在我校设立文博人才培训示范基地，充分说明我校重点发展博物馆学符合陕西省和国家对博物馆人才培养的需求，特色建设博物馆学的思路得到了肯定和支持。我们将在国内博物馆学研究的基础上，学习、借鉴、吸收国外博物馆学的理论和方法，深入探索努力构建我国博物馆学的学科理论体系，彰显我校博物馆学的学科特色。

彰显学科特色的要素很多，但产出颇具影响的系列研究成果尤为重要。为此，学院设计出版"陕西师范大学史学丛书"。本丛书首批17本，均为学院教师近年新作，每本书的内容不少于三编，作者自序。丛书的内容广泛，涉及中国古代史、中国近现代史、世界史等。希望通过出版本套丛书，集中展现学院教师近年来学术关注的领域和成就。鉴于本丛书是在我校大力推进一流学科建设的开启之年规划完成的，故以一流学科建设的思路代为本套丛书之总序。

何志龙

陕西师范大学长安校区文汇楼 C 段 209 室

2015 年 12 月 25 日

自　序

　　《中古文史存稿》这本书分为"国史探微""文史钩沉""文化考义""观音新论"四个专题，共收录了 24 篇论文，大部分论文写于 20 世纪 90 年代到 21 世纪 10 年代的 20 年时间。前 10 年是我学术生涯的起步和奠基时期，后 10 年则是转型和发展时期，这些论文的内容正反映了迈入史学大门以来，我的研究兴趣发展的脉络与过程。

　　20 世纪 80 年代中期，我非常幸运地成为著名历史文献学专家黄永年先生的弟子。在求学的几年时间内，我听了黄先生亲授的目录学、版本学、古籍整理、唐史史料学、唐史专题、《太平广记》专书研究、《吴梅村诗》研究等十余门课程，又聆听了受黄先生延请而来的白化文、章培恒、严绍璗、曾枣庄、孙钦善诸位古典文献学专家讲授的音韵学、训诂学等多门课程，打下了很好的文献学基础。1987 年毕业的时候，我又蒙黄先生青睐留在了古籍所，一直工作在黄先生身边，又学到了不少知识。如果说上研究生那几年从黄先生那里学的是理论，那么工作以后这些年从黄先生那里学来的就是实践了。可惜那时本人既年轻又愚钝，放着这么好的名师在身边，竟没有想着多学点本领，以至黄先生的学问只学了一些皮毛而已。与黄先生的其他高足，如胡宝华、贾二强、赵望秦等师兄，包括虽非嫡传却得到真传的辛德勇师兄相比，我真是汗颜得无地自容啊！

　　不过，毕竟是近水楼台先得月，尽管生性愚钝，但耳濡目染，总能有所斩获。20 世纪 90 年代的时候，我陆陆续续写了一些文章，内容既包括唐史研究，也包括文化史研究。唐史方面的文章先后有《谈唐太宗用人的局限》《唐穆宗初期再失河朔原因发微——兼评朝廷在藩镇问题上的失策》《〈昭陵碑录〉的史料价值》《〈昭陵碑录〉与初唐政治制度》等。这四篇文章发表于1992年到1995年，侧重于史料考证与分析，写作方法受黄先生影响很深。

20世纪90年代后期，我的研究兴趣开始转移，由唐史渐渐趋向于文化史，写了不少文章出来。《哪吒形象的演变》《灌口二郎神的演变》《"紫姑"考释》《古代爱情故事中化蝶结局的由来》《关索并非关三郎》等文章大都写于此时。这些文章的思考角度和写作方法以考史论义为主，得益于黄先生的真传，故而材料充实，考证精详，分析细致。其中《哪吒形象的演变》一文的写作是受了黄先生的点拨。记得那时候黄先生和我们闲聊的时候往往会说，某某问题很有意思，可以一写，某某问题很值得写，但还没有人写，有心的人便会记下来，在日常的学习工作中就会加以关注，《哪吒形象的演变》就是这样写出来的。我写完之后还请黄先生看了看，先生大笔一挥，画龙点睛地改了几处非常关键的地方。这篇文章发表在全国高等院校古籍整理研究工作委员会创办的《中国典籍与文化》上。

有了《哪吒形象的演变》的成功，我对民间信仰的研究兴趣一发不可收拾。《"紫姑"考释》一文是为黄先生七十大寿而作，前前后后花了我三个月的时间。那时候没有现在这么多的电子检索工具，我只能老老实实地钻在古书堆里，仗着目录学的基础，一本书一本书地翻。好在当时黄先生慧眼识金，为古籍所买了很多非常有用的书。其中有一本宗力和刘群的《中国民间信仰》，对我写民间信仰方面的论文助力不小。这本书属于资料汇编性质，将中国古代在民间较有影响的神祇资料，包括前人的研究成果，按名称、年代基本收录完毕，每一条材料都有出处，但在最后会有一段总结分析。有了这本书，我就不用漫无头绪地在书海里捞针了。文章写完后，蒙师兄（后来成为我的博士生导师）贾二强老师改了改，最后我拿给黄先生看，黄先生看到最后笑眯眯地说："你怎么还知道用《元典章》呢？"我实话实说："在《辞源》里看到的。"黄先生依然笑眯眯地说："谅你也不知道，不过，写得还不错！"

20世纪90年代后期的几年，是我学术研究的一个小高峰，在两三年的时间里，前后发表了八九篇论文，有一年竟然出了四篇。这些文章除了前面提到的《"紫姑"考释》《古代爱情故事中化蝶结局的由来》《唐穆宗初期再失河朔原因发微——兼评朝廷在藩镇问题上的失策》《关索并非关三郎》《灌口二郎神的演变》以外，还有《唐代的姬妾及其社会地位》《先秦女师概述》《虚幻意识与社会现实的交融——〈太平广记〉梦之研究》等。当时正好到了评副教授的年限，我就隐隐听到有人在说，焦杰看起来嘻嘻哈哈，一天光知道玩，关键时刻也不傻啊！其实那是几年读书的积累到了爆发的时候，还真不是为了评职称而急急忙忙写出来的。

1992—1999 年，古籍所资料室资料员位子一直空缺，没有合适的人选，因为我比较年轻，又没有孩子拖累，所以就被黄先生派到那里兼管图书。当时的古籍所采取八小时坐班制，虽然便于黄先生管理，可缺点也十分明显，那就是聊天。俗话说：三个女人一台戏。八九个女人得有几台戏呢？记得有次聊天聊得兴起，不时大笑，惹得对面学报的编辑很是不爽，"砰"的一声把门关上。聊天影响学习的时间和效果自然是难免的。可是到了资料室却不同了，资料室在楼上，只有我一个人，安安静静的，想聊天也没人聊，于是在这八年的时间里，我正正经经看了很多书，因而也顺理成章地写出了这些文章。其中《"紫姑"考释》和《灌口二郎神的演变》这两篇文章，我现在都认为写得很好，不但将这两位民间鬼神的来历交代清楚，而且还将它们的演变痕迹考查得十分清晰，在这一点上我相信至今应该是还没有人能够超越的。

进入 21 世纪初期以来，我的研究兴趣范围开始扩大，先后写下了《从墓志看唐代妇女与佛教的关系》《北宋急脚递的传递方式考》《唐宋金元急递制度的沿革与通信》《崔融行年杂考》《唐代长安公主道观的开发与利用》《试论唐代女性名字的特点》《从墓志看唐代女性崇道的原因》《从〈太平广记〉中的仙女下凡故事看唐代的道教观念》《论唐人小字与姓名文化》《健步、急脚与夜不收》《中国古代的外室现象与妇女地位》等文章，内容除了涉及交通史和文化史外，还开始涉猎妇女史。通过一段时期的整合，我最终将研究的主要方向固定在妇女史方面。

妇女史的写作方法与传统的文献考据学有较大的不同，主要从性别的视角对传统史料进行分析，分析文化建构对两性差异的影响，分析女性在历史发展中的作用和影响，从史料中发现女性的声音。虽然研究的侧重点不同，但史料的甄别和考证则是相同的，我的历史文献学教育背景，以及在黄先生身边工作期间学到的知识，对我从事妇女史研究起到了很大的促进作用。正是因为如此,我对早期的这些研究成果抱有很深的眷念,总是想找机会整理一番,然后把它们集中发表出来。这个工作终于拖到今年进行,这要感谢陕西师范大学历史文化学院的"陕西师范大学史学丛书"出版计划的实施。

《〈昭陵碑录〉研究》和《〈昭陵碑录〉与初唐政治制度》两篇文章是姊妹篇,是我的硕士毕业论文《〈昭陵碑录〉研究》的成果。记得1988年硕士论文答辩之后,答辩主席时任全国高校古籍整理工作委员会秘书长的安平秋先生,将我和其他几位同学的论文选中,打算刊登在全国高校古籍整理工作委员会主办的《古籍整理与研究》上。最后,被选中的五篇文章只有我这篇发表了。我的文章能发表,倒不是比其他几位同学写的高明,而应该归功于黄先生这棵大树和古籍所的平台,其他的同学则没有这个好运气。当时发表在《古籍整理与研究》上的《〈昭陵碑录〉的史料价值》一文,是根据硕士论文的主体整理而成。该文以罗振玉辑录的《昭陵碑录》为底本,将碑文资料与正史的记载进行对比研究,分为碑史互异、碑有史无、以碑证史三个部分,对昭陵陪葬大臣的生平及相关的文史问题进行了考证。《〈昭陵碑录〉与初唐政治制度》是将碑文所载的丧葬监护制度和食邑制度,与正史所载相关资料进行对比研究,指出了实际操作与制度规定之间存在变通,而这些尊崇制度在执行中存在着文武官员的差异,显示着唐太宗时期的政治呈现崇文抑武的倾向。这篇文章托同门师兄弟王祺祎之福,发表在《碑林集刊》上。这一发现引发我进一步思考,开启了我对唐太宗用人问题的关注,促使了《谈唐太宗用人的局限》一文的出现。

《谈唐太宗用人的局限》一文从唐太宗对待唐高祖旧臣、隋唐旧臣和非嫡系大臣态度的三个方面出发,以萧瑀、裴寂和李靖等人在贞观年间的事迹为主,探讨了唐太宗用人方面的不足,认为他的用人并非完全史传的"任人唯才,各尽其用""选贤任能,不拘一格""兼明善恶,取长补短",而是有着"用人唯亲"的局限性。除了魏征和李勣原因比较特殊以外,他的贤明与虚怀纳谏,只适用于嫡系故旧和亲信大臣,尤其是参与了玄武门之变的臣僚们。这篇文章写定之后,请教了师兄牛致平,他看了之后说道:你会写文章了。并推荐到《人文杂志》上发表。

中晚唐历史一直是我比较喜欢的,朝廷的政治斗争、朝廷与地方的关系,都对我有极强的吸引力,大学的毕业论文写的就是《中唐以后朝官和宦官的关系》，藩镇和中央政权的关系也是我想探讨的问题。20世纪90年代参加《旧唐书》《新唐书》全译工作的时期，我借机又把这部分内容好好看了一下，于是写出了《唐穆宗初期再失河朔原因发微——兼评朝廷在藩镇问题上的失策》一文。文章认为唐宪宗的平叛战争还是很成功的，河朔三镇的归降也是诚心的，只要继位的唐穆宗及执政者举措合适，就不会发生三镇复叛的事件；即便三镇复叛，只要平叛策略适当，也能将三镇控制；但可惜的是穆宗皇帝年少无韬略，执政者又挟有私心，朝令夕改，出征统帅处处受掣，故而最终失去了河朔三镇。这篇文章写完后交给了主持《唐史论丛》的牛致功先生，牛先生看过之后说："焦杰，你的文章写得很好啊！"

　　《崔融行年杂考》也是当年做《旧唐书》《新唐书》全译工作的一个副产品。当年做《旧唐书》《新唐书》全译工作一共出了三个副产品，另外一个是《唐代的姬妾及其社会地位》。《崔融行年杂考》一文根据崔融流传下来的诗文作品分析他的行迹，并将其内容与《旧唐书·崔融传》和《新唐书·崔融传》记载进行了对比，凡是《旧唐书》《新唐书》缺载的、语焉不详的、有误的，则对其进行补充和修订。这篇文章最早的题目叫《崔融生平事迹考述》，黄先生觉得不太贴切，建议改成《崔融行年杂考》。这篇文章虽然写成的较早，但发表的较晚。刊登此文的台湾《大陆杂志》早已停刊了。

　　《哪吒形象的演变》一文考察的是近代以来人们喜闻乐见的孩童形象哪吒的来源。前文已经说过，这个题目是黄先生给的，他告诉我说，在较早的文献记载中，哪吒形象并不是小孩子，看看《西游记》、《封神演义》和《四游记》等书，然后再看看《三教源流封神大全》就知道了。我奉命看了这些书以后，果然发现哪吒最早的时候其实是位手执长枪的英武将军。那他怎么变成了三头六臂的小孩子，怎么又拥有了那些法宝呢？经过对传世文献和元明戏曲的细细梳理，我发现孩童形象的哪吒是受了《西游记》红孩儿的影响，而其最后定型并流传于民间，则归功于《封神演义》这部神魔小说。

　　《"紫姑"考释》一文从魏晋南北朝的文献开始一直考索到明清时代，将紫姑神的来历及其演变的轨迹清晰地再现出来。文章指出，最早的紫姑是受大妇压迫的小妾，自经而亡，因其生前从事秽事，故人们在猪栏边迎请她，主要询问与女人工作有关的事情。唐宋以来，因其能预卜未来的本领受文人士大夫的关注，加之受道教神仙思潮的影响，紫姑则由地位不高的小妾变成了女仙，并被拉入了道教神灵系统，成为正式的厕神。很多鬼神也假借其名而降，由此演变为明清时的扶乩活动。因为明清时扶乩活动盛行，紫姑反倒成为女性的专用神祇，一直延续到近代社会。《"紫姑"考释》一文专为庆祝黄先生诞辰七十周年而写，所以收在了《古代文献研究集林》第三集里。

《灌口二郎神的演变》一文是考察在中国民间影响最大的三位二郎神——李二郎、赵昱和杨戬之间的渊源递嬗关系。不仅考察了他们的起源，也考察了他们是如何互相取而代之的过程及原因。民间淫祀、国家祀典、佛道两教、戏曲和神魔小说，彼此之间互相交叉，互相影响，都对这个过程产生了推动的作用。除此之外，论文的亮点是对李二郎来源的考证，以及对前人的研究成果的补充和纠正。当时这篇文章写完之后颇觉得意，考虑到二郎神信仰是四川的历史文化，于是投往《四川大学学报》，没想到居然得中。当时刚刚开始讲究权威期刊论文，心里一高兴未免有点忘形。

其他论文分别就关注的问题进行了研究，《古代爱情故事中化蝶结局的由来》考察的是梁山伯与祝英台故事产生的历史文化背景及其演化的痕迹。《关索并非关三郎》考察的是关索与关三郎之间的关系，指出关三郎最早应该是关羽，而不是他的儿子关索。《虚幻意识与社会现实的交融——〈太平广记〉梦之研究》是以《太平广记》所载的梦类故事为核心，对古人占梦的方法、梦的心理及象征意义进行了探讨，进而论述了梦的社会文化意义。《论唐人小字与姓名文化》则通过对传世文献和墓志所显示的唐代小字资料进行分析类比，考察了唐代命名所体现的文化特征。

《北宋急脚递的传递方式考》、《唐宋金元急递制度的沿革与通信》和《健步、急脚与夜不收》是系列论文。第一篇文章考察的是北宋急脚递的传递方式，我认为按照制度规定，北宋急脚递原则上是马传，走传是马传的补充。这就解释了为什么宋代文献中会呈现出矛盾情况。第二篇文章从宏观角度论述了从唐代到元代古代通信制度的沿革与变化，分别分析了不同时期的特点。第三篇文章是对文献中出现的与急递制度有关的名词——健步、急脚、夜不收进行了考释，对它们的来源及其流变进行梳理，分析它们在不同时期的使用和特点，以及彼此之间的渊源递嬗关系。

《唐代长安公主道观的开发与利用》《唐代文安公主杂考》《性别之变：唐代中土地区观音女性化过程的考察》《性别之因：唐代中土地区观音女性化

的性别因素考察》《唐高宗武则天时期妇女崇佛与观音造像的女性化》《试论水月观音在唐代产生的社会文化基础》等几篇文章是近几年完成的。它们分别是西安市社科规划基金项目"唐代公主与长安道观暨旅游文化的开发"和教育部人文社会科学基金项目"唐代女性与宗教"的中期研究成果。《唐代长安公主道观的开发与利用》对唐代公主道观的地理位置进行了考察,并与目前的城市建设规划相结合,就如何进行文化产业开发提出了合理化建议。《唐代文安公主杂考》利用传统文献和墓志记载对文安公主的相关史实进行考证。最后四篇与观音有关的文章除了采用传统的文献考据方法之外,还采用了社会性别的视角,对唐代中土地区观音的女性化问题、武则天时观音造像的女性化倾向,以及水月观音在中唐社会的产生问题进行了细致的探讨,研究手法涉及社会学和心理学,着重强调了女性在观音文化发展过程中的主体性意识和能动作用。

在所有的文章中,《试论宋代士大夫对佛教僧团发展的影响——以宗杲、圆悟克勤与二张的关系为例》写的最晚,它是 2017 年 10 月"径山禅宗祖庭文化论坛暨径山万寿禅寺大殿落成佛像开光庆典"学术研讨会会议论文,全文以宋代临济宗杨岐派高僧圆大慧宗杲禅师为核心,围绕着他拜圆悟克勤为师、升任径山寺住持的经历,以及师徒二人与张商英和张浚的交往,探讨了宋代士大夫对佛教僧团的影响。

上述这些文章虽然写作时间的跨度比较大,但大体的内容和性质相近,都属于历史学范围,且侧重于文化史,所以就将它们都收录到本书。又因为涉及的内容比较广,体例上显得不够系统,所以将其命名为《中古文史存稿》,以便很好地体现出本书的特点。与后期的论文相比,早期论文胜于考证,但行文稍显简约而生涩,远不如后期圆润通达,所以这次收入本书的时候进行了简单的修饰和润色,个别地方还做了修订,使其既达到全书前后行文特点相近的要求,又不会改变原文的旧貌。希望这本以我早期研究成果为主,同时也兼收近年研究成果的书稿能带给大家不一样的感受。

目　　录

第三编　文化考义

第四编　观音新论

第一编

国史探微

谈唐太宗用人的局限

近年来，唐太宗李世民的研究成为唐史学界关注的焦点，研究内容包括李世民在唐朝建国过程中的作用、玄武门之变的原因、贞观之治、用人政策、贞观时期的对外关系等，其中用人政策便是一个重要内容。总体说来，唐史学界认为李世民的用人政策还是很高明的，"任人唯才，各尽其用""选贤任能，不拘一格""兼明善恶，取长补短"等，都是学界评价唐太宗用人政策时常用的几种溢美之词。综合大家的研究情况，唐太宗用人政策可归纳为几个方面：第一，新故并进。第二，亲仇共用。第三，对隋朝旧臣、武德旧臣，择才而用。不可否认，唐太宗在使用人才方面的某些措施和做法的确值得称赞，也很有过人之处，但是否就可以说唐太宗做得很完美，没有一点缺陷呢？当然不可以。作为封建社会的皇帝，无论是思想意识还是在行动规范上都会受到历史和现实的局限，唐太宗的用人也不会例外。

一、唐太宗对待隋朝旧臣和武德旧臣的态度

唐朝建立之初，收用了大量的隋朝旧臣，其中包括隋朝比较有影响的萧瑀、陈叔达、裴矩、郑善果等人。由于本身的政治才干十分出色，所以他们早在武德年间就深为唐高祖所器重，并委以重任。萧瑀于武德元年（618年）迁任内史令，参与机密，"时军国草创，方隅未宁，高祖乃委以心腹，凡诸政

务，莫不关掌"①。陈叔达也于"武德元年，授黄门侍郎。二年，兼纳言。四年，拜侍中"②，进入了政权的核心层面。裴矩在武德五年（622 年）投靠了李唐王室，武德八年（625 年）即担任了检校侍中。他们在唐朝中央政权的顺利发展和各种制度的稳步建立过程中起到了积极作用。唐太宗即位以后，他们虽然仍留在朝中供职，但身处的环境和所受待遇已远远不及武德年间。其中萧瑀的事例最为典型。

萧瑀本是隋朝王室的亲族，既有政治才能，又为人很耿直，因为谏阻隋炀帝讨伐辽东而被贬为河池郡守。唐高祖入关后，他率郡归附唐高祖，以其才能，深得唐高祖的赏识和重用。萧瑀的为人"端正鲠亮"，不善与人虚与委蛇，待人处事只讲原则而不讲情面，不论对方是谁他都敢针锋相对，并提出自己的意见，包括面对的是皇帝。唐太宗的虚心纳谏在史上向来很有名，对魏征等人的犯颜直谏也能接受，但偏偏不喜欢萧瑀。唐太宗即位以后，其手下心腹房玄龄、杜如晦等人掌握大权，处处排挤萧瑀，当时萧瑀与封伦同任尚书省仆射之职，为了打击萧瑀，房玄龄、杜如晦便"疏瑀亲伦，瑀心不能平，遂上封事论之，而辞旨寥落。太宗以玄龄等功高，由是忤旨，废于家"③。在这件事上，唐太宗偏袒房杜等人的态度是再明显不过了。本来是房玄龄、杜如晦两人排挤萧瑀不对，萧瑀上书辩论也无可厚非，作为"兼明善恶"的唐太宗不但不批评房杜两人，反而因为萧瑀的奏章表露出不满的情绪而处分萧瑀，实在说不过去。虽然不久以后萧瑀又官复原职，并且参与朝政，但没过多久又因一件小事被再度罢免：

> 寻坐与侍中陈叔达于上前忿诤，声色甚厉，以不敬免。岁余，授晋州都督。明年，征授左光禄大夫，兼领御史大夫。与宰臣参议朝政，瑀多辞辩，每有评议，玄龄等不能抗，然心知其是，不用其言，瑀弥怏怏。玄龄、魏征、温彦博尝有微过，瑀劾之，而罪竟不问，因此自失。由是罢御史大夫，以为太子少傅，不复预闻朝政。④

① （后晋）刘昫等：《旧唐书》卷六三《萧瑀传》，北京：中华书局，1975 年标点本，第 2400 页。
② （后晋）刘昫等：《旧唐书》卷六一《陈叔达传》，北京：中华书局，1975 年标点本，第 2363 页。
③ （后晋）刘昫等：《旧唐书》卷六三《萧瑀传》，北京：中华书局，1975 年标点本，第 2401 页。
④ （后晋）刘昫等：《旧唐书》卷六三《萧瑀传》，北京：中华书局，1975 年标点本，第 2401 页。

这件事情再一次说明了房玄龄等人的确与萧瑀不和，以及"兼听则明"的唐太宗极力袒护房玄龄等人的事实。不过萧瑀毕竟为人端正，不谋私利，这一人品倒为世人所共知，连唐太宗也不得不承认萧瑀高风亮节，"不可以厚利诱之，不可以刑戮惧之，真社稷臣也"。为了维护自己虚怀纳谏、开明仁厚的美名，唐太宗在贞观九年（635年）又令萧瑀参议朝政，并赐诗"疾风知劲草，版荡识诚臣"来安抚他。其实在唐太宗心里，他还是希望萧瑀趁早回家，免得让自己看见了心烦。所以，当贞观十七年（643年）萧瑀请求出家时，唐太宗爽快答应，连个挽留的样子也不做。然而当萧瑀又突然表示不想出家时，唐太宗就大为恼火，下诏把萧瑀臭骂一顿，说他"弃公就私""莫辨邪正"①，然后赶他到商州做了刺史，直到贞观二十一年（647年）才召回京城。可是时过不久，萧瑀即病故了。从这件事来分析，唐太宗对萧瑀厌恶的心理是多么强烈！

以唐太宗的"知人善任"和"虚心纳谏"之美名，何以不能容纳萧瑀的端正耿直呢？分析起来，原因有两个：其一，萧瑀是唐高祖所器重的人，不是唐太宗的亲信。其二，萧瑀看不惯唐太宗偏袒房玄龄等人的做法，也看不惯房玄龄、杜如晦等人排斥异己的行为，经常进行批评，且言辞非常激烈，因此而惹怒了唐太宗：

> 瑀尝称："玄龄以下同中书门下内臣，悉皆朋党比周，无至心奉上。"累独奏云："此等相与执权，有同胶漆，陛下不细谙知，但未反耳。"太宗谓瑀曰："为人君者，驱驾英材，推心待士，公言不亦甚乎，何至如此！"太宗数日谓瑀曰："知臣莫若君，夫人不可求备，自当舍其短而用其长。朕虽才谢聪明，不应顿迷臧否。"因数为瑀信誓。瑀既不自得，而太宗积久衔之，终以瑀忠贞居多而未废也。②

当然，萧瑀说房玄龄等人无至心奉上、有谋反之心并不是事实，这是萧瑀因怨愤而话头过激，但是指责他们朋党比周、排斥异己则不是诬陷。唐太宗对此心知肚明，不但不以为非，反而对萧瑀不满，可见他在对待"亲疏"

---

① （后晋）刘昫等：《旧唐书》卷六三《萧瑀传》，北京：中华书局，1975年标点本，第2402—2403页。
② （后晋）刘昫等：《旧唐书》卷六三《萧瑀传》，北京：中华书局，1975年标点本，第2402—2403页。

关系的问题上，态度是截然不同的。在这一点上，号称犯颜直谏的魏征要比萧瑀聪明得多。尽管有时魏征与唐太宗也争得面红耳赤，但他从来没有指责过房玄龄等人的不是，相反却经常为他们辩白。比如贞观三年（629年），"房玄龄、王珪掌内外官考，治书侍御史万年权万纪奏其不平，上命君集推之。魏征谏曰'玄龄、珪皆朝廷旧臣，素以忠直为陛下所委，所考既多，其间能无一二人不当，察其情，终非阿私……'上乃释不问"①。正因为魏征比较注意维持与房玄龄等人的关系，唐太宗才不至于反感他，加上魏征对唐朝笼络山东地区的特殊作用，唐太宗当然不可能不接受他的犯颜直谏，并视为腹心的。

二、唐太宗对待唐高祖亲信大臣的态度

唐太宗是通过玄武门之变，射杀兄弟建成、元吉，逼父亲退位，才当上皇帝的，他与唐高祖虽为父子，却早已失父子之情，外表看来还很和睦，实际却是互相防范。唐高祖在位时最依赖最信任的人是裴寂，其信任和依赖的程度不亚于唐太宗之于房玄龄。裴寂是唐高祖的老朋友，又促成了太原起义，为唐朝的建立立下了汗马功劳。唐高祖登上皇帝宝座，即拜裴寂为尚书右仆射，两人关系相当亲密。"高祖视朝，必引与同坐，入阁则延之卧内，言无不从，呼为裴监而不名。"②到了贞观年间，裴寂的地位一落千丈，屡遭贬降，最后竟然被流放。分析记载裴寂的相关史料可以发现，唐太宗对于裴寂的处分完全是借题发挥、小题大做：

> （贞观）三年，有沙门法雅，初以恩幸出入两宫，至是禁绝之。法雅怨望，出妖言，伏法。兵部尚书杜如晦鞫其狱，法雅乃称寂知其言，寂对曰："法雅惟云时候方行疾疫，初不闻妖言。"法雅证之，坐是免官，削食邑之半，放归本邑。寂请住京师，太宗数之曰："计公勋庸，不至于此，徒以恩泽，特居第一。武德之时，政刑纰缪，官方弛紊，职公之由。但以旧

① （宋）司马光：《资治通鉴》卷一九三"太宗贞观三年闰月"条，北京：中华书局，1956年标点本，第6069—6070页。

② （后晋）刘昫等：《旧唐书》卷五七《裴寂传》，北京：中华书局，1975年标点本，第2287页。

情，不能极法，归扫坟墓，何得复辞？"寂遂归蒲州。①

妖言惑众乃是大罪，当认真审慎办案才是，可是仅凭法雅一人之言，即判裴寂之罪，这与唐太宗一贯提倡的"致理之本，唯在于审"的主张不相吻合②。谁又能保证不是杜如晦为排斥裴寂而诱导法雅诬陷裴寂呢？唐太宗一席话把裴寂贬得一无是处，难道作为唐朝开国皇帝的李渊竟会蠢到重用一个这样无能无德人物的地步吗？诚然，裴寂并没有建立什么赫赫战功，但他作为太原起义的主谋，镇守中央政权的核心大臣，其功绩是不可抹杀的。没有后方的稳固，就不会有前方的胜利。出身于草莽的汉高祖刘邦尚知道"运筹帷幄"的重要性，何况是出身于贵胄世家的唐太宗？唐太宗的一席话完全是颠倒黑白，充分暴露了他对裴寂极为厌恶的心理。

> 未几，有狂人自称信行，寓居汾阴，言多妖妄，常谓寂家僮曰："裴公有天分"。于时信行已死，寂监奴恭命以其言白寂，寂惶惧不敢闻奏，阴呼恭命杀所言者。恭命纵令亡匿，寂不知之。寂遣恭命收纳封邑，得钱百余万，因用而尽。寂怒，将遣人捕之，恭命惧而上变。太宗大怒……于是徙交州，竟流静州。③

信行妖言惑众一事，裴寂本不知晓，即便知情以后不敢上闻也可理解。因为古人极迷信天命，信行说裴寂有天分，即是说裴寂有皇帝之命，这不是要取唐室而代之吗？当时裴寂已处危卵之境，时刻有杀身的危险，这种事情怎么敢上报唐太宗而自取其危呢？再者恭命上变，乃是奴告主，按唐律的规定是不应受理的。而且唐太宗本人也十分厌憎奴仆告主之事，他在贞观二年（628 年）就说过："比有奴告其主反者，此弊事。夫谋反不能独为，必与人共之，何患不发，何必使奴告邪！自今有奴告主者，皆勿受，仍斩之。"④对别人来说，

---

① （后晋）刘昫等：《旧唐书》卷五七《裴寂传》，北京：中华书局，1975 年标点本，第 2288—2289 页。

② （唐）吴兢著、谢保成集校：《贞观政要集校》卷三"论择官"条，北京：中华书局，2003 年标点本，第 155 页。

③ （后晋）刘昫等：《旧唐书》卷五七《裴寂传》，北京：中华书局，1975 年标点本，第 2289 页。

④ （宋）司马光：《资治通鉴》卷一九三"太宗贞观二年十二月"条，北京：中华书局，1956 年标点本，第 6061 页。

奴告主是坏事，对裴寂来说则不是坏事了，唐太宗这么做不是出尔反尔吗？况且他在盛怒之下，罗列了裴寂当死的四大罪状，然后说："我杀之非无辞矣。议者多言流配，朕其从众乎。"①编写唐朝国史裴寂传的人大概想用此话赞美唐太宗的宽宏大量，殊不知反倒暴露了唐太宗极为刻薄的心理。因为当时朝中主事的都是玄武门之变以后掌握政权的人，他们只会说裴寂坏话而不会说好话。假如裴寂罪当死，他们绝不会议为流放。显然，唐太宗欲杀裴寂并不是"非无辞矣"，而是实在无辞。

如果说凡是涉及谋反的事，唐太宗都处理得非常严厉，那还说得过去，但有史料可查，唐太宗对某些人是非常宽宏大量的。贞观初年，李孝常和长孙乐业图谋不轨一事被人告发，长孙顺德和刘弘基因与他们交游而受到除名的处分。然而一年以后，唐太宗"阅功臣图，见顺德之像，闵然怜之，遣宇文士及视其所为，见顺德颓然而醉，论者以为达命。召拜泽州刺史，复其爵邑"②。刘弘基也是"岁余，起为易州刺史，复其封爵"③。裴寂只是没有上闻信行之言，而长孙顺德、刘弘基两人是与谋逆之人交游，其罪更大，但所受处分明显比裴寂轻得多，这无论如何解释不通。不过，我们把长孙顺德与刘弘基的来历及其与唐太宗的关系弄清楚，就会明白其中的缘故。按：长孙顺德在隋朝末年因"避辽东之役，逃匿于太原，深为高祖、太宗所亲委。时群盗并起，郡县各募兵为备。太宗外以讨贼为名，因令顺德与刘弘基召募，旬月之间，众至万余人"④。武德九年（626 年），他又"与秦叔宝等讨建成余党于玄武门"⑤。刘弘基于隋末在太原，"会高祖镇太原，遂自结托，又察太宗有非常之度，尤委心焉。由是大蒙亲礼，出则连骑，入同卧起"⑥。武德九年（626 年），"以佐命功，真食九百户"⑦。他们都是唐太宗的故旧，长孙顺德还参加了玄武门之变，凭他们与唐太宗的亲密关系，唐太宗又怎会舍得严厉处罚他们呢？这不能

---

① （后晋）刘昫等：《旧唐书》卷五七《裴寂传》，北京：中华书局，1975 年标点本，第 2289 页。

② （后晋）刘昫等：《旧唐书》卷五八《长孙顺德传》，北京：中华书局，1975 年标点本，第 2308 页。

③ （后晋）刘昫等：《旧唐书》卷五八《刘弘基传》，北京：中华书局，1975 年标点本，第 2310—2311 页。

④ （后晋）刘昫等：《旧唐书》卷五八《长孙顺德传》，北京：中华书局，1975 年标点本，第 2308 页。

⑤ （后晋）刘昫等：《旧唐书》卷五八《长孙顺德传》，北京：中华书局，1975 年标点本，第 2308 页。

⑥ （后晋）刘昫等：《旧唐书》卷五八《刘弘基传》，北京：中华书局，1975 年标点本，第 2309 页。

⑦ （后晋）刘昫等：《旧唐书》卷五八《刘弘基传》，北京：中华书局，1975 年标点本，第 2310 页。

不说明唐太宗在用人问题上确受"亲疏"思想的影响。

实际上,唐太宗也知道裴寂并无谋反之心,因为裴寂流放以后,"俄逢山羌为乱,或言反獠劫寂为主,太宗闻之曰:'我国家于寂有性命之恩,必不然矣。'未几,果称寂率家僮破贼"①。既然如此,唐太宗为什么还要赶走裴寂呢?究其原因就在于裴寂是唐高祖的亲信,唐太宗信不过他。而在唐高祖与唐太宗的矛盾斗争中,裴寂始终为唐高祖竭力谋划,唐太宗对此忌恨不已。虽然唐高祖早已退居太上皇之位,但他毕竟还活着,有裴寂这样的旧人在朝中,唐太宗的皇帝宝座无论如何坐得难以安心,所以他必须除掉裴寂。

三、唐太宗对待非亲信功臣的态度

在唐朝建立过程中,有一些既不属于唐太宗、也不属于唐高祖的人,他们凭着自己的军事才干,南征北战,建立了卓越功勋,高居庙堂之上,但他们也难得唐太宗的真心信任,李靖便是其中的代表。史载李靖"少有文武材略",深得隋名臣杨素、牛弘的赏识②。隋朝大业末年,他担任马邑郡丞。他很早就察觉出唐高祖反叛隋朝皇室的野心,就前往江都,要向隋炀帝报告,但走到长安时却被困于城中。唐高祖攻克京城,抓住了他,惜其才而放免,唐太宗遂将他招入幕府。后来李靖先后平定开州蛮,平定萧铣,讨伐辅公祏,立下盖世之功。可以说唐朝初期的任何一个武将都没有他的功劳大。贞观年间,边防一有大事,唐太宗总要派他担任统帅出征。所以《旧唐书》为贞观之臣列传时,将他列于武将之首,居于李勣之前。有巨功在身,又精通文武之道,唐太宗理当对李靖委以腹心,托以重任。然而仔细品读《旧唐书》的记载却可以感觉到,李靖处世极为谨慎,如履薄冰。这与他的身份和威望不相符合。比如贞观四年(630年)李靖升任尚书右仆射,参议朝政,进入了政治权力的核心,但他颇有顾虑,"每与时宰参议,恂恂然似不能言"③。以李靖之雄才大略,指挥千军万马的气魄,并非"不能言"之辈。一方面这样的记载说明李靖为人谦虚、心思缜密,善于防微杜渐;另一方面也说明他确实得不到唐太宗的信任,所以他才不得不小心谨慎。等到贞观八年(634

---

① (后晋)刘昫等:《旧唐书》卷五七《裴寂传》,北京:中华书局,1975年标点本,第2289页。
② (后晋)刘昫等:《旧唐书》卷六七《李靖传》,北京:中华书局,1975年标点本,第2475页。
③ (后晋)刘昫等:《旧唐书》卷六七《李靖传》,北京:中华书局,1975年标点本,第2480页。

年），李靖请求致仕，唐太宗竟然也同意了，并下诏称赞他"能识大体"。可是没过多久，吐谷浑寇边，唐太宗似乎忘记李靖年事已高，足有疾，行动不便，又命他为元帅抵御吐谷浑。后来利州刺史高甑生诬告李靖谋反，"太宗命法官按其事，甑生等竟以诬罔得罪"①。尽管此事对李靖没什么伤害，但毕竟表明唐太宗并没有因李靖再次立功而信任他。以后，李靖只好"阖门自守，杜绝宾客，虽亲戚不得妄进"②。

李靖之武功并不亚于房玄龄之文功，但为何得不到唐太宗信任呢？原因有两个：一是李靖不是唐太宗亲信。李靖投唐以后，除了武德二年（619 年）跟从唐太宗讨伐王世充以外，再没有追随过唐太宗。他所立的几次军功都是他自己做统帅出生入死获得的。而房玄龄等人追随唐太宗多年，既可以说他们帮助唐太宗登上皇位，也可以说唐太宗赐给他们荣华富贵。与之相比，李靖自然难得唐太宗欢心。二是在玄武门之变前，唐太宗曾征求他的意见，但遭到他的拒绝。据载，武德九年（626 年）六月时：

> 世民腹心唯长孙无忌尚在府中，与其舅雍州治中高士廉、右候车骑将军三水侯君集，及尉迟敬德等，日夜劝世民诛建成、元吉。世民犹豫未决，问于灵州大都督李靖，靖辞；问于行军总管李世勣，世勣辞；世民由是重二人。③

按：玄武门之变前夕，李世民的处境十分危险；亲信多被调出府中，兵权也被解除；李建成、李元吉整天围在唐高祖身边，控制了局势。玄武门之变是李世民铤而走险，于险中取胜，实是侥幸之举。在这种形势下，即使李世民有再好的修养，也不会对李靖毫无意见的，李靖在贞观年间的小心谨慎是有很深的原因的。当然，在玄武门之变以前，唐太宗也征求过李勣的意见，也遭到后者的拒绝，但奇怪的是唐太宗即位以后不但不疏远李勣，反而一再拉拢他，并托以辅孤的重任。究其原因，这是因为李勣与魏征一样，他们在山东地区有很

---

① （后晋）刘昫等：《旧唐书》卷六七《李靖传》，北京：中华书局，1975 年标点本，第 2481 页。
② （后晋）刘昫等：《旧唐书》卷六七《李靖传》，北京：中华书局，1975 年标点本，第 2481 页。
③ （宋）司马光：《资治通鉴》卷一九一"高祖武德九年六月"条，北京：中华书局，1956 年标点本，第 6006—6007 页。

大的影响，对唐朝笼络山东的关系极为重要，唐太宗当然要尽力拉拢他了。①

　　贞观年间，唐太宗在用人方面很受亲疏关系的影响，最明显的就是以不同的态度对待以隋朝旧臣、唐高祖故旧和非亲信功臣。相关的人和事，在初唐史料中还可找到例证，但是以萧瑀、裴寂、李靖三人最为典型。当然在隋朝旧臣、武德旧臣中也有为唐太宗所亲重的，如宇文士及、封伦等人。不过，唐太宗之所以亲近重用他们，那是因他们都会看风使舵，关键时刻投靠了唐太宗。如宇文士及随唐太宗发动了玄武门之变，封伦虽未参加，但"以建成、元吉之故，数进忠款，太宗以为至诚"②。由此可见，唐太宗在用人问题上，确实存在着局限性。当然本文这样写并不是想否定唐太宗的功绩，而是想把他放在客观的历史中加以评价。前几年史学界对唐太宗用人的评价，只注意到善于用人的一面，而忽略了不足的一面，当然也就不能全面地客观地评价唐太宗的用人问题。本文在此只是抛砖引玉，以促进学界关于唐太宗研究的发展。

　　原载（《人文杂志》1992 年第 4 期）

---

　　① 黄永年：《论李勣》，《陕西师范大学学报》（哲学社会科学版）1981 年第 1 期。

　　② （后晋）刘昫等：《旧唐书》卷六三《封伦传》，北京：中华书局，1975 年标点本，第 2397 页。

《昭陵碑录》的史料价值

　　《昭陵碑录》是罗振玉辑录的唐太宗昭陵陪葬者的碑文，正文计有28篇，加上4篇补录，共32篇。这32位陪葬者大都是初唐尤其贞观年间较有影响的人物，有的在《旧唐书》《新唐书》无传，有的有传。与《旧唐书》《新唐书》的本传比较，碑文内容往往要比本传详细系统得多，如《温彦博碑》《段志玄碑》《孔颖达碑》《崔敦礼碑》等。而那些没有在《旧唐书》《新唐书》立传的碑主，不是追随唐太宗南征北战创立功业的人物，就是参加过玄武门之变，是唐太宗的亲信，如许洛仁、杜君绰等人。所以，《昭陵碑录》所收碑文对研究唐初的政治、军事具有很高的价值。

　　这部书只有两种版本：一是宣统元年（1909年）番禺沈氏刊晨风阁丛书本，包括《昭陵碑录》三卷和附录一卷；二是宣统三年（1911年）上虞罗氏刊五种本，1914年上虞罗氏刊重编八种本宸翰楼丛书本，包括《昭陵碑录》三卷、札记一卷、补一卷（五种本）。关于此书的辑录目的和过程，罗氏在此书序中讲得十分清楚，本文不再赘述。1914年的刻本虽然较晚，却是由罗氏亲自刊印，其内容的增补和校勘都优于他本，这在罗氏的校勘记中有详细的叙述。故本文的写作即采用1914年的刻本。

　　经过编者颇费艰辛的搜集和校录，《昭陵碑录》将一大宗较成体系的唐初史料贡献给学术界。但自本书问世以来，全面利用的人却不多，这不免令人深感遗憾。这主要是出于对碑志文内容真实性的疑虑，另外，碑文过于讲求辞藻也妨碍理解文义。现将此书史实与正史的记载进行考证，使其史料价值得到印证，并期望得到广泛利用，以促进唐史研究。为了考证方便，本文先将碑文内容与《旧唐书》和《新唐书》的记载进行对照，并辅之以《资治通鉴》《册府元龟》等书，将史料分为：碑史互异一类，碑有史无（以碑补史）一类，以碑证史一类，主要是在碑史互异一类下功夫。在考证过程中，吸收了《金石萃编》《八琼室金石补正》等书的研究成果，并加以充实和完善。

一、碑史互异

碑文的记载与《旧唐书》《新唐书》往往不同，其中一处必然有误，将这些互异的记载汇录对比，有助于断定何者为误。一般情况下，碑早于《旧唐书》《新唐书》，失误的可能性小一些；但也不能说绝对正确，比较复杂的情况要经过考证才能下结论。故或仅列其异同以供参考，或进行必要的判断，以决是非。为使行文简练，若《新唐书》与《旧唐书》记载相同，只引《旧唐书》。

1. 名与字

（1）温彦博之父。《旧唐书》卷六一《温大雅传》云君悠，《新唐书》卷九一《温大雅传》云君攸，碑云君攸。

（2）房玄龄。《旧唐书》卷六六《房玄龄传》云名乔字玄龄，《新唐书》卷九六《房玄龄传》云名玄龄字乔，碑云讳玄龄字乔。

（3）高士廉之父。《旧唐书》卷六五《高士廉传》云励（《新唐书·高士廉传》同），《元和姓纂》云励，《隋书》卷五五《高劢传》云劢，碑云劢。

（4）李靖。《旧唐书》卷六七《李靖传》云本名药师，《新唐书》卷九五《李靖传》云字药师，碑云字药师。

（5）清河公主之婿。清河公主下嫁程知节之子，《新唐书》卷八三《公主传》云怀亮，《旧唐书》卷六八《程知节传》云处亮，《唐会要》卷二一《陪陵名位昭陵陪葬名氏》云知亮。按：古人讲究避讳，子女之名不能与长辈同，故知亮误。《清河公主碑》在贞观二年（628年）封公主后有"使持节瀛州诸军事瀛州刺史娄之孙，岐州诸军事岐州刺史镇军大将军（缺）东阿县开国公"之句，当是记清河公主下嫁事。《程知节碑》又有"又以公业峻艰虞，寄深陛戟，既洽畴庸之典，载光延赏之荣，封第二子处亮为东阿县开国（缺）"

的记载，可证处亮为是。

（6）温彦博兄弟。《旧唐书》卷六一《温氏三兄弟传》云大雅字彦弘，二弟彦博，三弟大有字彦将。《新唐书》卷九一《温氏三兄弟传》云大雅字彦弘，二弟彦博字大临，三弟大有字彦将。宋代欧阳修在《集古录跋尾》中《颜勤礼碑跋》云："按《唐书》云温大雅字彦弘，弟彦博字大临，弟大有字彦将。兄弟义当一体，而名大者字彦，名彦者字大，不应如此。"①欧阳修说的《唐书》是他与宋祁合修的《新唐书》，称彦博字大临是从碑文而来。《碑录》中温彦博碑的"临"字十分鲜明，"彦博"与"大"字与《八琼室金石补正》所录相同，不会有误，则大雅与大有名字有误。《二十二史考异》卷五〇《宰相世系表》对温氏已有明确考证。

（7）李元吉。《文安县主墓志铭》云县主为巢刺王劼之女，巢刺王是贞观十六年（642年）追封李元吉的，则劼即是元吉。但《旧唐书》《新唐书》《资治通鉴》都没有提到元吉另有一名字劼。《古泉仙馆金石文编》即提出这一疑问："此志作劼，岂巢刺王名劼，字元吉，以字行邪？"②《筠清馆金石记》亦云："考《传》，数高祖诸子，多以元字为排行，则其名似本作元吉，或亦贞观追爵改封与谥时改为劼，而史家失考耳。"③姑两存之。

（8）薛元超。《金石录》跋："又收之子元超，据《唐史》及此碑，皆云'名元超'，而杨炯《盈川集》载炯所为《元超行状》乃云'名振，字元超'。盖唐初人多以字为名耳。"④

从以上考证可知，唐代初期时人一般皆以字行于世，名则很少提及，除上面提到过的房玄龄、温大雅、李元吉等人之外，还有段志玄，例如其碑云：公讳□，字志玄。而《旧唐书》《新唐书》皆只云志玄，大概也是以字行。可见这种情况是相当普遍的。当然，这与古人的习惯是一样的。

　　① （宋）欧阳修：《欧阳修全集》卷一四〇《集古录跋尾》卷七，北京：中华书局，2001年，第2254页。

　　② （清）陆增祥：《八琼室金石补正》卷三四录《古泉仙馆金石文编》跋文安县主墓志，北京：文物出版社，1985年，第231页上栏。

　　③ （清）陆增祥：《八琼室金石补正》卷三四录《筠清馆金石记》跋文安县主墓志，北京：文物出版社，1985年，第230页下栏。

　　④ （宋）赵明诚：《宋本金石录》卷二四"唐薛收碑"条，北京：中华书局，1991年，第559页。

2. 籍贯

（1）段志玄。《旧唐书》卷六八《段志玄传》云其齐州临淄人（《新唐书·段志玄传》同），碑云齐州邹平人，但《旧唐书·地理志》《新唐书·地理志》对齐州的记载既不见邹平也不见临淄，而是临淄属青州，邹平属淄州。《元和郡县志》卷一〇的记载亦同。按：淄州在隋时属齐郡，为淄川县，唐代划分出来成为一州。可见碑所云齐州邹平乃是隋时地理区划。隋唐两代紧紧相连，唐初人们使用旧时地理区划并不奇怪。如按唐时地理区划，应为淄州邹平。

（2）房玄龄。《旧唐书》卷六六《房玄龄传》云其为齐州临淄人，碑云清河郡人。临淄属青州而非属齐州，前已论及。房氏一族世为清河著姓，《北史》卷三九《房法寿传》云："房法寿，小名乌头，清河东武城人也。曾祖谌，仕燕，位太尉掾，随慕容氏迁于齐，子孙因家之，遂为东清河绎幕人焉。"[1]《新唐书》卷七一《相世系表》叙房氏在房汉、房雅时徙清河绎幕，房谌时南迁居济南。《北史》讲的迁齐，即《新唐书》卷七二《宰相世系表》所讲的迁济南。《隋书》卷三〇《地理志》记载齐郡中有淄川县，原为东清河郡，开皇十六年（596年）置淄州，开皇十八年（598年）改名淄川。清河郡中有清河县和武城县。清河县旧名武城，开皇初改武城为清河时，于此置武城。按：《北史》云其迁齐为清河绎幕人也，即《隋书》卷三〇《地理志》的齐郡淄川。房法寿迁到清河郡的东武城县。《旧唐书·地理志》《新唐书·地理志》云淄州乃隋代齐郡之淄川县，也属传统上的齐州，故房玄龄应是齐州淄川人，按唐时区划应为淄州淄川。

（3）褚亮。《旧唐书》卷七二《褚亮传》云其杭州钱塘人。碑云河南阳翟人。《旧唐书》卷七二《褚亮传》又云：其先自阳翟徙居。《新唐书》卷七二《宰相世系表》云：褚重时始居河南阳翟，重裔孙招始徙丹阳。《金石录》卷二五考证云："右唐褚亮碑。《唐书》云'亮，杭州钱塘人'，而碑云'晋南迁，家于丹阳'。按《元和姓纂》自有钱塘褚氏，与亮族系不同。唐史盖失之。"[2]虽然现今碑录中不见有"晋南迁，家于丹阳"之句，但《金石录》乃

---

① （唐）李延寿：《北史》卷三九《房法寿传》，北京：中华书局，1974年标点本，第1414—1415页。
② （宋）赵明诚：《宋本金石录》卷二五"唐褚亮碑"条，北京：中华书局，1991年，第577—578页。

宋时赵明诚所撰，盖其时尚见之。那么，褚亮家世应先居阳翟后迁丹阳。至于是否又迁钱塘，史书无确切记载，对于这一点，《金石萃编》卷四八《褚亮碑》跋的考证比较精详。

（4）豆卢宽。《旧唐书》卷九〇《豆卢钦望传》云京兆万年人。碑云今为河南洛阳人。按照碑文之意，洛阳是后来迁居之地，这与传就更不相同了。《新唐书》卷七〇《宰相世系表》言其先祖豆卢精时降后魏，居昌黎棘城。可知豆卢家由昌黎棘城移居洛阳。《旧唐书》卷九〇《豆卢钦望传》载："祖宽，即隋文帝之甥也。大业末，为梁泉令。及高祖定关中，宽与郡守萧瑀率豪右赴京师，由是累授殿中监。"[①]《新唐书·豆卢钦望传》与之略同。碑于此处只残留"投义"二字，其后记一生官职都在朝中，据此推测豆卢宽投唐后一直住在京城，所以其孙辈就自言京兆万年人了。

（5）李靖。《旧唐书》卷六七《李靖传》云雍州三原人，《新唐书》卷九五《李靖传云》云京兆三原，两者实为一地。碑云陇西城纪人。《新唐书》卷七二《宰相世系表》云李靖一系为陇西李氏之丹杨房，在李文度时入居京兆山北。则知碑云为旧贯，史传云为后迁之地。

（6）许洛仁。《旧唐书》卷五七《许世绪传》云并州人。碑云："博陵安喜人，始自颍川徙焉"，其后又有"曾祖（缺）照情田，玄度清风，独开心境，即安乐土，权居晋阳"的说明。可知其家先居颍川，后迁博陵安喜，曾祖时又迁晋阳，即并州。

通过以上考证可知，凡是碑史所记籍贯互异者，通常碑记其旧贯，而史书则记其后来迁徙定居之地。这显然是唐初仍崇重门阀郡望的烙印。《旧唐书》《新唐书》的本传偶尔也有记旧贯的，如《高士廉传》云其是渤海修县人，与碑相同，这大概是因为高士廉出身于有名的士族之家，高氏子孙一直保持渤海修县的郡望。

3. 履历

（1）段志玄授乐游府骠骑将军的时间。《旧唐书》卷六八《段志玄传》云："从刘文静拒屈突通于潼关……及屈突通之遁，志玄与诸将追而擒之，以

---

① （后晋）刘昫等：《旧唐书》卷九〇《豆卢钦望传》，北京：中华书局，1975年标点本，第2921页。

功授乐游府骠骑将军（《新唐书·段志玄传》同）。"①其授"将军"之时不明。而碑云："又与口、刘文静破桑显和、屈突通，累迁右光禄大夫、上柱国、封临济县侯，食邑三百户。又从上讨薛举、刘武周，以功授乐游府骠骑将军，进封武安郡公。"据史书记载，唐军擒屈突通在隋义宁二年即武德元年（618 年），平刘武周在武德三年（620 年）四月，此则其授"将军"之时自明。

又其讨吐谷浑之事。贞观八年（634 年）十月，唐军进攻吐谷浑，段志玄也参加了这次军事行动，碑云："又统承风道行军，讨吐谷浑。丁父忧，未几起复本任。"此事《资治通鉴》亦载："（太宗贞观八年六月）遣左骁卫大将军段志玄为西海道行军总管……将边兵及契苾、党项之众以击之。"②同书同卷七月辛丑条亦载："段志玄击吐谷浑，破之，追奔八百余里，去青海三十余里，吐谷浑驱牧马而遁。"③《旧唐书》卷三《太宗本纪》记此事为贞观八年（634 年）十月，除此之外，诸书并无段志玄另击吐谷浑之事，由此知两书所记与碑记当为一事，只是年代各不相同。另外，段志玄所任是西海道行军还是承风道行军，也有差异，待考。

（2）孔颖达封曲阜县男和任给事中年代。《旧唐书》卷七三《孔颖达传》载："贞观初，封曲阜县男，转给事中。"④碑先记其武德九年（626 年）任国子博士，然后又云："其年，封曲阜县男"，之后又有"贞观二年，改授给事中"的记载。

（3）褚亮封阳翟县男时间。《旧唐书》卷七二《褚亮传》云："（贞观）九年，进授员外散骑常侍，封阳翟县男。"⑤碑云："贞观元年，封阳翟县男。"

（4）崔敦礼封中书舍人与固安县公年代。《旧唐书》卷八一《崔敦礼传》载："贞观元年，擢拜中书舍人。"⑥碑云其封中书舍人一事在武德九年

---

① （后晋）刘昫等：《旧唐书》卷六八《段志玄传》，北京：中华书局，1975 年标点本，第 2505 页。

② （宋）司马光：《资治通鉴》卷一九四"太宗贞观八年六月"条，北京：中华书局，1956 年标点本，第 6106 页。

③ （宋）司马光：《资治通鉴》卷一九四"太宗贞观八年七月"条，北京：中华书局，1956 年标点本，第 6107 页。

④ （后晋）刘昫等：《旧唐书》卷七三《孔颖达传》，北京：中华书局，1975 年标点本，第 2601 页。

⑤ （后晋）刘昫等：《旧唐书》卷七二《褚亮传》，北京：中华书局，1975 年标点本，第 2582 页。

⑥ （后晋）刘昫等：《旧唐书》卷八一《崔敦礼传》，北京：中华书局，1975 年标点本，第 2747 页。

（626 年）武功之行后，紧接为"贞观元年，封固安县男"之句，如碑记正确，则其任中书舍人当在贞观元年（627 年）以前，即武德九年（626 年）八月到十二月之间（武功之行详见后"以碑补史"类）。又，同书同卷载："永徽四年，代高季辅为侍中，累封固安县公"①，但《旧唐书》卷四《高宗本纪》则云："（永徽四年）十一月癸丑，兵部尚书、固安县公崔敦礼为侍中。"②推知其为固安县公在任侍中以前。碑记封固安公时讲："其年副太尉赵国公检校山陵卤薄事毕，蒙进爵为公，食邑一千户。"唐太宗葬昭陵为贞观二十三年（649 年）八月庚寅后不久，碑记与《旧唐书·高宗本纪》相符，所以崔敦礼封固安县公绝不会是在永徽四年（653 年）。

（5）张胤任齐王文学之年。《新唐书》卷一九八《儒学传》载："义宁初，为齐王文学，封新野县公。"③碑云："武德元年，授齐府文学。"义宁乃隋恭帝年号，李渊当时不过是唐王，怎会有齐王之封？封齐王应在李渊称帝后，即武德元年（义宁二年，618 年）五月甲子以后，《旧唐书·高祖本纪》《新唐书·高祖本纪》均云六月庚辰。因此，张胤之为齐王文学不会早于武德元年（618 年）。

（6）马周任官。《旧唐书》卷七四《马周传》载其于贞观十五年（641 年）拜中书侍郎兼太子右庶子，贞观十八年（643 年）迁中书令，依旧兼太子右庶子。碑云左庶子。又其赠幽州都督之年，碑文在永徽二年（651 年）赠高唐县开国公后有一段缺文，缺文之后是"赠幽州都督"五字。以碑文来看，其赠幽州都督不得早于永徽二年（651 年）。又，其卒年。碑云："贞观二十三年正月九日薨于万年县之隆庆里第。"《旧唐书》卷七四《马周传》云贞观二十二年（648 年）卒。《旧唐书》卷三《太宗本纪》云贞观二十二年（648 年）正月庚寅。《金石萃编》卷四七引《通鉴目录》载是年是月壬午朔，庚寅正是九日。碑又云："诏以其年岁次戊申三月辛巳朔甲申陪葬于昭陵。"贞观二十二年（648 年）正是戊申年，三月辛巳朔，四日正是甲申。所以马周卒年应是贞观二十二年（648 年）。碑云贞观二十三年（649 年），不仅与传有异，且与本身记葬之年矛盾，显误。

---

① （后晋）刘昫等：《旧唐书》卷八一《崔敦礼传》，北京：中华书局，1975 年标点本，第 2748 页。
② （后晋）刘昫等：《旧唐书》卷四《高宗本纪》，北京：中华书局，1975 年标点本，第 72 页。
③ （宋）欧阳修、宋祁：《新唐书》卷一九八《儒学传》，北京：中华书局，1975 年标点本，第 5650 页。

（7）李勣归降年代。《旧唐书》卷六七《李勣传》云武德二年（619年），《旧唐书》卷一《高祖本纪》同。碑云："高祖神尧皇帝应昊穹而拔乱，顺斗极以龚行，四海乐推，兆人思戴。及密来投附，公独未归。既承其旨，方奉皇运。……高祖乃诏公为黎州总管、上柱国、莱国公，寻改封曹公，赐同国氏。……武德二年，又授右武侯大将军。"《资治通鉴》卷一八六高祖武德元年（618年）十一月条载："……世勣遂决计西向，……上闻世勣使者至，无表，止有启与密，甚怪之。孝恪具言世勣意，上乃叹曰：'徐世勣不背德，不邀功，真纯臣也！'赐姓李。"①（胡注：时授世勣黎州总管，封英国公。《资治通鉴》书于明年闰二月）李归唐，大片土地为唐所有，高祖赐姓，封官加爵是必然的。《资治通鉴》与碑记载相同，所以，《旧唐书》记载是错误的。又，唐太宗托孤年代。碑云："先圣承闲，曲垂谈宴，绪言之际，以朕托公，便即啮指流血，铭肌为记。忠贞之操，振古莫倚，金石之心，唯公而已。改封英国公，授兵部尚书，寻授特进、太子詹事、左卫率。"从碑文上看，李勣为英国公、兵部尚书都是在唐高宗被立为太子以后。但《旧唐书》卷六七《李勣传》载："（贞观）十一年，改封英国公，代袭蕲州刺史，时并不就国，复以本官遥领太子左卫率。"②唐太宗封李勣为刺史是在贞观十一年（637年），《旧唐书》卷六五《长孙无忌传》中有诏文，言李勣于是时封英国公是不会错的。至于李勣为兵部尚书时间，《旧唐书·李勣传》云为贞观十五年（641年），是年十一月，薛延陀入侵，《旧唐书·太宗本纪》载李勣以兵部尚书为朔方行军总管抗敌亦不应有误。然而唐高宗被立为太子却是在贞观十七年（643年），《旧唐书·李勣传》也记载了唐高宗为太子后唐太宗托孤之事。所以，碑的记载显然是错误的。大概因为此碑为唐高宗亲自撰写，有意强调托孤，无意中错乱了时间，也没人敢指出更正。又其任辽东行军总管的时间。《旧唐书》卷六七《李勣传》载："（贞观）十八年，太宗将亲征高丽，授勣辽东道行军大总管。"③碑云："贞观十九年，授辽东道大总管。"《资治通鉴》卷一九七唐太宗贞观十八年（644年）十一月甲午条载："……又以太子

———————————

① （宋）司马光：《资治通鉴》卷一八六"唐高祖武德元年十一月"条，北京：中华书局，1956年标点本，第5823页。

② （后晋）刘昫等：《旧唐书》卷六七《李勣传》，北京：中华书局，1975年标点本，第2486页。

③ （后晋）刘昫等：《旧唐书》卷六七《李勣传》，北京：中华书局，1975年标点本，第2487页。

詹事、左卫率李世勣为辽东道行军大总管，帅步骑六万及兰、河二州降胡趣辽东，两军合势并进。"①《旧唐书》卷三《太宗本纪》云十一月壬寅。按：贞观十八年（644 年）唐太宗下诏攻高丽，因而调兵遣将，授李勣辽东道行军大总管；到贞观十九年（645 年）二月唐太宗亲自率军进攻高丽。可见，碑所记乃是出征之年。又其任洛州刺史年代。碑云："又授太常卿，出为叠州都督，寻除特进，检校□州刺史，朕纂承平绪，延想旧勋，又授公开府仪同三司，尚书□仆射。""检校"后的缺字当是"洛"字，从这里可知其任洛州刺史乃在唐高宗即位之前，与史不合。《旧唐书》卷六七《李勣传》载："（贞观）二十三年，太宗寝疾，谓高宗曰：'汝于李无恩，我今将责出之。我死后，汝当授以仆射，即荷汝恩，必致其死力。'乃出为叠州都督。高宗即位，其月，召拜洛州刺史，寻加开府仪同三司，令同中书门下，参掌机密。是岁，册拜尚书左仆射。"②（《旧唐书》卷四《高宗本纪》所记同）按：唐太宗病于贞观二十三年（649 年）四月幸翠微宫时，五月戊午出勣为叠州都督，己巳，唐太宗崩，其间不过十二天，在这短短的十二天内，不可能再诏李勣为洛州刺史，从唐太宗的遗嘱上看，他也不可能于死前召回李勣。所以，此事碑所记为误。又其是否参加平定刘武周的行动。碑云："刘武周率彼犬羊，凭凌汾晋，先朝躬亲矢石，公则任属偏裨。"此段是说李勣参加了这次军事行动。《金石萃编》卷五九跋："据高祖本纪，秦王讨刘武周武德二年事，是年十一月，勣为窦建德所执，三年始自拔来归；而三年三月秦王复与武周战于洺州，武周亡入突厥，其时勣不同战也。"③李勣于武德元年（618 年）奉表归唐，便任黎州总管，并没有到长安，直到武德三年（620 年）正月从窦建德处逃归长安时，唐太宗早已在外征伐，所以他根本没有参加平定刘武周的行动。唐高宗为了表彰他，竟不顾事实，妄加功绩。

（8）唐俭于蒲州之战后的一段历史。《旧唐书》卷五八《唐俭传》云：蒲州之战结束后，"俄而太宗击破武周部将宋金刚，追至太原，武周惧而北走，俭乃封其府库，收兵甲，以待太宗。高祖嘉俭身没虏庭，心存朝阙，复

① （宋）司马光：《资治通鉴》卷一九七"唐太宗贞观十八年十一月"条，北京：中华书局，1956 年标点本，第 6214 页。

② （后晋）刘昫等：《旧唐书》卷六七《李勣传》，北京：中华书局，1975 年标点本，第 2487 页。

③ （清）王昶：《金石萃编》卷五九唐一九"李勣碑"跋，北京：中国书店，1985 年，第 8 页。

旧官，仍为并州道安抚大使，以便宜从事，并赐独孤怀恩田宅赀财等。使还，拜礼部尚书，授天策府长史，兼检校黄门侍郎，封莒国公，与功臣等元勋恕一死，仍除遂州都督，食绵州实封六百户，图形凌烟阁"①。再后就是贞观初年破突厥封民部尚书。同碑文相比，传的记载极为混乱且不合情理。因为贞观年间唐俭还是比较受到器重的，他不可能只升一级官职。因此，这一段记载还是碑文比较详细具体。碑云："武周平后，诏公为并州道安抚大使，寻拜礼部尚书，赐以怀恩田宅。……诏授太宗文皇帝天策上将……以公为长史。寻而逆贼刘黑闼拥徒冀北……以公为幽州道安抚大使、□州行军总管、定州道安抚大使。……而马邑之酋长，导狼望之凶渠……公杖节出使。……（缺）声□兼黄门侍郎，进封莒国公，食邑三千户，实封六百户。……子阳僭号之邑，玄德窃位之都……公□往□□得人。贞观□年，授使持节都督遂、梓、普、□等五州诸军事，□□□□□加鸿胪卿、户部尚书，□实封八百户（《旧唐书·李靖传》言唐俭第二次出使突厥时已为鸿胪卿）。"另外，碑在蒲州之战前有"□以□□□□□□□凌烟阁"，很可能就是图形凌烟阁。由此看来，唐高祖时也有为功臣图形之事，《旧唐书》卷五八《唐俭传》所云正确，只不过唐俭图形凌烟阁是在蒲州之战前。

（9）程知节出为康州刺史年代。《旧唐书》卷六八《程知节传》载："武德七年，建成忌之，构之于高祖，除康州刺史。"②（《新唐书》卷九〇《程知节传》同）碑则云：武德四年（621 年）。我认为武德七年（624年）为是。因为武德九年（626 年）六月四日的玄武门之变，程知节也是一个积极参与者，说明他当时还在京城。《新唐书》卷九〇《程知节传》载："（知节）白秦王曰：'大王去左右手矣，身欲久全，得乎？知节有死，不敢去！'事平，拜太子右卫率。"③《旧唐书》卷六八《程知节传》也有相同的记载。可见，程知节没有离京，他拖延两年不走是有可能的，但拖延五年就说不过去了。另外，武德三年（620 年）他才任秦王左三统军，随秦王东征西讨，武德四年（621 年）时各地还没有平定，唐太宗与李建成的矛盾尚未十分尖锐，李建成当时并没有动手剪除唐太宗的力量。所以，武德七年（624 年）是正

① （后晋）刘昫等：《旧唐书》卷五八《唐俭传》，北京：中华书局，1975 年标点本，第 2306 页。
② （后晋）刘昫等：《旧唐书》卷六八《程知节传》，北京：中华书局，1975 年标点本，第 2504 页。
③ （宋）欧阳修、宋祁：《新唐书》卷九〇《程知节传》，北京：中华书局，1975 年标点本，第 3773 页。

确的。

（10）段纶的爵号。《新唐书》卷八三《公主传》载："高密公主，下嫁长孙孝政，又嫁段纶。纶，隋兵部尚书文振子，为工部尚书、杞国公。"①《文安县主墓志》云："降姻于工部尚书驸马都尉纪公之世子段俨。"《唐会要》卷七九《谥法》记载段纶也是纪国公。《新唐书》称杞国公，误。

4. 官职名称

（1）通事舍人与通直谒者。《温彦博碑》云其在隋时值内史省转通事舍人，而《旧唐书》卷六一《温彦博传》云："转通直谒者。"②两者实为一职。《隋书》卷二八《百官志》载：内史省原有通事舍人十六个，隋炀帝改为谒者台。碑记乃旧称，传记乃新称。

（2）持书侍御史与治书侍御史。《马周碑》言其历官云："十二年转中书舍人。久之，迁持书侍御史。"《旧唐书》卷七四《马周传》云："十五年迁治书侍御史。"③《金石萃编》卷四七跋："持书侍御史。"《旧唐书·职官志》云：后周为司宪中大夫，隋讳中改为持书御史，武德因之，贞观末避唐高宗名改持书御史为中丞以避帝名。《文献通考》载：汉宣帝元凤中感路温舒尚德缓刑之言，季秋后请谳时帝幸宣室斋居而决事，令侍御史二人持书。持书侍御史起于此也。魏晋以下，历代因之，皆作持书，别无治书之名，即避讳唐高宗是避其名，改持书为中丞，非改治为持也。《旧唐书》卷七四《马周传》误。

5. 兰陵公主排行

《新唐书》卷八三《公主传》云其为唐太宗第十二女，碑云第十九女。

6. 窦怀哲与窦太后之关系

《新唐书》卷八三《公主传》云窦怀哲为太穆皇后的族子。碑云："……窦怀哲，即太穆皇后之孙，银青光禄大夫少府监上柱国德素之子。"这句话可以有两种解释：一种是怀哲是太后的孙子窦德素的儿子；另一种是太后之孙。考《新唐书》卷七一《宰相世系表》叙太后世系：岳生毅，毅生照，照生彦，

---

① （宋）欧阳修、宋祁：《新唐书》卷八三《公主传》，北京：中华书局，1975 年标点本，第 3643 页。

② （后晋）刘昫等：《旧唐书》卷六一《温彦博传》，北京：中华书局，1975 年标点本，第 2360 页。

③ （后晋）刘昫等：《旧唐书》卷七四《马周传》，北京：中华书局，1975 年标点本，第 2619 页。

彦生德素，德素生怀哲。《金石萃编》卷五二《兰陵公主碑》跋："太穆皇后为毅之第二女……，则太穆为德素之祖姑母。怀哲实太穆之侄曾孙、盖同本于毅也。……而详玩碑文，当以太穆皇后之孙直贯下文德素之子作一句，谓德素为太穆之孙，怀哲为德素之子。"①可见碑记为是。

7. 后裔情况

（1）豆卢宽之子。《旧唐书》卷九〇《豆卢钦望传》记载豆卢宽有二子：一为尚万春公主之怀让；一为钦望之父仁业。碑云："长子□州刺史上柱国芮国公仁业，次子右卫将军上柱国蠡吾县开国公承基等并夙承家范。"没有怀让，但从"承基等"字样来看，则不止二子。《元和姓纂》记豆卢宽有两个儿子承业、怀让。《八琼室金石补正》卷三五跋："窃疑承业即承基，后避明皇讳追改，与郑崇基之改为崇业相同。"②《八琼室金石补正》还认为仁业与怀让为一人，云："怀让或即仁业之字，以字行耳。"③我认为此说不对，因为《旧唐书·豆钦望传》同时提到怀让与仁业，故不可能为一人。所以，豆卢宽当有三子，即仁业、承基（承业）、怀让。

（2）唐俭之子。《唐俭碑》云："诏曰：与卿故旧，可申姻好，征男尚识尚豫章公主。"而《新唐书》卷八三《公主传》云豫章公主下嫁唐义识。《旧唐书》卷五八《唐俭传》有"又特令其子善识尚豫章公主"之句，三说不同，未知孰是。

二、碑有史无

这一类可以以碑补史。因为碑有而史缺的资料甚多，难以一一列出。在这里，只列出一些碑中记载并不详细确切但较重要的资料，分专题加以考证。其中包括两种情况：一是书中无传的，如杜君绰、乙速父子等人。二是书中有传，但碑详于传的，如段志玄等人。

---

① （清）王昶：《金石萃编》卷五二唐一二"兰陵公主碑跋"条，北京：中国书店，1985年，第7页。

② （清）陆增祥：《八琼室金石补正》卷三五录《筠清馆金石记》跋芮定公豆卢宽碑，北京：文物出版社，1985年，第237页上栏。

③ （清）陆增祥：《八琼室金石补正》卷三五录《筠清馆金石记》跋芮定公豆卢宽碑，北京：文物出版社，1985年，第237页上栏—中栏。

1. 履历

（1）温彦博出使高丽。隋末，温彦博出使过高丽，这一史实书中没有记载，碑文中也只是略见痕迹。碑云："炀帝亲董九伐，问罪三韩。于时礼部尚书杨玄感□□□□兵部侍郎斛斯政出奔高丽。既而乘辕南返，诏公衔命蕃境，申明臣节。陈之以逆顺，宣畅困威；示之以祸福，遂□□□增晖。……岂如郭吉□□□□□海，张骞拥节，无功于月支？"从行文中看，他出使高丽是在杨玄感作乱，斛斯政奔高丽，隋炀帝从高丽撤军以后。《隋书》卷八一《东夷传》云："九年，帝复亲征之……会杨玄感作乱，反书至，帝大惧，即日六军并还。兵部侍郎斛斯政亡入高丽，高丽具知事实，悉锐来追，殿军多败。"[①]又《隋书》卷四《炀帝纪》载："（大业九年）六月乙巳，礼部尚书杨玄感反于黎阳。……戊辰，兵部侍郎斛斯政奔于高丽。庚午，上班师。高丽犯后军，敕右武卫大将军李景为后拒。"[②]碑云："既而乘辕南返，诏公衔命蕃境"，当在大业九年（613 年）六月庚午以后。又罗艺召其为幽州司马。《旧唐书》卷六一《温彦博传》记载隋末大乱后，幽州总管罗艺引温彦博为幽州司马，但语焉不详。且隋时温彦博一直在朝廷任职，怎能到幽州去呢？碑中一条资料正好解决了这个问题。碑在出使高丽之后讲："又以公为东北道招慰大使。属天地横溃，华戎版荡……"，后一部分残缺，内容不详，紧接是授幽州总管府长史事，这时已是罗艺归唐以后。由此可知，温彦博任东北道招慰大使一定离开长安到达幽州一带，罗艺才得以招他为司马。

段志玄从征辽东事。隋大业年间段志玄从征辽东不见于史书记载，但是碑记十分详细："隋大业中，薄伐辽左，公占募从征，年始十四。"段志玄卒于贞观十六年（642 年），年四十五（碑记），那么从征辽东时应该是大业七年（611 年）。

（2）薛收谥号。《金石录》卷二四云："右唐薛收碑，文字残缺，其可读处，以《唐史》校之，无甚异同，惟收之卒谥曰懿，而《史》不书尔。"[③]现在《昭陵碑录》中不见薛收卒时谥号，盖赵明诚时仍见。但碑额题"汾阴献

---

① （唐）魏征：《隋书》卷八一《东夷传》，北京：中华书局，1973 年标点本，第 1817 页。
② （唐）魏征：《隋书》卷四《炀帝纪》，北京：中华书局，1973 年标点本，第 84 页。
③ （宋）赵明诚：《宋本金石录》卷二四"唐薛收碑"条，北京：中华书局，1991 年，第 559 页。

公"，则是永徽六年（655 年）陪葬时追谥，亦为史不载。可见，薛收卒时谥曰懿，立碑时又追谥为"献"。

（3）崔敦礼入仕唐朝经过。《旧唐书》和《新唐书》均没有提到此事，碑云："公识芒砀之启圣，知梁宋之兴王，投刺辕门。"又其妫州之行与崔敦礼改名年代。碑云："□年，右校叛换，极忧天田，左贤陆梁，将迴地轴，荡涤逋寇，事籍谋猷，奉敕副郢国公宇文士及往妫州经略事了。还日，公乃□元□□奉□蒙忝□□旷□□□□□之恩易名。"《旧唐书》《新唐书》均未提及此事。改名一事，《旧唐书》卷八一《崔敦礼传》云："敦礼本名元礼，高祖改名焉。"①据《旧唐书》卷三九《地理志》载：妫州原是隋涿郡的怀戎县，武德七年（624 年）高开道时复北齐旧名北燕州，贞观八年（634 年）改为妫州。《资治通鉴》卷一九〇唐高祖武德七年（624 年）二月己未条载："高开道将张金树杀开道来降。……诏以其地置妫州。壬戌，以金树为北燕州都督。"②张金树降唐，唐高祖必定派人前往宣慰。据碑所记派了宇文士及和崔敦礼，于其地置妫州，不久又改为北燕州，直到贞观八年（634 年）方复妫州旧名。另外碑在此事之后即述崔敦礼于武德九年（626 年）往幽州之事，所以妫州之行当在武德七年（624 年）二月己未后不久，他从妫州回来，唐高祖就给他改了名字。又其武功之行。碑在平定李瑗后云："其年，奉敕副御史大夫安吉郡公杜淹前往武功道简点，还授中书舍人。"这一段历史《唐书》没有提到。按：李瑗叛乱是在武德九年（626 年）六月，则崔敦礼前往武功不会早于此时。当时他和杜淹同往，据《旧唐书》卷六六《杜淹传》载，武德八年（625 年）杨文干作乱时，杜淹、韦挺、王珪等人一并流放越巂，"太宗知淹非罪，赠以黄金三百两。及即位，征拜御史大夫，封安吉郡公"③。唐太宗即位时，于八月癸亥大赦天下，凡放逐者皆放还（详见《旧唐书》卷二《太宗本纪》），杜淹自然也在其列，则其时封安吉郡公当在八月癸亥之后，那么武功之行亦不得早于八月。而武德九年（626 年）从八月到年底，武功附近只发生了突厥入寇的事情。《旧唐书》卷二《太宗本纪》记载十分详细，云八月甲子

① （后晋）刘昫等：《旧唐书》卷八一《崔敦礼传》，北京：中华书局，1975 年标点本，第 2747 页。

② （宋）司马光：《资治通鉴》卷一九〇"高祖武德七年二月"条，北京：中华书局，1956 年标点本，第 5977 页。

③ （后晋）刘昫等：《旧唐书》卷六六《杜淹传》，北京：中华书局，1975 年标点本，第 2471 页。

突厥寇泾州，乙亥寇武功，乙酉退兵。九月，突厥又献物请和，"帝不受，令颉利归所掠中国户口"①。由此可见，武功之行一定与突厥入寇有关，或是查看突厥破坏情况，或是查看突厥送还的户口，所以云"检点"。又其出使薛延陀。《旧唐书》卷八一《崔敦礼传》唯云："频使突厥"②，而不言出使薛延陀。但从碑记来看，他出使薛延陀是一件十分重要的事情。碑云："延陀恃烛龙之俎，深骋射雕之小伎；失事大之节，怀陵长之心。公运娄敬之良筹，擒郑众之雄辩，呼韩以削衽，□□于是（下缺十六字）使还，□授□部侍郎，加上护军，随班列也。其年又奉使往延陀论和亲事，蒙赐绢三百匹。"从记载可知，一年之中崔敦礼两次出使薛延陀。崔敦礼第一次出使史无记载，《资治通鉴》中只有第二次出使的前后经过。《资治通鉴》卷一九〇唐太宗贞观十六年（642 年）九月癸亥条记载，薛延陀真珠可汗遣其叔父沙钵罗泥熟俟斤求婚。十月间，唐太宗"即命兵部侍郎崔敦礼持节谕薛延陀，以新兴公主妻之"③，当时崔敦礼已为兵部侍郎，这即是碑所云的第二次出使。

（4）纪王慎任泽州刺史事。纪王任过好几个州的刺史，但《旧唐书·太宗诸子传》《新唐书·太宗诸子传》全漏载其任泽州刺史。《纪国先妃陆氏碑》云：陆氏卒于泽州馆驿，则纪王时在泽州。《唐大诏令集》卷三七《诸王》云："册纪王慎泽州刺史文"，又载："维显庆三年、岁次戊午、正月甲申朔、三十日癸丑。"④可知纪王时封泽州刺史。陆氏薨于麟德二年（665 年），则纪王在泽州至少待了八年。《唐大诏令集》同卷还有《册纪王慎邢州刺史文》，上云："维总章二年、岁次己巳（缺）月庚寅朔、十二月日辛丑：惟尔使持节泽州诸军事泽州刺史上柱国纪王慎……"⑤可知他于总章二年（669 年）由泽州刺史转邢州刺史，他在泽州共住了十二年。

（5）唐俭进军关中时所起的作用。《唐俭碑》云唐高祖起兵后，"行至吕州；秋潦遂降，粮□断绝，泥淖□深。（缺）战□□旋师，方谋后举，□□云机不可失，时不再来。倘使官渡息兵，破袁之军未卜；洪沟若割，灭项之日未

————————

①（后晋）刘昫等：《旧唐书》卷二《太宗本纪》，北京：中华书局，1975 年标点本，第 30 页。

②（后晋）刘昫等：《旧唐书》卷八一《崔敦礼传》，北京：中华书局，1975 年标点本，第 2747 页。

③（宋）司马光：《资治通鉴》卷一九〇"太宗贞观十六年十月"条，北京：中华书局，1956 年标点本，第 6180 页。

④（宋）宋敏求：《唐大诏令集》卷三七《诸王》，北京：中华书局，2008 年，第 162 页。

⑤（宋）宋敏求：《唐大诏令集》卷三七《诸王》，北京：中华书局，2008 年，第 164 页。

期。既镜良规于前，□高祖□□圣虑；□□□使公□……虽曲逆六奇，薛□三策，何以加之？以功拜右光禄大夫，授渭北道行军司马元帅"。唐高祖进军关中时，途中曾想退兵，《旧唐书》卷一《高祖本纪》对此有详细记载："（七月）丙辰，师次灵石县，营于贾胡堡。隋武牙郎将宋老生屯霍邑以拒义师。会霖雨积旬，馈运不给，高祖命旋师，太宗切谏乃止。"①《资治通鉴》卷一八四隋恭帝义宁元年（617 年）秋七月条记载此事亦十分详细，其中还提到李建成也反对退兵。劝阻退兵一事，《旧唐书》卷二《太宗本纪》全系于唐太宗身上。实际上唐高祖由想退兵到继续进兵，唐俭所起的作用也不小，这从碑文中可以清楚地看到。又《唐俭碑》叙述蒲州大战时，有唐俭劝尉迟敬德投诚一事："公观诸将□□人多庸鄙，唯尉迟敬德颇识事机，公示之以安危，告之以成败，涣若冰释，翻然改图，虽有此心，计犹未果。"这一事史书没有记载，我们从尉迟敬德肯放刘世让归唐报告独孤怀恩谋反之事来看，碑的记载是可信的。又关于唐俭出使突厥一事；碑云："而马邑之酋长，导狼望之凶渠，越彼长城，寇兹晋水。公杖节出使，屈于房庭，具陈华夷，□殊中外……单于纳公此对，翻然改图。……兼黄门侍郎，进封莒国公。……子阳僭号之邑，玄德窃位之都，作镇□于□□，□城资于右戚。命命公□往□□得人。贞观□年，授使持节都督遂、梓、普、□等五州诸军事，□□□□，□加鸿胪卿，户部尚书，□实封八百户。"《旧唐书》卷五八《唐俭传》载："贞观初，使于突厥，说诱之，因以隋萧后及杨正道以归。太宗谓俭曰：'卿观颉利可图否？'对曰：'衔国威恩，亦可望获。'遂令俭驰传至房庭，示之威信。颉利部落欢然定归款之计，因而兵众弛懈。李靖率轻骑掩袭破之，颉利北走，俭脱身而还。岁余，授民部尚书。"②按：隋萧后及杨正道被执归朝，史书记载都是贞观四年（630 年）正月，大破突厥是二月，由此可推断，唐俭贞观初年第一次出使突厥是贞观四年（630 年）正月。这一次他前往突厥游说，一定是劝说颉利心腹康苏密携萧后、杨正道以归③，即碑云："翻然改图。"第二次出使是在贞观四年（630 年）三月。

（6）阿史那忠尚主与改名年代。《新唐书》卷一一〇《阿史那忠传》载：

---

① （后晋）刘昫等：《旧唐书》卷一《高祖本纪》，北京：中华书局，1975 年标点本，第 3 页。
② （后晋）刘昫等：《旧唐书》卷五八《唐俭传》，北京：中华书局，1975 年标点本，第 2307 页。
③ 康苏密投唐事详见《资治通鉴》卷一九三唐太宗贞观四年（630 年）条记载。

"阿史那忠者，字义节，苏尼失子也。资清谨。以功擢左屯卫将军，尚宗室女定襄县主，始诏姓独著史。"①碑记尚定襄县主是在贞观四年（630年），但没提改名之事。正如《金石录》所云："今此碑当时所立，题云阿史那府君之碑，而《元和姓纂》亦云阿史那氏。开元中改为史，疑传误也。"②

（7）窦怀哲任庆州刺史与兖州都督。《文安县主墓志铭》云他为庆州刺史，《新唐书》卷八三《公主传》云其为兖州都督，可见他在贞观十年（636年）尚公主时官庆州刺史，显庆四年（659年）公主薨时或以后官至兖州都督。

（8）殷令名之光禄少卿与光禄卿。《兰陵公主碑》与《尉迟敬德碑》都出现殷令名这个人物。《金石萃编》卷五二《兰陵公主碑》跋："监护正副为阎立行、殷令名……殷令名已见尉迟敬德碑显庆四年四月副萧嗣业监护其丧，彼碑称令名官光禄少卿，至此碑在六月则为光禄卿，殆迁一阶也。"③按：兰陵公主陪葬昭陵在显庆四年（659年）十月，《金石萃编》云六月，误。

2. 生卒

（1）段志玄。碑云段志玄薨于贞观十六年（642年），年四十五，推其生当在开皇十八年（598年）。

（2）文安县主。志云其于贞观二十二年（648年）卒，年二十六，则其生当在武德六年（623年）。

（3）孔颖达。碑云其卒于贞观二十二年（648年），年七十有五，推其生当在陈天嘉五年（564年）。

（4）豆卢宽。碑云其卒于永徽元年（650年），年六十九，其生当在陈太建十四年（582年）。

（5）崔敦礼。碑云其于显庆元年（656年）卒，年六十一，推其生当在开皇十六年（596年）。

（6）张胤。碑云其卒于显庆三年（658年），《新唐书》卷一九八《张胤传》云卒年八十三，其生当在陈宣帝太建八年（576年）。

① （宋）欧阳修、宋祁：《新唐书》卷一一〇《阿史那忠传》，北京：中华书局，1975年标点本，第4116页。

② （宋）赵明诚：《宋本金石录》卷二四"唐阿史那忠碑"条，北京：中华书局，1991年，第568页。

③ （清）王昶：《金石萃编》卷五二唐一二"兰陵公主碑跋"条，北京：中国书店，1985年，第7页。

（7）许洛仁。碑云其卒于龙朔三年①（663 年），春秋八十有五，则其生当在陈太建十一年（579 年）。

（8）杜君绰。碑云其卒于龙朔二年（662 年），年六十二，推其生当在隋仁寿元年（601 年）。

（9）纪王妃陆氏。碑云其卒于麟德二年（665 年），终年三十五，则其生当在贞观五年（631 年）。

（10）阿史那忠。碑云其卒于上元二年（675 年），年六十五，其生当在隋大业七年（611 年）。

（11）乙速孤神庆。碑云其卒于显庆五年（660 年），年六十二，其生当在隋开皇十九年（599 年）。

（12）乙速孤行俨。碑云其卒于景龙元年（707 年），年七十二，其生当在唐贞观十年（636 年）。

3. 地理

（1）戢武阁与凌烟阁。《段志玄碑》在叙述段志玄丧事完毕之后云："上又追怀功烈，乃诏司存图形于戢武阁。"这与史籍上常见的"图形凌烟阁"的说法不同。然而，此碑立于贞观十六年（642 年），戢武阁三字又十分清楚，况且当时人记当时事，不会有误。《金石录》的《段志玄碑》跋："又碑云'图形戢武阁'，按唐史及诸书功臣图形皆云'凌烟阁'。初，余得河间元王碑云'图形戢武'，意谓凌烟先名戢武，后改之耳。今得斯碑亦同。"②这说明碑在当时就存在着"图形戢武阁"之句。不过赵明诚的观点缺乏足够的证据，未免失之武断，因为早在武德年间就有了凌烟阁。如前所论《唐俭碑》亦有凌烟阁。又《资治通鉴》卷一九三唐太宗贞观四年（630 年）戊戌条云："上皇闻擒颉利……召上与贵臣十余人及诸王、妃、主置酒凌烟阁。"③可见戢武阁并非凌烟阁的前名，另外《阁本太极宫图》讲道："两仪殿之北为延嘉殿，延嘉殿之东为功臣阁。《唐两京城坊考》有功臣阁与凌烟阁而无戢武阁。

---

① 《旧唐书》卷五七《许世绪传》言永徽误。
② （宋）赵明诚：《宋本金石录》卷二三"唐段志玄碑"条，北京：中华书局，1991 年，第 546 页。
③ （宋）司马光：《资治通鉴》卷一九三"唐太宗贞观四年四月"，北京：中华书局，1956 年标点本，第 6075 页。

李好文的《长安志图》有凌烟阁与戢武阁而无功臣阁。这说明凌烟阁与戢武阁并没有前后关系，倒是戢武阁与功臣阁可能为一阁。我们知道：太极宫原名太极殿，唐高宗景云年间改为太极宫，戢武阁很可能就在当时改为功臣阁。关于凌烟阁与戢武阁之间的关系，大概是贞观十八年（644 年）以前，功臣有的图形于戢武阁，有的图形于凌烟阁，到贞观十八年（644 年）唐太宗下诏把他的功臣全图形于凌烟阁。

（2）颁政里。《文安县主墓志铭》载文安县主卒于长安颁政里。《唐两京城坊考》卷三云县主宅在修政坊。《笃清馆金石记》云："宋敏求《长安志》载长安县六乡，管六里。义阳乡在县西南二里，管布政里，而无颁政里。毕尚书案：裴耀卿撰《冀公希球神道碑》有葬于长安布政里赐第之文。又子予见咸亨四年，《韩宝才墓志》云：殡于京城西布政之原。然《长安志》言皇城西有十三坊，有颁政坊，又有布政坊，疑此言颁政里，即颁政坊。"①按隋唐时坊里通称。

三、以碑证史

（1）温彦博隋时入仕。《旧唐书》卷六一《温彦博传》云："开皇末，为州牧秦孝王俊所荐，授文林郎，直内史省，转通直谒者。"②《新唐书》卷九一《温彦博传》载："开皇末，对策高第，授文林郎，直内史省。"③碑云："隋开皇中，本州□□□，后应诏□以高第直内史省。"从碑来看，温彦博可能是参加了州里的什么考试，成绩显著，唐高祖闻而召之对策，乃得直内史省。查《隋书》卷二《高祖纪》，在开皇十八年（598 年）七月有"诏京官五品已上，总管、刺史，以志行修谨、清平干济二科举人"④，此外，别无所见。温彦博大概就在此时应诏入仕的。那么，当时秦孝王俊是否在并州呢？据《隋书》卷二《高祖纪》载：开皇十七年（597 年）秋七月，秦孝王坐免，征还京师。时孝王不在并州，所以《旧唐书》误。又其封西河郡公的年代。《旧

———————————

① （清）陆增祥：《八琼室金石补正》卷三四录《笃清馆金石记》跋文安县主墓志，北京：文物出版社，1985 年，第 231 页上栏。

② （后晋）刘昫等：《旧唐书》卷六一《温彦博传》，北京：中华书局，1975 年标点本，第 2360 页。

③ （宋）欧阳修、宋祁：《新唐书》卷九一《温彦博传》，北京：中华书局，1975 年标点本，第 3782 页。

④ （唐）魏征：《隋书》卷二《高祖纪》，北京：中华书局，1973 年标点本，第 43 页。

唐书》卷六一《温彦博传》曰："艺以幽州归国，彦博赞成其事，授幽州总管府长史。未几，征为中书舍人，俄迁中书侍郎，封西河郡公。"①《新唐书》卷九一《温彦博传》曰："艺以州降……授总管府长史，封西河郡公。召入为中书舍人，迁侍郎。"②碑云："授□□□幽州总管府长史，封西河郡公。……终特达于章台，征为中书舍人。迁中书侍郎。"碑与《新唐书》卷九一《温彦博传》同，《旧唐书》卷六一《温彦博传》误。罗艺归唐在武德二年（619年）十月，封西河郡公就在此时。

（2）房玄龄之邢国公与邠国公。唐太宗即位后大封功臣。《旧唐书》卷六六《房玄龄传》云封邢国公，《新唐书》卷九六《房玄龄传》云封邠国公。碑云封邠国公。则《新唐书》卷九六《房玄龄传》记载为是。

（3）张胤授燕主谘议参军年代。《旧唐书》卷一八九《儒学传》载："武德中，累除燕王谘议参军。"③《新唐书》卷一九八《儒学传》云："太宗即位，进燕王谘议，从王入朝，召见。"④碑文授燕王谘议参军年代已泐，唯云："授燕王友，寻除员外散骑常侍，行□□□谘议参军。"空字当为"燕王府"三字。此之前为武德九年（626年）转酆王府文学之事，再前是武德六年（623年）转齐王文学和武德元年（618年）第一次任齐王文学事。中间有一段空缺，或许是任燕王参军职？然而当时尚无燕王之封。《金石萃编》卷五一跋："燕王即高祖第十九子灵夔，《旧传》称贞观五年封魏王，十年改封燕，十四年改封鲁。若武德中及太宗即位之初，皆未有燕主之封，允何由为谘议乎？是又两史允传之误也。"⑤王昶在此忽略了一个史实，即武德中虽无燕王之封，但贞观初却有，《旧唐书》卷七六《太宗诸子传》载："庶人祐……贞观二年，徙封燕王……十年，改封齐王。"⑥所以，《旧唐书》卷一八九《儒学传》记载是错误的。从《新唐书》卷一九八《儒学传》记载来看，张胤很可能是贞观二年（628年）做祐的文学。又其卒时赠官。《旧唐书》卷一八九《儒学传》云卒赠礼部侍郎，能是贞观二年做裙的文学。又其卒时赠官。《旧

① （后晋）刘昫等：《旧唐书》卷六一《温彦博传》，北京：中华书局，1975年标点本，第2360页。
② （宋）欧阳修、宋祁：《新唐书》卷九一《温彦博传》，北京：中华书局，1975年标点本，第3782页。
③ （后晋）刘昫等：《旧唐书》卷一八九《儒学传》，北京：中华书局，1975年标点本，第4950页。
④ （宋）欧阳修、宋祁：《新唐书》卷一九八《儒学传》，北京：中华书局，1975年标点本，第5650页。
⑤ （清）王昶：《金石萃编》卷五一唐一一"张允碑"条跋，北京：中国书店，1985年，第3页。
⑥ （后晋）刘昫等：《旧唐书》卷七六《太宗诸子传》，北京：中华书局，1975年标点本，第2657页。

唐书》卷一八九《儒学传》云卒赠礼部侍郎，《新唐书》卷一九八《儒学传》云赠礼部尚书。碑额题：礼部尚书。则《新唐书》卷一九八《儒学传》为是。

（4）于志宁之封燕国公。《新唐书》卷一〇四《于志宁传》云：贞观十七年（643 年）唐高宗被立为太子时，志宁封燕国公。《旧唐书》卷七八《于志宁传》云：永徽元年（650 年）。《孔颖达碑》额题：礼部尚书兼太子左庶子上柱国黎阳县开国公于志宁字仲谧撰。孔颖达死于贞观二十二年（648年），碑为当时所立，此乃于志宁未封燕国公之明证。《旧唐书》卷七八《于志宁传》为是。

原载（《古籍整理与研究》第 7 期，中华书局，1992 年版）

《昭陵碑录》与初唐政治制度

　　《昭陵碑录》是罗振玉辑录的唐太宗昭陵陪葬者的碑文，共 32 篇，碑主大都是贞观年间具有较大政治影响的人物，如房玄龄、高士廉、温彦博、褚亮、薛收、段志玄、李靖、李勣、尉迟敬德等人。这些人有的在《旧唐书》《新唐书》中有传，有的无传，即便有传，本传的内容也不如碑文的内容详细而系统，所以《昭陵碑录》所录碑文对研究初唐的政治和文化制度具有重要的参考价值。关于碑文史料的真伪性我已经在《〈昭陵碑录〉的史料价值》一文中做了详尽考述①，此文仅就其所载的典章制度及其所反映的初唐政治做一番探讨。

一、食邑制度

　　食邑是封建皇帝给皇亲国戚和王公大臣物质上的奖励，作为他们在王朝建立和维护王朝秩序所付出努力的表彰。食邑的多少既体现了一个人的贡献大小，也体现了一个人的社会地位。《昭陵碑录》关于食邑方面的记载很多，下面笔者按人名分别排列如下：

　　（1）温彦博：西河郡公，食邑二千户；虞国公，食邑三千户。

　　（2）段志玄：临济县侯，食邑三百户；武安郡公食邑并前二千户。太

---

① 焦杰：《〈昭陵碑录〉的史料价值》，《古籍整理与研究》1992 年第 7 期。

宗即位，赐别食邑四百户。□国公千户，□□食封五百户，通前九百户。褒国公，食邑如故。

（3）孔颖达：曲阜县男，食邑三百户，进爵为子，邑四百户。

（4）房玄龄：邢国公，邑三千户，真食益州赋一千三百户。

（5）薛收：汾阴县男，食邑三百户。

（6）高士廉：义兴郡公，邑二千户，真食益州赋九百户。

（7）崔敦礼：进爵为公，食邑一千户，其子封男，邑三百户。

（8）李靖：代国公，增邑三千户；太宗即位，别食邑四百户。

（9）杜君绰：□□县开国侯，食邑四百户，真食绵（此段文缺）怀宁县公，邑一千户。

（10）程怀亮：东阿县开国公，食邑一千户。

（11）张阿难：汶江县开国侯，食邑七百户。

（12）马周：高唐县开国公，食邑一千户。

（13）唐俭：莒国公，食邑三千户，实封六百户，实封八百户。

（14）程知节：太宗即位，封实户七百。

关于唐代的食邑制度《新唐书·百官志》有比较详细的记载：

> 凡爵九等：一曰王，食邑万户，正一品；二曰嗣王、郡王，食邑五千户，从一品；三曰国公，食邑三千户，从一品；四曰开国郡公，食邑二千户，正二品；五曰开国县公，食邑千五百户，从二品；六曰开国县侯，食邑千户，从三品；七曰开国县伯，食邑七百户，正四品上；八曰开国县子，食邑五百户，正五品上；九曰开国县男，食邑三百户，从五品上。[①]

将《昭陵碑录》的数据与《新唐书·百官志》的记载对比，可以发现有一些明显的不同。比如县公、县侯、县子以下级别的食邑，实际分封数量与制度规定不大相符，这种现象表明初唐政府在执行食邑制度时并不十分严格。另外，《旧唐书》《新唐书》中关于食邑的记载很多，但奇怪的是相关的数据却与《新唐书·百官志》所载差距较大，反而与《昭陵碑录》所记相

---

① （宋）欧阳修、宋祁：《新唐书》卷四六《百官志》，北京：中华书局，1975年标点本，第1188页。

同。如《旧唐书》记载高士廉于"贞观元年，擢拜侍中，封义兴郡公，赐实封九百户"①；记载房玄龄于贞观元年（627 年）"赐实封千三百户。"②其他人如李靖、程知节、唐俭等人的食邑记载也与碑记相近似，与《新唐书·百官志》差距较大。而从《昭陵碑录》和《旧唐书》所云"赐实封""真实""别食邑"文义上看，《新唐书·百官志》所载食邑多少千户应该是一种虚封，相当于爵号，而实际推行的即封邑主人享有租税权的封户则是"实封"或"真食"的户数。

除王公大臣外，唐代公主也是有封邑的，《昭陵碑录》中只有唐太宗女兰陵公主与清河公主二人，邑皆三千。但公主的封邑《新唐书·公主传》有记载，却比碑文所载少得多。"公主三百，长公主止六百。高宗时……太平公主武后所生，户始逾制。"③以后，公主食封逾制越发严重，渐与碑载相同。《新唐书·公主传》曰：

> 永淳之前，亲王食实户八百，增至千辄止；公主不过三百，而主（太平公主）独加户五十。及圣历时，进及三千户。预诛二张功，增号镇国，与相王均封五千，而薛、武二家女皆食实封。……神龙时，与长宁、安乐、宜城、新都、定安、金城凡七公主，皆开府置官属，视亲王。安乐户至三千，长宁二千五百，府不置长史。宜城、定安非韦后所生，户止二千。④

从上述记载来看，公主食邑逾制是从武后开始，但也不过多了五十户，上千多户是从中宗韦后时的安乐公主开始的。所以《昭陵碑录》中兰陵公主与清河公主邑皆三千的数目肯定是虚封。当然对照虚封户数，可以知道公主的封邑级别相当于国公。

二、赗赙制度

赗赙是臣子死后，封建皇帝赏赐臣子用于赞助丧事的物品。赗赙的多少既体现了死者生前的社会地位，也体现了死者在皇帝心目中的影响。《昭陵碑

① （后晋）刘昫等：《旧唐书》卷六五《高士廉传》，北京：中华书局，1975 年标点本，第 2442 页。
② （后晋）刘昫等：《旧唐书》卷六六《房玄龄传》，北京：中华书局，1975 年标点本，第 2461 页。
③ （宋）欧阳修、宋祁：《新唐书》卷八二《十一宗子传》，北京：中华书局，1975 年标点本，第 3615 页。
④ （宋）欧阳修、宋祁：《新唐书》卷八三《公主传》，北京：中华书局，1975 年标点本，第 3650 页。

录》中这方面的资料很多，下面按人名分别列出。

（1）温彦博：赙赠二千段。

（2）段志玄：赙布绢五百段，米粟一千石。

（3）孔颖达：赠物一百段。

（4）豆卢宽：赙绢布□百□，米粟三百石。

（5）薛收：赠绢□□百段。

（6）尉迟敬德：赠绢布千百段，米粟一千五百石。

（7）许洛仁：赐绢□二百段。

（8）杜君绰：赠绢帛四百段，米粟四百石。

（9）纪国先妃：赠绢布五百段，米粟二百石。

（10）马周：赙绢布三百段。

（11）阿史那忠：赙绢布七百段，米粟七百石。

（12）乙速孤神庆：赐物二百段。

（13）唐俭：赙绢布一千匹，米粟一千石。

（14）程知节：绢布一千段，米粟一千石。

（15）燕国太妃：别赐米麦二百石。

李靖、房玄龄、高士廉是贞观时期在政治、军事等方面影响非常重要的人物，可惜《昭陵碑录》有关他们赙赠多少的记载已泐，好在《册府元龟》中尚有保存：高士廉赗赙绢布二千段，米粟二千石；房玄龄，赗赙绢布二千段，米粟二千石[1]；李靖赐绢一千匹[2]。将他们的赗赙与传世文献对比，又可发现一些问题。

唐代赗赙制度的具体内容《通典》记载比较详细：

大唐制，诸职事官薨卒，文武一品，赙物二百段，粟二百石；二品物一百五十段，粟一百五十石；三品物百段，粟百石；正四品物七十段，粟七十石；从四品物六十段，粟六十石；正五品物五十段，粟五十石；从五

———————

① （宋）王钦若等：《册府元龟》卷三一九《宰辅部·襃宠》，北京：中华书局，1960年，第3769页上栏—第3770页上栏。

② （宋）王钦若等：《册府元龟》卷三八四《将帅部·褒异》，北京：中华书局，1960年，第4568页上栏。

品物四十段，粟四十石；正六品物三十段；从六品物二十六段；正七品物二十二段；从七品物十八段；正八品物十六段；从八品物十四段；正九品物十二段；从九品物十段。①

通过对比可以发现，实际赗赙的物品比明文制度的规定要多得多，这说明唐朝初年在执行赗赙制度时并不是很严格的。这种情况的产生可能与初唐特殊的情况有关，即文武百官中以功臣居多，或是为李唐王朝的建立立下汗马功劳，或是为唐太宗玄武门之变出过谋划过策，唐制所规定的赗赙数目不足以表达朝廷对功臣的荣宠，故而撇开制度超制颁赠。关于这一点，《昭陵碑录》本身的资料也有所反映：如李靖、房玄龄、段志玄等功绩突出的人所得赗赙往往超制数倍，而对唐太宗登基或李唐王朝建立功绩不甚重要者，如豆卢宽、马周、杜君绰等人，他们的赗赙虽也超制，但并不算多。可见，初唐统治者在执行赗赙制度时往往是灵活掌握，并非拘泥于成法。

不过，魏征情况与上述都不相同。魏征既非开国元勋，又曾帮过李建成反对唐太宗，但他死后依然得到较高的褒宠，据《旧唐书》《新唐书》的记载，魏征死时获赗赙千段、米粟千石。个中原因与他在玄武门之变后为稳定山东地区局势做出了很大的贡献有关，其性质与李勣相似，而他在贞观年间忠正耿直、持正不阿，为树立唐太宗虚心纳谏的美名有突出贡献，也为贞观之治出过很多力，故而得到唐太宗特殊的礼遇。

三、丧葬监护制

按照规定，文武百官逝世后，朝廷会根据他们的身份派鸿胪寺的大臣主持丧礼，以示尊崇，死者的身份不同，主持丧礼的官员级别也不同。唐制规定："旧制，凡诏丧，大臣一品则鸿胪卿护其丧事，二品则少卿，三品丞，人往皆命司仪示以制。"②《旧唐书·职官志》亦云："鸿胪寺卿一员，从三品。少卿二人，从四品上。卿之职，掌宾客及凶仪之事……少卿为之贰。……凡诏葬大臣，一品则卿护其丧事，二品则少卿，三品丞一人往。"③碑文的记载是否

---

① （唐）杜佑：《通典》卷八六《赗赙》，北京：中华书局，1988年，第2333页。

② （宋）王溥：《唐会要》卷三八《服纪下》，北京：中华书局，1955年，第691页。

③ （后晋）刘昫等：《旧唐书》卷四四《职官志》，北京：中华书局，1975年标点本，第1884—1885页。

与此相同？

下面是《昭陵碑录》中的实例，为了比较起来方便，所有官职都据《旧唐书·职官志》注出品级。

1. 文臣

（1）温彦博。死时为尚书右仆射（从二品）。碑云：诏民部尚书（正三品）莒国公唐俭，工部侍郎（正四品下）卢义恭护丧，行中书侍郎（正三品）杜正伦吊□，遣礼部侍郎（正四品下）令狐德棻、水部郎中（从五品上）□□持节。

（2）高士廉。死时为尚书右仆射（从二品）司徒（正一品）。碑云：乃命特进（从一品）太子詹事（正三品）英国公李勣持节。

（3）崔敦礼。死时为中书令（正三品）。碑云：诏秘书监（从三品）驸马都尉（从五品下）长孙冲，职方郎中（从五品上）温（下缺）司农卿（从三品）长孙知人监护，太府少卿（从四品上）韦思齐为副，又令中书侍郎（正四品上）李义府持节吊祭。

（4）张胤。死时为礼部尚书（正三品）。碑云：仍令五品一人监护。

（5）唐俭。死时为特进（正一品）户部尚书（正三品）。碑云：仍令太常卿（从三品）驸马都尉（五品下）□□□□监护，□礼部侍郎（正四品下）陆□信为副。

2. 武将

（1）段志玄。死时为镇军大将军（从二品）。碑云：四品一人监护其仪仗。

（2）豆卢宽。死时为光禄大夫（从二品）。碑云：仍令金紫光禄大夫（正二品）、行光禄卿（从三品）扬□□护，都水使者（正五品上）□□。

（3）尉迟敬德。死时为开府仪同三司（从一品）。碑云：（缺）少卿（从四品上）殷令名为副。

（4）许洛仁。死时为冠军大将军（正三品），兼太子左典绒卫率（正四品上）。碑云：仍令司库大夫（从五品上）翁归监护。

（5）程知节。死时为左卫大将军（正三品）镇军大将军（正二品）。碑云：（缺）五品内一人为副。

3. 宗室

（1）兰陵公主。碑云：敕卫尉卿（从三品）阎立行，光禄卿（从三品）殷令名为副监护丧事。

（2）纪国先妃陆氏。碑云：又令京官五品监护灵舆还京，又遣司卫少卿（从五品上）扬知心监护仪仗。

（3）越国燕太妃。碑云：仍令工部尚书（正三品）扬昉监护，率更令（从四品上）张文收为副。

从以上资料可见，唐代为大臣发丧不仅有正副使者监护丧事，而且还有吊祭使者与持节使者。传世文献也有类似记载。如萧瑀死，"宜令使人持节册命"①，"太宗闻而辍膳，高宗为之举哀，遣使吊祭"②。尉迟敬德死，"仍遣黄门侍郎刘祥道持节"③。可见，仅政书中的记载并不能完全反映唐代的丧葬监护制度。

值得注意的是，唐制明文规定由鸿胪寺官员负责大臣丧事，但《昭陵碑录》所存资料并未能证实这一制度的准确施行，而《册府元龟》中一些资料也反映了同样的史实。如戴胄死，遣卫尉卿（从三品）刘弘基监护丧事；杜如晦死，国子祭酒（从三品）扬师道监护；李勣死，司平太尝伯（正三品）扬昉监护等。④他们都不是鸿胪寺的官员，品级要比后者高出许多，究其原因在于死者的身份地位很高，派鸿胪寺的官员监护丧事或难以表达朝廷的尊宠，故而另派级别高的大臣主持丧事。此种现象表明初唐统治者在为大臣办丧事时也不完全照章执行。

由其他官员监理丧事虽可表达朝廷对死者的荣宠，但却难免有越职之嫌，于是统治者略加变通，命监理丧事的官员暂时代理鸿胪寺官职，如房玄龄死，"仍令工部尚书阎立德摄鸿胪卿监护"⑤，李靖死，"仍令摄鸿胪卿柳享监护"⑥等。可见，当时已有了一种既能体现对死者的尊崇，又能符合制度的变

---

① （宋）王钦若等：《册府元龟》卷三一九《宰辅部·褒宠》，北京：中华书局，1960年，第3768页上栏。

② （后晋）刘昫等：《旧唐书》卷六三《萧瑀传》，北京：中华书局，1975年标点本，第2404页。

③ （宋）王钦若等：《册府元龟》卷三八四《将帅部·褒异》，北京：中华书局，1960年，第4569页上栏。

④ （宋）王钦若等：《册府元龟》卷三一九《宰辅部·褒宠》，北京：中华书局，1960年，第3768页下栏—第3771页下栏。

⑤ （宋）王钦若等：《册府元龟》卷三一九《宰辅部·褒宠》，北京：中华书局，1960年，第3770页上栏。

⑥ （宋）王钦若等：《册府元龟》卷三一九《宰辅部·褒宠》，北京：中华书局，1960年，第3770页下栏。

通方法。

四、崇文抑武的政治倾向

仔细分析上述资料，可以发现这样一个现象：即文官的待遇普遍比武将高。同样是开国功臣，温彦博、房玄龄、高士廉、唐俭等人都由正三品官衔的人为他们监护丧事，而段志玄、程知节等人则由四品或五品官衔的人为其护丧。豆卢宽虽然由正二品的光禄大夫柳□为其护丧，但光禄大夫是散官，没有实权，仅李勣是由正三品的司平太尝伯扬昉护丧的。这不能不说是一种反常现象。可以肯定地说，唐朝初年，中央集权中存在着重文轻武或者说崇文抑武的政治倾向。换句话说，初唐的统治者在极力压制武将的势力。关于这一点，唐代传世文献中也有鲜明的反映。

《旧唐书》是研究唐史最基本也是最重要的文献，借用其中的资料来分析验证不失为一个非常好的办法。

李靖是初唐武将中头等功臣，平萧铣、讨辅公祏、灭东突厥都是由他指挥的，故《旧唐书》为贞观之臣列传时，将他列于武将之首。但他在贞观年间的情况又是怎样的呢？贞观四年（630年），李靖大破突厥之后，"御史大夫温彦博害其功，谮靖军无纲纪，致令虏中奇宝，散于乱兵之手。太宗大加责让，靖顿首谢"[1]。以李靖之功和唐太宗之气度，即便珍宝散于乱兵之手，也不会如此恼火，唐太宗不过借题发挥罢了。过后唐太宗虽然承认自己偏听偏信，给李靖赐物加勋以示安慰，但也没有处罚温彦博。《旧唐书》卷六七《李靖传》还说：李靖"性沉厚，每与时宰参议，恂恂然似不能言"[2]，然而以其雄才大略和识见之能，李靖决非"似不能言"之辈，之所以如此低调做人，无非是不想引起冢宰们的敌意。贞观八年（634年），李靖上表请求致仕，唐太宗竟也同意了。不久，吐谷浑寇边，李靖又奉命挂帅出征，大获全胜。因为高甑生与唐奉议诬告李靖谋反，唐太宗就命令法官审查。尽管事后证明李靖无辜，但毕竟说明唐太宗对李靖并不信任。经此事之后，"靖乃阖门自守，杜绝宾客，虽亲戚不得妄进"[3]。

---

① （后晋）刘昫等：《旧唐书》卷六七《李靖传》，北京：中华书局，1975年标点本，第2480页。
② （后晋）刘昫等：《旧唐书》卷六七《李靖传》，北京：中华书局，1975年标点本，第2480页。
③ （后晋）刘昫等：《旧唐书》卷六七《李靖传》，北京：中华书局，1975年标点本，第2481页。

尉迟敬德英勇善战，在唐朝建国的过程中立下很多战功。等到唐太宗与李建成、李元吉争位，他又坚定地站在唐太宗这一边出谋划策，鼓动唐太宗先下手为强。《旧唐书》卷六八《尉迟敬德传》云："敬德又与侯君集日夜进劝，然后计定……及论功，敬德与长孙无忌为第一。"①尽管尉迟敬德此后一再晋官封爵，但始终不太得志。"敬德好讦直，负其功，每见无忌、玄龄、如晦等短长，必面折廷辩，由是与执政不平。三年，出为襄州都督。"②尉迟敬德对唐太宗非常忠心，可是唐太宗却不太信任他，因为倘若唐太宗不支持房玄龄等人的话，尉迟敬德不可能被排挤出朝廷的。同样是功臣，唐太宗对待文武官员的态度是明显的不同。几经挫折之后，尉迟敬德也学得乖滑起来，"末年笃信仙方，飞炼金石，服食云母粉，穿筑池台，崇饰罗绮，尝奏清商乐以自奉养，不与外人交通，凡十六年"③。

另外两位武将程知节与张公谨也与李靖和尉迟敬德的情况差不多。他们先是追随唐太宗南征北战，后来也都参加了玄武门之变，为唐太宗登基立下了汗马功劳。但他们在贞观年间的境遇同样不甚得意：程知节出为庐州都督；张公谨先为代州都督，后转襄州都督，并卒于任上。他们都未能晋身于唐朝中央政府权力的核心。

在唐代，凡出任地方官皆为贬谪，尽管实际上没有因罪降职，但这是人们的一种普遍心理，当然因战争需要的情况除外。如唐太宗临死前为了能让李勣忠心侍奉唐高宗，故意把他赶到外地做官，然后告诉唐高宗一登基就将他召回，使他能感恩图报。李靖、尉迟敬德、程知节等人都是太宗朝比较有名的武将功臣，他们先后在不同时间因为不同原因出任过地方官员，可见他们在贞观年间是比较受到排挤的。唐太宗对他们的态度表面上加官晋爵，实际上利用文臣对他们进行压制和排斥。明白这一点，初唐文武大臣在丧葬监护制上所享受的待遇有明显的不同也就很好理解了。不过，在众多的武将中李勣是个例外，他非但没有受到排斥，相反，唐太宗却一个劲儿地拉拢他。其中原因与魏征相

---

① （后晋）刘昫等：《旧唐书》卷六八《尉迟敬德传》，北京：中华书局，1975年标点本，第2498—2499页。

② （后晋）刘昫等：《旧唐书》卷六八《尉迟敬德传》，北京：中华书局，1975年标点本，第2499页。

③ （后晋）刘昫等：《旧唐书》卷六八《尉迟敬德传》，北京：中华书局，1975年标点本，第2500页。

似，详情请参阅黄永年先生的《论李勣》①一文。

通过以上分析论述，可以肯定《昭陵碑录》所透露的初唐典章制度及其所反映政治情况是真实的。它所提供的清晰线索指引我们把握了太宗朝政治的一个特点。虽然它在史料反映方面与传世文献资料在形式上有所不同，但在反映事实本质方面却与之有着异曲同工、殊途同归的效果。

原载（《碑林集刊》第四辑，陕西人民美术出版社，1996 年版）

---

① 黄永年：《论李勣》，《陕西师范大学学报》（哲学社会科学版）1981 年第 1 期。

唐穆宗初期再失河朔原因发微
——兼评朝廷在藩镇问题上的失策

从元和十年（815年）到长庆元年（821年），在唐朝军队的强大攻势下，割据河北六十余年的魏博、镇冀、卢龙三镇相继归降，分裂多年的大唐版图划整归一。然而事隔不久，卢龙镇率先反叛，镇冀镇与魏博镇响应而起，再度从大唐版图中分裂出去，终至唐朝灭亡而未能收复。长庆初年上承元和中兴，中央集权相对强大，然而河朔三镇为什么会在短期内归而复叛？中央政权为什么不能再加以收复？这两个问题就是本文的意旨所在。

一

或以为三镇归降并非出于自愿，而是为求自保的权宜之计，因而时机一到便再行反叛。但是考诸史料却可发现，河朔三镇的归降虽然是迫于唐军的强大攻势，但他们的确是真心诚意，不含半点虚假。现分别叙述三镇归降经过为证。

率魏博而降的是田弘正，当时田季安已死，幼子田怀谏继位。归降一事《新唐书·田弘正传》记载极为详细：

> 怀谏委政于家奴蒋士则，措置不平，众怒，咸曰："兵马使吾帅也。"牙兵即诣其家迎之，弘正拒不纳，众哗于门，弘正出，众拜之，胁还府，弘正顿于地，度不免，即令于军曰："尔属不以吾不肖，使主军，今与公等

约，能听命否？"皆曰："惟公命。"因曰："吾欲守天子法，举六州版籍请吏于朝，苟天子未命，敢有请吾旄节者死，杀人及掠人者死。"皆曰："诺。"遂到府，杀士则及支党十余人。于是图魏、博、相、卫、贝、澶之地，籍其人以献，不敢署僚属，而待王官。①

田弘正通晓兵书，擅长骑射，既有韬略，又有见识，在魏博军中很有威信。田季安生活十分奢侈，刑法严酷，田弘正经常从容规劝，因而"军中赖之，翕然归重"②，当他提出归顺朝廷时也无人反对。

田弘正归附朝廷后，其他藩镇十分惊慌，相继派人劝说，以利益相诱，但田弘正一概置之不理，并派军队协助官军讨伐反叛的藩镇，归顺的诚心昭然可见。《旧唐书·田弘正传》云：

> 自弘正归国，幽、恒、郓、蔡有齿寒之惧，屡遣客间说，多方诱阻，而弘正终始不移其操。……元和十年，朝廷用兵讨吴元济，弘正遣子布率兵三千进讨，屡战有功。李师道以弘正效忠，又袭其后，不敢显助元济，故绝其掎角之援，王师得致讨焉。俄而王承宗叛，诏弘正以全师压境，承宗惧，遣使求救于弘正，遂表其事，承宗遂纳二子，献德、棣二州以自解。③

元和十四年（819 年），割据淄青的李师道被唐王朝平定，田弘正归顺朝廷的决心更加坚定。《旧唐书·田弘正传》云：

> 是年八月，弘正入觐，宪宗待之隆异……弘正三上章，愿留阙下，宪宗劳之曰："……今卿复请留，意诚可尚，然魏土乐卿之政，邻境服卿之威，为我长城，不可辞也。可亟归藩。"弘正每惧有一旦之忧，嗣袭之风不革，兄弟子侄，悉仕于朝，宪宗皆擢居班列，朱紫盈庭，当时荣之。④

田弘正是田氏宗亲，何以会一反常规，弃割据而归朝？稽之史料，亦有所

---

① （宋）欧阳修、宋祁：《新唐书》卷一四八《田弘正传》，北京：中华书局，1975 年标点本，第 4782 页。
② （宋）欧阳修、宋祁：《新唐书》卷一四八《田弘正传》，北京：中华书局，1975 年标点本，第 4782 页。
③ （后晋）刘昫等：《旧唐书》卷一四一《田弘正传》，北京：中华书局，1975 年标点本，第 3850 页。
④ （后晋）刘昫等：《旧唐书》卷一四一《田弘正传》，北京：中华书局，1975 年标点本，第 3851 页。

因。田弘正之父田廷玠，自幼崇尚儒学，不喜军功，对田氏割据一方、违逆朝廷的叛乱活动很是不满。《旧唐书·田弘正传》载：

> 建中初，族侄悦代承嗣领军政，志图凶逆，虑廷玠不从，召为节度副使。悦奸谋颇露，廷玠谓悦曰："尔藉伯父遗业，可禀守朝廷法度，坐享富贵，何苦与恒、郓同为叛臣？自兵乱已来，谋叛国家者，可以历数，鲜有保完宗族者。尔若狂志不悛，可先杀我，无令我见田氏之赤族也。"乃谢病不出。……建中三年，郁愤而卒。[①]

显然，田弘正归顺朝廷的举动是受父亲的影响。事实上，田弘正本人也是一位很喜欢读书的人，也喜欢读宣讲忠君之义的《春秋左传》，史书载其"性忠孝，好功名，起楼聚书万余卷，通《春秋左氏》，与宾属讲论终日"[②]。他的哥哥田融也很看重忠义，当看到田弘正被众人推为主帅后，就责备他说："尔竟不自晦，取祸之道也。"[③]担心他行事忤逆，导致家破人亡。可见其家风影响之大。

镇冀奉表请降始于元和十二年（817 年），当时割据淮西的吴元济被唐军消灭了，王承宗大为恐慌，遂通过田弘正上表归降，并送二子入朝为质。李师道被平定以后，他"奉法益谨，表所领州录事、参军、判司、县主簿、令，皆丐王官"[④]。虽然王承宗的归顺尚出自恐惧而非本意，但是到其弟王承元统领藩镇时则是死心塌地、誓死归诚了。《旧唐书·王承元传》云：

> 承元……年始十六，劝承宗以二千骑佐王师平李师道……元和十五年冬，承宗卒……时参谋崔燧密与握兵者谋，乃以祖母凉国夫人之命，告亲兵及诸将，使拜承元。承元拜泣不受。诸将请之不已，承元曰："天子使中贵人监军，有事盍先与议。"及监军至，因以诸将意赞之。承元谓诸将曰："诸公未忘先德，不以承元齿幼，欲使领事。承元欲效忠于国，以奉先志，诸公能从之乎？"诸将许诺。

---

① （后晋）刘昫等：《旧唐书》卷一四一《田弘正传》，北京：中华书局，1975 年标点本，第 3848 页。
② （宋）欧阳修、宋祁：《新唐书》卷一四八《田弘正传》，北京：中华书局，1975 年标点本，第 4784 页。
③ （宋）欧阳修、宋祁：《新唐书》卷一四八《田弘正传》，北京：中华书局，1975 年标点本，第 4784 页。
④ （宋）欧阳修、宋祁：《新唐书》卷二一一《王承宗传》，北京：中华书局，1975 年标点本，第 5958—5959 页。

　　遂于衙门都将所理视事，约左右不得呼留后，事无巨细，决之参佐。密疏请帅，天子嘉之，授银青光禄大夫、检校工部尚书，兼滑州刺史、义成军节度、郑滑观察等使。邻镇以两河近事讽之，承元不听，诸将亦悔。及起居舍人柏耆斋诏宣谕滑州之命，兵士或拜或泣。……牙将李寂等十数人固留承元，斩寂等，军中始定。承元出镇州，时年十八，所从将吏，有具器用货币而行者，承元悉命留之。承元昆弟及从父昆弟，授郡守者四人，登朝者四人……祖母凉国夫人入朝，穆宗命内宫筵待，锡赉甚厚。①

　　王承元斩将出镇，兄弟们皆入朝为官，可见其归降之心何其坚定。

　　卢龙节帅刘总归降唐廷的决心也是很坚决的，为表真心，他在长庆元年（821年）正月奉表辞官，请求出家为僧。《旧唐书·刘总传》云：

　　及王承宗再拒命，总遣兵取贼武强县，遂驻军持两端，以利朝廷供馈赏赐。……及元济就擒，李师道枭首，王承宗忧死，田弘正入镇州，总既无党援，怀惧，每谋自安之计。初，总弑逆后，每见父兄为祟，甚惨惧，乃于官署后置数百僧，厚给衣食，令昼夜乞恩谢罪。……晚年恐悸尤甚，故请落发为僧，冀以脱祸，乃以判官张皋为留后。总以落发，上表归朝，穆宗授天平军节度使，既闻落发，乃赐紫，号大觉师。总行至易州界，暴卒。②

　　与王承元一样，刘总弃镇入朝时，同样遭到部下阻拦，他也采取壮士断腕的手段，"军中世怀其惠，拥留不得进。总杀首谋者十人，以节付张皋，夜间道去，迟明，军中乃知"③。为防止镇冀再叛，刘总又采取了一个强有力的措施，即"籍其军材勇与黠暴不制者，悉荐之朝，冀厚与爵位，使北方歆艳，无甘乱心"④。

　　综上所述，我们可以推知，尽管藩镇的一些将领对归顺朝廷一事并不甘心，但总的形势是对朝廷极为有利的。若是唐朝的最高统治者能抓住机会，采

　　①（后晋）刘昫等：《旧唐书》卷一四二《王承元传》，北京：中华书局，1975年标点本，第3883—3884页。

　　②（后晋）刘昫等：《旧唐书》卷一四三《刘总传》，北京：中华书局，1975年标点本，第3902页。

　　③（宋）欧阳修、宋祁：《新唐书》卷二一二《刘总传》，北京：中华书局，1975年标点本，第5976页。

　　④（宋）欧阳修、宋祁：《新唐书》卷二一二《刘总传》，北京：中华书局，1975年标点本，第5977页。

取有力措施，巩固元和中兴所取得的成果，河朔三镇或许不会很快再行反叛，藩镇割据局面或许不会再现。然而，河朔三镇在几个月后就相继叛离朝廷，速度之快令人惊异，原因何在呢？

二

近年通行的观点认为，河朔三镇再叛的主要原因是藩镇军将势力的强大，而卢龙、镇冀、魏博三镇的确是在军将的鼓动下反叛的。此说固然可作为其中一个原因，但我认为这绝非主要原因。因为藩镇军将势力的强大，并非始自长庆初年，田弘正、王承元、刘总能冲破军将的干扰而献土归诚，说明军将的势力并非难以挫败，关键在于当权者如何因势利导，巩固既有的成果。但是，继位的穆宗皇帝年仅十六岁，不识国家大体，也没有什么雄才大略。他所任用的宰相又多是虚华而无实干才能的文苑词臣。他们被一时的胜利冲昏了头脑，认为天下从此太平，不但不采取措施巩固已取得的成果，反而休兵偃武，坐享歌舞升平，终于错失良机。考述三镇复叛皆与朝廷举措不当有关。

卢龙镇的复叛，《旧唐书·刘总传》载：

> 先是元和初，王承宗阻兵，总父济备陈征伐之术，请身先之。及出军，累拔城邑，旋属被病，不克成功。总既继父，愿述先志，且欲尽更河朔旧风。长庆初，累疏求入觐，兼请分割所理之地，然后归朝。其意欲以幽、涿、营州为一道，请弘靖理之；瀛州、漠州为一道，请卢士玫理之；平、蓟、妫、檀为一道，请薛平理之。仍籍军中宿将尽荐于阙下，因望朝廷升奖，使幽蓟之人皆有希美爵禄之意。及疏上，穆宗且欲速得范阳，宰臣崔植、杜元颖又不为久大经略，但欲重弘靖所授，而未能省其使局，惟瀛、漠两州许置观察使，其他郡县悉命弘靖统之。时总所荐将校，又俱在京师旅舍中，久而不问。如朱克融辈，仅至假衣丐食，日诣中书求官，不胜其困。及除弘靖，又命悉还本军。克融辈虽得复归，皆深怀触望，其后果为叛乱。[1]

刘总世居卢龙，对藩镇内部的情况十分了解，他采取的两条措施对消灭藩

---

① （后晋）刘昫等：《旧唐书》卷一四三《刘总传》，北京：中华书局，1975 年标点本，第 3903 页。

镇割据力量具有不可估量的作用。将一道分为三道，军事力量和经济力量都得到削弱，朝廷容易控制，即便发生叛乱也容易对付。尤其是将朱克融等人荐举入朝的措施更是釜底抽薪之举，因为藩镇叛乱大都由军将鼓动而起。朱克融等人世居卢龙为将，在军士中颇具影响，他们离开卢龙就像鱼儿离开了水，而军士离开了他们便如群龙无首，任何一方都无所作为。只可惜唐穆宗与当朝宰相看不到这一点，对刘总的提议置之不理，导致卢龙很快再叛。

刘总之推荐张弘靖、薛平、卢士玫三人用意颇深："弘靖先在河东，以宽简得众，总与之邻境，闻其风望，以燕人桀骜日久，故举弘靖自代以安辑之。平，嵩之子，知河朔风俗，而尽诚于国，故举之。士玫（卢士玫时为权知京兆尹），则总妻族之亲也。"①刘总的计划不错，但他没有想到张弘靖不了解河朔风俗，又自命高贵，言谈举止很让人看不惯，他手下一伙年轻从事又骄横无礼，鞭打士卒，终于为别有用心之人所乘，激起兵变。《旧唐书·张弘靖传》云：

> 弘靖之入幽州也，蓟人无老幼男女，皆夹道而观焉。河朔军帅冒寒暑，多与士卒同，无张盖安舆之别。弘靖久富贵，又不知风土，入燕之时，肩舆于三军之中，蓟人颇骇之。弘靖以禄山、思明之乱，始自幽州，欲于事初尽革其俗，乃发禄山墓，毁其棺柩，人尤失望。从事有韦雍、张宗厚数辈，复轻肆嗜酒，常夜饮醉归，烛火满街，前后呵叱，蓟人所不习之事。又雍等诟责吏卒，多以反虏名之，谓军士曰："今天下无事，汝辈挽得两石力弓，不如识一丁字。"军中以意气自负，深恨之。刘总归朝，以钱一百万贯赐军士，弘靖留二十万贯充军府杂用。蓟人不胜其愤，遂相率以叛……②

司马光的《资治通鉴》不仅详细记载了这次兵变发生的经过，而且还细致的分析了其中的原因：

---

① （宋）司马光：《资治通鉴》卷二四一"唐穆宗长庆元年六月戊寅"条，北京：中华书局，1956 年标点本，第 7792 页。

② （后晋）刘昫等：《旧唐书》卷一二九《张弘靖传》，北京：中华书局，1975 年标点本，第 3611—3612 页。

（穆宗长庆元年）七月，甲辰，韦雍出，逢小将策马冲其前导，雍命曳下，欲于街中杖之。河朔军士不贯受杖，不服。雍以白弘靖，弘靖命军虞候系治之。是夕，士卒连营呼噪作乱……①

河朔之地自南北朝始便胡汉杂居，风俗和民风都已经胡化，加之长年独立为政，野性未除，张弘靖以外来之人入主河朔，要想站稳脚跟，只有循序渐进地加以诱导，宣扬忠孝节义，逐渐革除其弊，但是他急于求成的做法，反而是欲速则不达了。

镇冀复叛也是朝廷失误所致。王承元上表归降，受命调出镇冀时，唐穆宗命田弘正任镇冀节度使，他的设想是魏博比镇冀强大，命田弘正继任镇冀节度使或许能加以控摄，这实在是一种非常幼稚的想法。因为王承宗反叛朝廷时，田弘正曾派军进攻，与镇冀将士有仇。将他派到镇冀无疑是给镇冀将士提供了一个很好的报复机会。《旧唐书·田弘正传》云：

> 弘正以新与镇人战伐，有父兄之怨，乃以魏兵二千为卫从。……时赐镇州三军赏钱一百万贯，不时至，军众喧腾以为言。弘正亲自抚喻，人情稍安，仍表请留魏兵为纪纲之仆，以持众心，其粮赐请给于有司。时度支使崔倰不知大体，固阻其请。凡四上表不报。明年七月，归卒于魏州，是月二十八日夜军乱，弘正并家属、参佐、将吏等三百余口并遇害……②

当然，镇冀的复叛并杀死田弘正，与后者本身举措不当也有很大的关联。田弘正担任镇冀节帅后，并不能一碗水端平，他"厚于骨肉，兄弟子侄在两都者数十人，竞为侈靡，日费约二十万，弘正辇魏、镇之货以供之，相属于道；河北将士颇不平"③。可见，让田弘正入居镇州实在是错误之举，而崔倰的做法又促使这一错误的严重后果提前到来。

河朔三镇向来联为一体。卢龙、镇冀复叛，使魏博将士人心思乱，形势岌岌可危。如何稳定魏博军士成为当时最主要的问题，但是统治者并没有考虑到

---

① （宋）司马光：《资治通鉴》卷二四二"唐穆宗长庆元年七月甲辰"条，北京：中华书局，1956 年标点本，第 7794 页。

② （后晋）刘昫等：《旧唐书》卷一四一《田弘正传》，北京：中华书局，1975 年标点本，第 3851 页。

③ （宋）司马光：《资治通鉴》卷二四二"穆宗长庆元年辛酉"条，北京：中华书局，1956 年标点本，第 7796 页。

这一点，而是急于扑灭叛乱，命令田弘正之子田布返回魏博担任节度使，率军参加平叛，"以魏强而镇弱，且魏人素德弘正，以布之贤而世其官，可以成功"①。这无疑是雪上加霜之举。《新唐书·田布传》云：

> 时中人屡趣战，而度支馈饷不继，布辄以六州租赋给军。……河朔三镇旧连衡，桀骜自私，而宪诚蓄异志，阴欲乘衅，又魏军骄，惮格战，会大雪，师寒粮乏，军中谤曰："它日用兵，团粒米尽仰朝廷。今六州刮肉与镇、冀角死生，虽尚书瘠己肥国，魏人何罪？"宪诚得闲，因以摇乱。会有诏分布军合李光颜救深州，兵怒，不肯东，众遂溃，皆归宪诚，唯中军不动。布以中军还魏。明日，会诸将议事，众哗曰："公能行河朔旧事，则生死从公，不然，不可以战。"布度众且乱，叹曰："功无成矣！"即为书谢帝曰……引刀刺心曰："上以谢君父，下以示三军。"言讫而绝。②

魏博将士的反叛势在必行，田布早已看出这种局面，因此他对朝廷的任命是"号泣固辞"，辞而不得，乃"与妻子宾客决曰：'吾不还矣！'"等进入魏博镇后，他大施恩惠，广结众恩，"凡将士老者，兄事之。禄俸月百万，一不入私门，又发家钱十余万缗颁士卒"③。想以此笼络将士，避免叛乱的发生。

魏博镇未叛以前，一些大臣已看出了这危险形势，中书舍人白居易即上疏说：

> ……朝廷本用田布，令报父仇，今领全师出界，供给度支，数月已来，都不进讨，非田布固欲如此，抑有其由。闻魏博一军，屡经优赏，兵骄将富，莫肯为用。况其军一月之费，计实钱二十八万缗，若更迁延，将何供给？此尤宜早令退军者也。……今事宜日急，其间变故远不可知。……④

非常可惜，白居易的疏奏，唐穆宗览而不省。由此可见，若是不命令魏博出征，魏博或许处于观望之间举棋不定，不至于很快叛乱，以致搞得唐朝统治

---

① （宋）欧阳修、宋祁：《新唐书》卷一四八《田布传》，北京：中华书局，1975年标点本，第4785页。
② （宋）欧阳修、宋祁：《新唐书》卷一四八《田布传》，北京：中华书局，1975年标点本，第4785—4786页。
③ （宋）欧阳修、宋祁：《新唐书》卷一四八《田布传》，北京：中华书局，1975年标点本，第4785页。
④ （宋）司马光：《资治通鉴》卷二四二"穆宗长庆二年正月丁酉"条，北京：中华书局，1956年标点本，第7805—7806页。

者焦头烂额，无法收拾残局。

三

河朔三镇虽然反叛了，但根基未稳，内部也没有统一，以唐朝当时的国势，再加上唐宪宗当时的重臣裴度，以及中兴名将李光颜、乌重胤等人依然健在，并受命率军平叛，朝廷若是采取适当的策略还是可以平定这场叛乱的。但是由于统治者指挥不当，先是急于求成，继之畏难而退，使平叛战争虎头蛇尾，以失败而告终。究其原因，大致有以下五条：

（1）唐穆宗与当朝宰相不知军务，急于求成，强令各军速战，甚至临阵易将。而主将处处受到掣肘，不能临机发挥，导致战事失利。《新唐书·王廷凑传》云：

> 有诏议攻讨先后，剑南东川节度使王涯以为"范阳乱非宿谋，可先事镇州，又有魏博之怨，济以晋阳、沧德，掎角而进。……"帝乃诏义武节度使陈楚闭境，督诸军三道攻。而沧德乌重胤最宿将，当一面。裴度以河东节度使兼幽、镇招抚使，屯承天军。重胤知时不可，案兵未肯前，帝浮于听受，锐克伐，更以深冀行营节度使杜叔良代之。叔良素结中人，入见帝，大言曰："贼不足破！"会度逐廷凑兵于会星，又入元氏，焚壁二十二。叔良率诸道兵救深州，战博野，大奔，失所持节，以身免……①

各路藩镇复叛，锐气正旺，只有稳扎稳打，待其锐气衰竭，方能攻而克之。乌重胤是元和名将，深知兵法，其按兵不动自有道理。唐穆宗不了解情况，一味催促进兵，甚至改换主将，结果是丧师败绩。

（2）唐穆宗宠臣元稹求任宰相，忌妒裴度功高权重，担心他再立大功于己不利，乃勾结宦官加以阻挠，甚至提议罢兵，解除了裴度兵权，使平叛战争半途而废。这件事《旧唐书·裴度传》记载颇详：

> 度受命之日，蒐兵补卒，不遑寝息。自董西师，临于贼境，屠城斩将，屡以捷闻。穆宗深嘉其忠款，中使抚谕无虚月，进位检校司空，兼充押北

① （宋）欧阳修、宋祁：《新唐书》卷二一一《王廷凑传》，北京：中华书局，1975 年标点本，第 5959—5960 页。

山诸蕃使。时翰林学士元稹，交结内官，求为宰相，与知枢密魏弘简为刎颈之交。稹虽与度无憾，然颇忌前达加于己上。度方用兵山东，每处置军事，有所论奏，多为稹辈所持。天下皆言稹恃宠荧惑上听，度在军上疏论之曰……继上三章，辞情激切。穆宗虽不悦，然惧大臣正议，乃以魏弘简为弓箭库使，罢元稹内职。然宠稹之意未衰，俄拜稹平章事，寻罢度兵权，守司徒、同平章事，充东都留守。谏官相率伏阁诣延英门者日二三。帝知其谏，不即被召，皆上疏言：时未偃兵，度有将相全才，不宜置之散地。帝以章疏旁午，无如之何，知人情在度，遂诏度自太原由京师赴洛。及元稹为相，请上罢兵，洗雪廷凑、克融，解深州之围，盖欲罢度兵柄故也。①

元稹被罢内职，十分怨恨裴度，所以当他复任宰相之后，意图报复，恰好此时深州之围越来越急，唐穆宗心慌意乱，急于求和，于是他劝唐穆宗免除王廷凑等人之罪而罢兵，乘机解除裴度兵权。唐穆宗受其荧惑，乃于长庆二年（822年）二月甲子，下诏洗雪王廷凑，授任成德节度使，平叛之战半路中止。

（3）唐穆宗即位之初的削兵政策，使唐朝军事力量大减，增加了反叛的潜在力量。因而叛乱一起，朝廷顿感手忙脚乱，力不从心。《旧唐书·萧俛传》云：

> 穆宗乘章武恢复之余，即位之始，两河廓定，四鄙无虞。而俛与段文昌屡献太平之策，以为兵以静乱，时已治矣，不宜黩武，劝穆宗休兵偃武。又以兵不可顿去，请密诏天下军镇有兵处，每年百人之中，限八人逃死，谓之"消兵"。帝即荒纵，不能深料，遂诏天下，如其策而行之。而藩籍之卒，合而为盗，伏于山林。明年，朱克融、王廷凑复乱河朔，一呼而遗卒皆至。朝廷方征兵诸藩，籍既不充，寻行招募。乌合之众，动为贼败，由是复失河朔，盖"消兵"之失也。②

唐穆宗即位之初，国家安定，藩镇降服，形势一片大好，休兵偃武以事发展不失为良策，然而割据的威胁本来自河朔三镇，若消兵也要消河朔之兵，而不应消其他藩镇之兵，这种做法实在是本末倒置、不辨轻重。所以当河朔三镇

---

① （后晋）刘昫等：《旧唐书》卷一七〇《裴度传》，北京：中华书局，1975年标点本，第4421—4424页。
② （后晋）刘昫等：《旧唐书》卷一七二《萧俛传》，北京：中华书局，1975年标点本，第4477—4478页。

复叛时，各路军队战斗力不强，屡战屡败，也在情理之中。

（4）唐宪宗时期的连年用兵已使朝廷财政空虚，库府皆空。而唐穆宗即位之初，又大赏功臣，更增加了财政危机，使得平叛战争因财力乏匮而无以为继，影响了唐军作战能力。《旧唐书·穆宗纪》云：

> 上于驭军之道，未得其要，常云宜姑息戎臣。故即位之初，倾府库颁赏之，长行所获，人至钜万，非时赐与，不可胜纪。故军旅益骄，法令益弛，战则不克，国祚日危。①

《新唐书·王廷凑传》亦云：

> 当是时，帝赐赍无艺，府帑空，既集诸道兵，调发火驰，民不堪其劳。仰度支者大抵兵十五万，有司惧不给，置南北供军院。既薄贼鄙，饷道梗棘，樵苏不继，兵番休，取刍蒸。廷凑乘间夺转运车六百乘，食愈困，至所须衣帛，未半道，诸军强取之，有司弗能制。其县师深入者，不得衣食。②

因粮草缺乏，将士无力亦无心作战，贻误了很多战机，被围的军队不能解围，唯有闭城自保而已。比如，"王廷凑围牛元翼于深州，官军三面救之，皆以乏粮不能进，虽李光颜亦闭壁自守而已。军士自采薪刍，日给不过陈米一勺"③。所以，深州形势愈来愈急，唐穆宗没有了主意，遂听元稹之计赦免王廷凑等人。

（5）诸道军队中都有宦官做监军，他们不懂兵法，却横加干预，使主将无法专号令，严重影响了军队的士气和战斗力。他们的横加干预，无疑是战役失败的直接因素。《资治通鉴》载：

> 诸节度既有监军，其领偏军者亦置中使监陈，主将不得专号令，战小胜则飞驿奏捷，自以为功，不胜则迫胁主将，以罪归之；悉择军中骁勇以

---

① （后晋）刘昫等：《旧唐书》卷一六《穆宗纪》，北京：中华书局，1975年标点本，第495—496页。
② （宋）欧阳修、宋祁：《新唐书》卷一二一《王廷凑传》，北京：中华书局，1975年标点本，第5960页。
③ （宋）司马光：《资治通鉴》卷二四二"唐穆宗长庆二年正月壬子"条，北京：中华书局，1956年标点本，1956年标点本，第7807—7808页。

自卫，遣赢懦者就战，故每战多败。①

纵览河朔三镇得而复失的过程，唐朝统治者在对待藩镇问题上存在着极大的失策是明显可见的。正是由于这些失策使河朔三镇归而复叛，从而注定了唐王朝灭亡的必然趋势。

原载（《唐史论丛》第六辑，陕西人民出版社，1995 年版）

---

① （宋）司马光：《资治通鉴》卷二四二"唐穆宗长庆二年二月甲子"条，北京：中华书局，1956 年标点本，第 7808 页。

北宋急脚递的传递方式考

北宋时期，政府对传统驿传进行了改革，将驿与传分开，驿称驿馆，专门提供食宿，传称递铺，专一传递文书与运送物质。关于递铺，曹家齐先生在《宋代交通管理制度研究》一书中集众家之长，对宋代递铺的种类、性质及其管理制度做了较详细的论析，也对中外学者的一些观点进行了纠正。但是笔者认为其中关于急脚递传递方式的论述还有一些不足之处，故撰本文以补万一。

一、急脚递传送方式的基本材料

宋代急脚递的传递方式一直是一个颇有争议且很难说清楚的问题，日本学者认为是走传，我国香港学者认为是马传，曹家齐先生则将双方意见折中，认为宋代急脚递是乘马与步行并用①。他通过大量考察的宋代急脚递的资料指出："宋代急递之所以马递步递并存，是受当时交通条件的限制。"其原因有三：一是山势险要或平陆但有河渠；二是掩人耳目；三是马匹短缺②。他的说法固然很有道理，但我觉得还不尽然，因为北宋和南宋情况不同，南宋抑或如此，但北宋则未必，混在一起研究有点太过笼统。

宋代递铺有三种，即沈括《梦溪笔谈》所云："驿传旧有三等，曰步递、

① 曹家齐：《宋代交通管理制度研究》，开封：河南大学出版社，2002 年，第 114—120 页。

② 曹家齐：《宋代交通管理制度研究》，开封：河南大学出版社，2002 年，第 120 页。

马递、急脚递。急脚递最遽，日行四百里，唯军兴则用之。"①这三等是指传递速度不同的递铺种类，还是特指不同的传递速度却没有明确说明。但据《续宋会要》载军器监主簿措置诸递角王厚之于淳熙十三年（1186年）二月二十三日所言："递铺旧法三等，曰急脚，曰马递，曰步递，并十八里或二十里一铺，今总谓之省铺。"②则知此三等指的是三种传递速度。在这三种传递速度中，"步递""马递"的传递方式都不存在问题，唯有急脚递分歧较大，主要原因还是这个命名比较模糊。以常理推断，急脚递既然比马递快，那么也应该使用马匹，但史料表明，宋代急脚递除了马匹之外，也有人力走传的，这就给后人了解真实情况制造了困难。为了比较清楚的解释这个问题，最好的办法是将有关资料归类进行分析梳理。

北宋常见文献中很少有谈到递铺的传递方式的，尤其是急脚递，但是笔者还是找到四条乘马而传的资料。宋真宗大中祥符元年（1008年）冬十月甲辰，"诏缘路急脚递铺，止当传送文字，如闻使臣或遣负重以驰，咸不堪命，自今非宣旨，不得辄私役使"③。此云"负重以驰"应为乘马。又，宋真宗大中祥符三年（1010年）八月下令，"发陕西、河东兵五千人赴汾阴给役。置急脚递铺，出厩马、增驿传。递铺卒增置八千四百五十人"④。此明言急脚递用马。又如，宋神宗熙宁元年（1068年）正月十八日，"枢密院上新定到文武官合乘递马条贯，诏可。先是，诸色人给递马太滥，所在马不能充足，以致急递稽留故也"⑤。此文指出来往官员用马较多而影响了急递公文的传送，显然急脚递是乘马而传。再如，宋徽宗崇宁元年（1102年）十二月二十二日兵部上奏："点检编排自京至荆湖北路马递急脚递铺所状，今点检得鼎州敖山铺至辰州门铺人马，除传送文字外，其余人马多缘应付军兴差出勾当官员诸色人打过。"⑥

① （宋）沈括：《梦溪笔谈》卷一一《官政》，上海：上海古籍出版社，2015年，第77页。

② （明）解缙：《永乐大典》卷一四五七五《续宋会要》，北京：中华书局，1986年，第6452页上栏。

③ （宋）李焘：《续资治通鉴长编》卷七〇"真宗大中祥符元年十月甲辰"条，上海：上海古籍出版社，1986年影印本，第610页上栏。

④ （宋）李焘：《续资治通鉴长编》卷七四"大中祥符三年八月己酉"条，上海：上海古籍出版社，1986年影印本，第652页下栏。

⑤ （清）徐松等辑：《宋会要辑稿》之《方域》一〇之二三，北京：中华书局，1957年影印本，第7485页上栏。

⑥ （清）徐松等辑：《宋会要辑稿》之《方域》一〇之二七，北京：中华书局，1957年影印本，第7487页上栏。

此云马递急脚递铺的"人马"既传送文字，又得应付官员的差遣，则急递公文应该用到马匹。

以下有几条资料虽然没有明确指出传递的方式，但据情形推断无疑也是乘马。宋真宗咸平五年（1002 年）四月《边臣日具契丹事飞驿以闻诏》规定边关大臣必须"日具契丹事宜飞驿以闻，三日遣指使使臣入奏"[①]。此值契丹大举南下之时，契丹事宜就是军事情报，应按急递要求传递，而"飞驿"就是通过驿传飞马传送之意。经检索，《续资治通鉴长编》中"飞驿以闻"的记载共有五处，都是在宋真宗天禧五年（1021 年）前。又，宋神宗元丰四年（1081 年）七月，"戊子，上批陕西马递铺人马多阙，方军兴飞书遣使，此最先务，宜令两路提点刑狱文臣点检补填数足，申明条约，开封府界委提举官"[②]。此言"方军兴飞书"，则所传亦属紧急军事公文，虽然陕西为马递铺，但也应以急递速度传送，其云递铺人马多缺，则应乘马而传。

另外还有一条资料虽与急脚递传递方式无关，但从侧面可说明急脚递用马。宋真宗景德元年（1004 年）二月，"诏川峡路州军监县镇等吏卒，乘马递报公事者，自令禁止之。先是以川峡州郡，多驰骑往来，传送官文书及报公事，人或惊疑，故禁止之"[③]。递报公事尚且乘马，急递公文则更应乘马。

然而，北宋确实也有些资料表明急脚递是靠人力走传的。宋真宗景德二年（1005 年）三月，"诏河北两路急脚铺军士，除递送镇定总管司，及雄州文书外，佗处文书不得承受。帝以急脚军士晨夜驰走甚为劳止，故有是诏"[④]。此云驰走，则或为乘马而传，或有走传与骑马两种。[⑤]又，宋神宗元丰四年

① （宋）李焘：《续资治通鉴长编》卷五一"咸平五年四月庚辰"条，上海：上海古籍出版社，1986 年影印本，第 435 页下栏。

② （宋）李焘：《续资治通鉴长编》卷三一四"元丰四年七月戊子"条，上海：上海古籍出版社，1986 年影印本，第 2934 页下栏。

③ （明）解缙：《永乐大典》卷一四五七四《宋会要》，北京：中华书局，1986 年，第 6435 页下栏。

④ （明）解缙：《永乐大典》卷一四五七四《宋会要》，北京：中华书局，1986 年，第 6435 页下栏。

⑤ 按：驰本意为马之奔行，马脚力好亦称驰走，如《续资治通鉴长编》卷一三七"庆历二年六月丙申"条载宋仁宗召见石州刺史向进及其子弟石坚等人云："上御崇政殿阅试，而坚骑射尤精悍，取所射弓亲挽之，力甚劲，因遍示辅臣，且谕其众曰：'若属为国家捍贼，甚劳苦，朕累知之。'又见其马善驰走，曰：'此真战马，毋为权豪所市也。'"（第 1253 页上）但奔驰往往引申为奔走钻营以求利，如《续资治通鉴长编》卷一四五"仁宗庆历三年十一月癸未"条载欧阳修文云："臣窃见近年风俗偷薄，士子奔竞者，至有偷窃他人文字，干谒权贵以求荐举，如邱良孙者。又有广费资财，多写文册，事业又非绝出，而惟务干求势门，日夜奔驰，无一处不到，如林概者。"（第 1337 页上）如果从本义来看，驰走应是乘马奔驰。

（1081 年）八月十二日，"诏入内省选差使二人，自京分诣陕西沿边麟府等路，于递铺内选可充急脚递铺兵级，对换不堪走传文字之人，仍相度铺分地里遥远去处置腰铺"①。此明言急脚递是走传文字。再如，福州南路横山铺在大观元年增"急步递二人"②。"急步递"显然是走传。

二、急脚递原则上应乘马而传

上述所列急脚递传递方式的材料以乘马较多，其中宋真宗时最多，共有八条；其次宋神宗时有两条；宋徽宗时最少，只有一条。走传的资料相对较少，宋真宗时仅有一条比较模糊的记录，宋神宗时有一条，宋徽宗时有一条。另外曹家齐先生在其著作中所列北宋急脚递传递方式的资料与本文大致相同，多为乘马，走传主要以急脚等同于健步的性质来说明③。我认为这是一种间接的说明，论证并不充分，因为急脚和健步只是在快速传递信函这一点是相同的，在传送书信的过程中是否都是步行则未可全知，有些健步就是乘马的，如宋代诗人杨万里在《得寿仁寿俊二子中涂家书》诗中写道："二子别我归，兼旬无消息。客有馈荔枝，盈篮风露色……急呼两健步，为我致渠侧……十日两骑还，千里一纸墨。"④虽云健步却是骑马。至于他所罗列的金牌急脚递采取走传的资料基本上都是南宋的⑤。

福建路在至和年间以前一直是马铺，即"旧有铺马"，至和四年⑥章谏之知漳州，"以山径险僻，递送转见迟回"罢铺马而改急脚兵士，嘉祐二年（1057 年），薛纶知建州时，又以急脚士兵"临时借马于人户，不无扰骚"而取消步行急脚再改铺马。元丰六年（1083 年），郑居简又奏请每铺"各添急递二名"。元祐元年（1086 年），减罢急脚兵士，改作马铺"⑦。其间虽经马

---

① （宋）李焘：《续资治通鉴长编》卷三一五"神宗元丰四年八月丙寅"条，上海：上海古籍出版社，1986 年影印本，第 2945 页上栏。

② （宋）梁克家：《淳熙三山志》卷五《地理类·驿铺》，北京：中华书局，1990 年，第 7828—7829 页。

③ 曹家齐：《宋代交通管理制度研究》，开封：河南大学出版社，2002 年，第 116—120 页。

④ 北京大学古文献研究所编：《全宋诗》卷二二八九，北京：北京大学出版社，1998 年，第 26274 页。另，关于急脚子的性质及其与健步之关系，参见焦杰：《健步、急脚与夜不收》，《中国典籍与文化》2007 年 4 期。

⑤ 曹家齐：《宋代交通管理制度研究》，开封：河南大学出版社，2002 年，第 124—125 页。

⑥ 按：至和只有三年，第三年九月改元嘉祐。

⑦ （宋）梁克家：《淳熙三山志》卷五《地理类·驿铺》，北京：中华书局，1990 年，第 7828 页上栏。

递、急脚步递的变化，但总体说来以马铺为主。由马铺变为急脚士兵再变为马铺并没有什么特殊的原因，仅受执政官员个人看法与意志的影响。不过，据前文所引宋徽宗大观元年（1107 年）为福州南路横山铺增"急步递二人"的记载来看，到了北宋后期至少福建的横山铺的急递又变成走传了。将福建的情况与上述资料汇总起来分析，是不是可以在时间上总结出一个特点，那就是北宋以宋神宗时期为界，以前急脚递乘马而传的较多，以后则走传的较多。如果这个特点具有普遍性的话，那么是否就可以推断北宋急递应该是乘马而传的，只是到了后期才变成走传的呢？

然而上述材料实在太少，只有十五条，而且缺乏宋太祖、太宗、仁宗、英宗、哲宗及宋钦宗时期的资料，不过宋英宗与宋钦宗在位时间都很短，前者五年，后者仅两年，因此有没有资料对本文的论述影响并不是太大；宋太祖、太宗时期尚处于战争阶段，军事公文由军队直接派人送往朝廷，没有相关资料也是必然；但缺乏宋仁宗与宋哲宗时的材料却对本文论点的成立影响较大。因此仅靠上述而得出的结论很难具备普遍性，要想证明本观点的合理性，还必须从其他方面入手。

北宋中后期以后，由于递务不畅，政府曾经进行整顿，整顿过程中所反映出来的问题对本文论点颇有助益。据曹家齐先生考证，"宋代递铺多是两种或三种功能兼具者"①。其中急脚递专一传送公文，马递既传送公文，也为来往官员提供马匹，但由于"诸色人给递马太滥，所在马不能充足，以致急递稽留故也（见前文）"。故而宋神宗熙宁元年（1068 年），政府重订"文武官合乘递马条贯"，对官员途经递铺用马做了详细规定。到了北宋末年，急递稽迟现象仍然没有好转，宋徽宗崇宁元年（1102 年），兵部派人去各地调查，得出的结论是"人马多缘应付军兴差出勾当官员诸色人打过（见前文）"。如果急脚递由乘马与人力走传的两种方式组成，那么官员过驿用马就不会对急递业务产生太多的影响，北宋政府也不会寻求相应的措施进行整顿，这说明北宋的急脚递本应是乘马的。南宋初年，由于长期战乱，递务更加混乱，急脚铺兵大都逃散，于是建炎元年（1127 年）五月一日宋高宗下诏整顿驿传，重建各地急脚递铺："将急脚递先次划刷诸色厢军填补，请给衣粮，令按月支遣，除传送文字

---

① 曹家齐：《宋代交通管理制度研究》，开封：河南大学出版社，2002 年，第 96 页。

外，其余应合破递马、铺兵，权行住罢，候措置就绪日依旧。"①根据记载，当时重新恢复的急脚递是走传的，但从"其余应合破递马、铺兵权行住罢"一句来分析，走传是情非得已，这反过来即说明急脚递原则上应该是乘马的。

另外，根据北宋政府急脚递铺的性质，我觉得急脚递也是应该采取乘马而传的方式的。按：北宋的急脚递是从唐代的急递制度沿袭而来。在唐代，急递是驿传业务中的一种，以传递军事公文为主，即胡三省所说的："军期紧急，文书入递不容稽违晷刻者，谓之急递。递，邮传也。递者，言邮置递以相付而达其所。"②急递公文也称急脚附书，如户部侍郎杨炎被贬道州司户参军，皇帝命他直接出城，不得回家。他考虑到妻子生病，怕她病情加重，便于当晚到达蓝田驿时，对主管邮务的崔清请求道："某出城时，妻病绵惙，闻某得罪，事情可知。欲奉烦为申辞疾，请假一日，发一急脚附书，宽两处相忧，以候其来耗，便当首路，可乎？"清许之，邮知事吕华进而言曰："此故不可，敕命严迅。"崔清谓吕华曰："杨侍郎迫切，不然，申府以阙马，可乎？"华久而对曰："此即可矣。"③宋代急递又称急脚递即与此有关。宋代急脚递既因"军兴"而用，速度又比马递快，以常理推测应该是乘马。

三、走传出现的原因及补充说明

那么，为什么北宋时期的急脚递会有人力走传的情形呢？曹家齐先生指出了三个原因，我比较赞同他关于马匹不够的说法。但从所见材料来看，马匹不够的问题是逐渐产生并日渐严重的。据载宋太宗平太原"得汾晋、燕蓟之马凡四万二千余匹，国马增多，乃诏于景阳门外新作四厩……内厩马既充牣，始分置诸州牧养。"④太平兴国五年（980年）至宋真宗初年不过二十年左右的时间，因此可以断定宋真宗、宋仁宗时期朝廷的马匹还是很充足的。正因为如此，宋真宗大中祥符三年（1010年）八月才可以"出厩马，增驿传"，当南方

---

① （清）徐松等辑：《宋会要辑稿》之《方域》一〇之四一，北京：中华书局，1957年影印本，第7494页上栏。

② （宋）司马光：《资治通鉴》卷二七八"后唐潞王清泰元年闰月丙午"条，北京：中华书局，1956年标点本，第9102页。

③ （宋）李昉等：《太平广记》卷一五三"崔朴"条，北京：中华书局，1961年，第1098页。

④ （宋）李焘：《续资治通鉴长编》卷二一"太宗太平兴国五年正月壬午"条，上海：上海古籍出版社，1986年影印本，第178页下栏—第179页上栏。

发生战争时,宋真宗、宋仁宗才可能有条件两次往桂广一带大规模地增设马递铺,一是宋真宗景德四年(1007 年)七月六日壬申:"增置自京自宜州马递铺。"①二是宋仁宗皇佑四年(1052 年)七月壬子:"又诏自京至广州增置马递铺。"②然而宋神宗时期,朝廷的马已经严重不足,只好令百姓养马,如宋神宗元丰三年(1080 年)即"诏以国马未备,令开封府界、京东西、河北、陕西、河东路州县物力户自买马牧养。"③马匹不足,自然会影响递铺用马,北宋中后期急脚递出现走传的情况也在情理之中。

至于曹家齐先生指出的另外两个原因,我觉得有商榷之处。一是山势险要或平陆但有河渠。我认为这个说法不很充分,因为只利人行而不利马走的道路毕竟是少数,只要是官道,走马都不成问题,而驿站通常总是建在官道上的。一般说来,乘马总是比人走的要快,急脚递士兵深知此道,铺内没有递马,就向百姓借,如福建路的"急脚兵士止传送递角使命,经过州县,临时借马于人户……"④即是。二是出于保密目的。这个说法也不是很有说服力。按说金牌急脚递应该比急脚递更需要保密,但金牌急脚递是"不以昼夜鸣铃走递,前铺闻铃,预备人出铺就道交收"⑤。这如何保密?因此真正的机密文件靠急脚士兵来传是不可能的,只能是派亲信之人传递。如晚唐时各镇都有步奏官一职,专门负责奏报机密事宜,这些人都身体强健、长途跋涉、快步如飞,最有名的当属杨行密,史载其"有膂力,日行三百里,唐中和之乱,天子幸蜀,郡将遣行密徒步奏事,如期而复"⑥。而宋朝政府规定,军队出征,不管有事无事,统帅必须每日通过急脚递向皇帝报告情况,但机密内容即"或事非文字可传者,即差亲信驰奏。"⑦

---

① (宋)李焘:《续资治通鉴长编》卷六六"真宗景德四年七月六日壬申"条,上海:上海古籍出版社,1986 年影印本,第 572 页上栏。

② (宋)李焘:《续资治通鉴长编》卷一七三"皇佑四年七月壬子"条,上海:上海古籍出版社,1986 年影印本,第 1590 页上栏。

③ (宋)李焘:《续资治通鉴长编》卷三〇二"神宗元丰三年二月壬戌"条,上海:上海古籍出版社,1986 年影印本,第 2839 页下栏。

④ (宋)梁克家:《淳熙三山志》卷五《地理类·驿铺》,北京:中华书局,1990 年,第 7828 页上栏。

⑤ (明)解缙:《永乐大典》卷一四五七四《宋会要》,北京:中华书局,1986 年,第 6443 页上栏。

⑥ (五代)薛居正:《旧五代史》卷一三四《僭伪列传·杨行密》,北京:中华书局,1976 年标点本,第 1779 页。

⑦ (宋)曾公亮:《武经总要前集》卷一五"行军约束"条,上海北京:中华书局,1959 年影印本,第 3 页。

又，本文认为急脚递不应走传还有人体力与耐力方面的原因。曹家齐先生认为急脚递以接力的方式而达到日行四百里是没有丝毫问题的，因为每个急脚士兵传递一次公文大约相当于以如今长跑运动员一半的速度跑一万米左右，从体力而言是容易做到的①。这种分析当然很正确，但他也忽略了一点，那就是战争期间一个急脚兵士不可能一天只传一次公文，有时可能就要传两次或三次，当然也许有时一天一次也不用传。假如事务繁忙，急脚士兵一天要传两三次的话，一个来回是两万米，两个来回就是四万米，这样超体力的运动量，即便是受过训练的善走之人，恐怕也是难以长期承受的。或许正是因为考虑到体力与耐力方面的原因，南宋时采用走传方式来传递军事情报的斥堠铺与摆铺就变成十里一置了。如淳熙十三（1186 年）二月二十三日，军器监主簿措置诸递角王厚之言："建炎三年初立斥堠，绍兴三十年又并摆铺，立九里或十里一铺。"②

以人力走传急脚递文书并不特别合适的情况在后来急递铺制度的演变过程中也清晰可见。据史书记载金国急递铺："其制，该军马路十里一铺，铺设四人，内铺头一人，铺兵三人，以所辖军射粮军内差充，腰铃日行三百里。"③但又规定："非军期、河防不许起马。"④除了军事和河防公文外，其他公文都是走传。与宋代相比，金国急递铺有两个不同：一是传递速度降低。二是铺与铺之间距离缩短。这两个不同很可能是借鉴宋朝经验的结果。南宋时期包括金牌急脚在内的急脚递基本上都是采取走传的方式，但据绍熙二年（1191 年）十月四日江东转运提刑司上言中所讲"铺兵传送文字稀疏，不过坐食，脱有警急，诸军必置递马"⑤来看，南宋之初的军队在传递紧急军情时还是使用马匹。元代急递站铺，"每十里或十五里、二十五里，则设一铺"⑥。铺兵由贫户充当，传递方式主要为走传，铺兵必须是"壮健善走者，不堪之人，随即易

---

① 曹家齐：《宋代交通管理制度研究》，开封：河南大学出版社，2002 年，第 119 页。

② （明）解缙：《永乐大典》卷一四五七五《续宋会要》，北京：中华书局，1986 年，第 6452 页上栏。

③ （元）脱脱等：《金史》卷五五《百官志》，北京：中华书局，1975 年标点本，第 1236 页。

④ （元）脱脱等：《金史》卷一二《章宗本纪》，北京：中华书局，1975 年标点本，第 276 页。

⑤ （清）徐松等辑：《宋会要辑稿》之《方域》一一之三三，北京：中华书局，1957 年影印本，第 7516 页下。

⑥ （明）宋濂等：《元史》卷一〇一《兵志》，北京：中华书局，1976 年标点本，第 2596 页。

换"①。战时速度为四百里，战后"限一昼夜行三百里"②。明清时期的急递铺基本上是十里一设。明代急递铺以传递朝廷政令为主，其"最大的特点，就在一个'急'字，也就是'快'，'急者急速也'"③。虽然急，但因走传，故而速度为三百里。清代急递铺传递常程公文，日行三百里。从传递速度由四百里降至三百里、铺间距离由二十里缩至十里的变化来看，四百里是人力走传的极限，如果硬性规定也能做到，但对人身体伤害太大，所以宋代铺兵每隔几年就要调换一次，如前引元丰四年（1081 年）"自京分诣陕西沿边麟府等路，于递铺内选可充急脚递铺兵级，对换不堪走传文字之人"即是，元代也是"不堪之人，随即易换"。明清两朝借鉴宋元时期经验，干脆通过水马驿或递运所来传送与军国大事有关的紧急公文，急递铺则变成了一般的通信机构了。

根据上面的分析，本文做一个大胆而冒险的推测，那就是北宋急脚递原则上是乘马而传的，但是由于北宋中后期马匹不足，只好采用人力走传的方式作为补充。鉴于资料有限，且缺乏宋仁宗与宋哲宗时期的资料，本文并不敢就此做出一个结论性的总结。我希望通过这个推测能引起学界对这个问题的关注，从而发现更多的资料，我希望新发现的资料能补充和完善本文的推测，使其成为符合历史事实的结论，当然我也欢迎学界对本文的推测进行修正。

原载（《中国历史地理论丛》2008 年第 3 辑）

---

① （明）宋濂等：《元史》卷一〇一《兵志》，北京：中华书局，1976 年标点本，第 2598 页。另，邱树森、默书民在《元代官府公文传输的几个问题》一文中认为元代急递铺在传送急切信息时可能使用了马匹，参阅邱树森、默书民：《元代官府公文传输的几个问题》，《河北学刊》2004 年第 2 期。

② 柯劭忞：《新元史》卷一〇一《兵志》，北京：中国书店，1988 年影印本，第 473 页下栏。

③ 林金树：《关于明代急递铺的几个问题》，《北方论丛》1995 年 6 期。

唐宋金元急递制度的沿革与通信

驿传是我国古代集交通、食宿、通信为一体的多功能的官办服务行业，它的具体职责是为往来官员及办事人员提供食宿及交通工具，并负责传递各级官府公文、运送物质。前者称驿，后者称传。在驿传中，根据所传公文及运送物品的性质，分别按不同的速度进行传送，即步递、马递、急递。其中急递最快，有点类似今日的特快专递。由于中国历史上王朝更迭，各个王朝的情况又不一样，因此急递制度在不同的时期有不同的特点。唐代以前通信是驿传的功能之一，宋代时随着各类递铺的设立，通信功能开始与驿传分离，其中急脚递铺到金元时期发展成为一个独立的通信机构。然而这样一个在中国古代邮驿制度史中颇为重要的问题，至今未见有专文论述，故笔者不揣陋见，因撰本文略加论述。

一、唐及唐以前驿传中的急递与通信

我国的驿传最早可追溯到夏商时期，但早期的急递通常只有车传与步传两种。据宋代高承《事物纪原》考证："（急递）盖自三代有也。《国语》曰：晋以传召伯宗。又吴王曰：徒遽来告。注云：徒，步遽传车也。孟子曰：德之流行，速于置邮而传命。皆周事也，然则递盖起于周。"①车传就相当于后世的急递。汉代以后传改称驿，以马代车，递就有了马递和步递两

---

① （宋）高承：《事物纪原》卷七"递铺"条，北京：中华书局，1989年，第359页。

种。敦煌汉简所谓的"奉邮书走卒"和居延汉简常见的"行者走",指的就是步递。《汉书》中常见的"驿骑"就是马递。步递为常递,马递应该是急递。至于急递速度有多少,现存的文献中并没有说明,不过据《三国志》"驿书不过六百里"①的记载,公文传递速度最高可达每日六百里,这比宋代的金牌急脚递速度还要快。

唐代以前,驿传制度大体依《周礼·地官·司徒》所云"凡国野之道,十里有庐,庐有饮食。三十里有宿,宿有路室,路室有委。五十里有市,市有候馆,候馆有积"②来设置,但受地理山川的限制,有些地方并不拘泥于古制,如唐代就是"凡三十里一驿……若地势险阻及须依水草,不必三十里"③。官府公文即通过这些馆驿而一站一站的传递,各地官府均有官员负责邮务,如汉之督邮、唐之邮从事等,每个驿传中也有具体管理邮务的办事人员,如下文所言的邮知事。

急递之称始于唐代中期,元和二年(807年),唐军平定李锜之乱,收缴了很多财物,李绛向唐宪宗建议把财物以皇帝的名义赐还本道以收买人心,事关重大,不敢耽误,因此该敕与皇帝诏令一并派人"付度支盐铁急递以遣"④。急递又称急脚,如户部侍郎杨炎被贬道州司户参军,皇帝命他直接出城,不得回家。他考虑到妻子生病,怕她病情加重,便于当晚到达蓝田驿时,对主管邮务的崔清请求道:"某出城时,妻病绵惙,闻某得罪,事情可知。欲奉烦为申辞疾,请假一日,发一急脚附书,宽两处相忧,以候其来耗,便当首路,可乎?"清许之,邮知事吕华进而言曰:"此故不可,敕命严迅。"清谓吕华:"杨侍郎迫切,不然,申府以阙马,可乎?"华久而对曰:"此即可矣。"⑤

关于急递的性质,《资治通鉴》胡三省注记载较详:"军期紧急,文书入递不容稽违晷刻者,谓之急递。递,邮传也。递者,言邮置递以相付而达其

---

① (晋)陈寿:《三国志》卷二二《陈泰传》,北京:中华书局,1982年标点本,第641页。

② (清)阮元校刻:《周礼注疏》卷一三《地官·司徒·遗人》,北京:中华书局,1980年十三经注疏本,第1569页下栏。

③ (唐)李林甫等撰、陈仲夫点校:《唐六典》卷五《尚书兵部》,北京:中华书局,1992年点校本,第163页。

④ (宋)欧阳修、宋祁:《新唐书》卷一五二《李绛传》,北京:中华书局,1975年标点本,第4836页。

⑤ (宋)李昉等:《太平广记》卷一五三"崔朴"条,北京:中华书局,1961年,第1098页。

所。"①可见急递主要是为军事服务的。急递制度主要服务于军事目的，而唐代的驿传又归兵部管辖，因而政府对急递的管理相当严格，只有紧急公文才能通过急递传送，上文崔清用"申府以阙马"为借口替杨炎捎家书即是。

虽然急递之称出现较晚，但类似的制度初唐即有。贞观初年，与突厥多有战争，在马周的建议下，就实行了"飞驿以达警急"②的制度。飞驿，即通过驿站飞马传递之意。到了唐代中后期，飞驿的记载渐渐减少，急递之称日渐增多。

虽然唐代的急递原则上是为战争服务的，但在实际操作过程中时往往受具体情况影响并不拘泥于制度。除紧急军情外，唐代急脚所递公文还包括以下几种：

一是御前文字。唐朝初年，唐太宗征高丽，唐高宗留居定州，为了表示孝心，他通过驿传每日向唐高宗递表问安，"飞奏事自此始"③。这里的"飞奏"就是急递。按：唐代公文管理制度规定，从皇帝的制、敕、册到朝廷及地方官府的各类公文要按其性质以不同的速度签发，"凡内外百司所受之事皆印其发日，为之程限：一日受，二日报。其事速及送囚徒，随至即付"。签发之前又要根据具体情况分别用不同的时间复查，但"其急务者不与焉"。若是公文较多、抄录费时，可酌情放宽时限，但"若军务急速者，不出其日"④。可见即便是御前文字也必须是"事速""急务""军务急速"之类方可入急递。唐高宗飞驿递表是一种特权，而非制度规定，唐代这种情况肯定不会少。

二是地方官贺表。中晚唐以后，藩镇割据，地方坐大，唐朝政府为了加强对地方的控制，便规定每逢四时节日及重大的喜庆之事，地方官要奏表庆贺以示忠心。此事本非急务，但是必须通过急递遣发。如会昌五年（845年）八月御史台奏道："应诸道管内州，合进元日冬至端午重阳等四节贺表。自今已后，其管内州并仰付当道专使发遣，仍及时催促同到。如阙事，知表状判官，罚本职一月俸料。发表讫，仍先于急递中申御史台。除四节外，非时别有庆

---

① （宋）司马光：《资治通鉴》卷二七八"后唐潞王清泰元年闰月丙午"条，北京：中华书局，1956年标点本，第9102页。

② （唐）刘肃：《大唐新语》卷六《举贤》，北京：中华书局，1984年，第89页。

③ （唐）刘餗：《隋唐嘉话》卷中，北京：中华书局，1979年，第27页。

④ （唐）李林甫等撰、陈仲夫点校：《唐六典》卷一《三师三公尚书都省》，北京：中华书局，1992年点校本，第11页。

贺，使司便牒支郡取表状，急递至上都。"①

三是与朝廷要务有关的公文。中唐以后，由于长期战乱，长安和洛阳两地读书人的出身资料相当混乱，影响了科举考试的正常进行。贞元四年（788 年）八月，经吏部奏报，朝廷通令各地认真调查，并按朝廷提供的表格如实填写，"限敕牒到一月内毕，务令尽出，不得遗漏，其敕令度支急递送付州府"②。

唐代急递速度并未见于文献记载。不过根据唐代驿传的有关规定，可以推断出大致的情况。唐制规定："乘传人使事闲缓，每日不得过四驿。"③一驿三十里，四驿则一百二十里。若是官员被贬且情状严重者，朝廷就要求他们尽快赶往被贬之地，路上不得耽误，驿传速度是"日驰十驿以上"④，十驿就是三百里，十驿以上则三百里以上。官员乘驿而行，夜间通常要在驿站休息，而传送急递公文就不一定休息，即便休息，时间也不会像官员赴任那样长。若是不休息且路况好的话，一天一夜能行二十驿，那么就能达到六百里；反之也能达到四百或五百里。

虽然朝廷对急递的管理相当严格，但实际上，在皇权及权臣的干涉下，违规而行是常有的事情，唐诗所云"一骑红尘妃子笑，无人知是荔枝来"就是典型的例子。到了晚唐五代时期，急递为军事服务的目的已经完全破坏，统治者可以随意调动急递为自己服务，连选美、送乐谱这类不急之务也不例外。如蜀后主王衍的宦官王承休与韩昭狼狈为奸，迷惑后主，"又密令强取民间子弟，使教歌舞伎乐。被获者，令画工图真及录名氏，急递中送韩昭"⑤。朱梁时，封舜卿奉命出使后蜀，道经全州参加宴享，点曲《麦秀两歧》，诸乐人皆不闻。至汉中亦同，乐将王新请他先唱一遍，结果"封唱之未遍，已入乐工之指下矣。由是大喜，吹此曲，讫席不易之。其乐工白帅曰：'此是大梁新翻，西蜀亦未尝有之，请写谱一本，急递入蜀，具言经过二州事'"⑥。

① （宋）王溥：《唐会要》卷二六《笺表例》，北京：中华书局，1955 年，第 506 页。
② （宋）王溥：《唐会要》卷七四《论选事》，北京：中华书局，1955 年，第 1340 页。
③ （宋）王溥：《唐会要》卷六一《馆驿》，北京：中华书局，1955 年，第 1059 页。
④ （宋）王溥：《唐会要》卷四一《左降官及流人》，北京：中华书局，1955 年，第 735 页。
⑤ （宋）李昉等：《太平广记》卷二四一"王承休"条，北京：中华书局，1961 年，第 1858 页。
⑥ （宋）李昉等：《太平广记》卷二五七"封舜卿"条，北京：中华书局，1961 年，第 2004 页。

二、两宋时代的急脚递铺与通信

宋代是我国传统邮驿制中一个很重要的阶段。这一时期，由于北宋特殊的政治与军事情况，政府将公文和运输的业务从驿站中分离出来，成立了以传递各类文书为主要职能的递铺。这一邮传制度对后世产生了深刻的影响，其中以传送紧急公文为目的的急脚递铺则为后世所继承，成为一个独立的通信机构，为中国古代通信机构的独立奠定了基础。

北宋递铺分急脚递、马递与步递三种，"官文书则量其迟速以附步马急递"①。据曹家齐考证，此三等乃传送速度不同，并非指三种递铺，且"宋代递铺多是两种或三种功能兼具者"②。关于急脚递的性质，沈括在《梦溪笔谈》卷十一写道："驿传旧有三等，曰步递、马递、急脚递。急脚递最遽，日行四百里，唯军兴则用之。"③可见，急脚递是沿袭唐代的急递制度而来，其称急脚递也是源于唐代的急脚附书。因为性质特殊，所以所传公文与军国大事有关，即"须以紧切为原则，非紧切文书一般不发急递"④。宋神宗元丰年间，北宋政府又建立了金字牌急脚递制度。据《宋会要》记载："元丰六年九月二十五日，诏鄜延路令毋辄出兵，令枢密院更不送门下省，止用金字牌发下，牌长尺余，朱漆刻以金书，御前文字不得入铺，犹速于急递。"⑤宋神宗这一举措被后来的皇帝继承，便形成了金牌急脚递制度。金牌急脚直接对皇帝负责，传递速度相当于从前的羽檄或飞檄，速度高达每天五百里。"熙宁中又有金字牌急脚递，如古之羽檄也，以木牌朱漆黄金字，光明眩目，过如飞电，望之者无不避路，日行五百余里。有军前机速处分，则自御前发下，三省、枢密院莫得与也。"⑥

因为急脚递的性质特殊，北宋政府非常重视对急脚递铺的管理。为了保证急脚递的传递质量，北宋政府先后实施了很多措施加强对递铺的管理。

首先，严格区分各类公文的性质，并规定相应的传递速度，只有很少几种

① （元）脱脱等：《宋史》卷一六三《职官志》，北京：中华书局，1977年标点本，第3856页。
② 曹家齐：《宋代交通管理制度研究》，开封：河南大学出版社，2002年，第96页。
③ （宋）沈括：《梦溪笔谈》卷一一《官政》，上海：上海古籍出版社，2015年，第77页。
④ 曹家齐：《宋代交通管理制度研究》，开封：河南大学出版社，2002年，第113页。
⑤ （明）解缙：《永乐大典》卷一四五七四《宋会要》，北京：中华书局，1986年，第6437页上栏。
⑥ （宋）沈括：《梦溪笔谈》卷一一《官政》，上海：上海古籍出版社，2015年，第77页。

文书才能入急递。宋哲宗元祐六年（1091 年）四月七日，刑部大理寺上书曰："赦降入马递，日行五百里。事干外界，或军机，及非常盗贼文书入急脚递，日行四百里。如无急脚递，其要速并贼盗文书入马递，日行三百里。"①这里所说的入马递日行五百里，实际上是比急脚快一等的金牌急脚递。除此以外，宋朝政府规定，只要军队出征，不管有事无事，领军的统师必须每日向皇帝报告情况，这必须入急脚递来传递，"凡行军，主将不以有无事机，并须日一发奏，仍入急递。或事非文字可传者，即差亲信驰奏"②。

其次，设置巡辖使臣进行督察，与地方共同管理急递铺。急递铺建立后，北宋政府在各地都设有使臣巡辖，与地方共同管理。但最初所设使臣人数较少，有的使臣巡辖的范围多达数千里，加上"勘会递角稽迟，在法止是县尉，巡辖使臣有立定赏罚条格，而县官皆不任责，亦无劝赏，遂使巡辖使臣巡历未至去处，坐视违滞，并不检察。"所以到了政和年间，政府决定增加使臣人数为每一千里设一人，协同地方官管理，并把递务好坏作为地方官奖罚的一个条件。"欲马递铺并令知县县丞主簿同共管辖检察，任满及岁终，以所管界内急脚马递铺承送递角赏罚。内知县丞比县尉各减一等，即无可减，降及主簿。并同县尉法检会令文诸急脚马递铺。"③

再次，所有铺兵不论种类均按军事管理方法进行编制，设有节级进行管理："诸急脚马递铺，每二十人补节级一名，人数虽不及，亦补一名，不及十人，邻近两铺兵共补一名（相去二十里以上者各补）。"④政和三年（1113 年）二月，政府又规定除按照原有人数设置节级外，"诸州每及百人置十将一名；每二百人仍置都头一名；五百人更置将校一名"⑤。对铺兵的控制又进一步加深。

最后，定期更换铺兵以保证在役铺兵都是身强体壮之人。由于宋代马匹不够，急脚递经常靠人力走传，虽然是接力性质，走传一次体能消耗不太大，但战争期间公文增加，一天可能要往返多次，加之风餐露宿，星夜奔波，生活起

---

① （宋）李焘：《续资治通鉴长编》卷四五七"哲宗元祐六年四月丁酉"条，上海：上海古籍出版社，1986 年影印本，第 4282 页上栏。

② （宋）曾公亮：《武经总要前集》卷一五"行军约束"条，北京：中华书局，1959 年影印本，第 3 页。

③ （明）解缙：《永乐大典》卷一四五七四《宋会要》，北京：中华书局，1986 年，第 6438 页上栏。

④ （明）解缙：《永乐大典》卷一四五七五《金玉新书》，北京：中华书局，1986 年，第 6454 页上栏。

⑤ （明）解缙：《永乐大典》卷一四五七四《宋会要》，北京：中华书局，1986 年，第 6438 页下栏。

居极不正常，所以铺兵体能消耗很快。为了保证急递业务的正常进行，北宋政府每隔几年就更换一次铺兵，特殊地区则一年一调。如宋神宗熙宁九年（1076年）四月辛卯，曾经提点福建路刑狱的李景亮上书曰："福建路自泉自漳州、汀州皆涉瘴烟，马递铺卒三年一易，死亡大半，亦有全家死者，深可伤悯，乞自今瘴烟地马递铺卒，一年一替。"①

虽然急脚递铺是为了传递与军情有关的公文才建立的，但在实际操作过程并非如此。中央和地方的官僚及军队将领往往利用自己的职权，以缓充急，甚至在公文中夹带私人信件及物品，致使铺兵负担加重。这种情况到了宋徽宗以后更为严重。崇宁四年（1105年）九月十八日，尚书省上奏指出："近来官司申请许发急递司甚多，其间有将私家书简，并不依条入步递遣发，却旋寻闲慢关移。或以催促应入急脚递文书为名，夹带书简，附急脚递遣发，致往来转送急脚递角繁多，铺兵疲乏，不得休息。"②铺兵负担加重的结果，必然导致急递的迟滞。宋徽宗大观三年（1109年）二月七日，荆湖北路计度转运副使李偃上书曰："今日近朝省发来急递，动经三四十日，马步递经及五七十日，至三两月以上，方始递到。"③

南宋以后，各地残破，根本不能保证急脚递铺的供应，铺屋破败，铺兵逃散，很多地方都没有了急递铺。于是建炎三年（1129年）二月二十八日，知杭州的康允之"措置本路冲要，控扼去处，摆铺斥堠，每十里置一铺，专一传递，日逐探报斥堠文字，每铺五人，新旧弓手内选有心力、无疾病、能行步、少壮人充"④。到了绍兴末年，"丘宗卿为蜀帅，始创摆铺，以健步四十人为之，岁增给钱八千余缗"⑤。以后各军也纷纷仿效而建摆铺。斥堠与摆铺在宋金战争期间发挥了很大的作用，直到战争平息才取消。"乾道元年，臣僚言，昨缘军兴斥堠铺承传递角滞，诸军置立摆铺，专一传递军期，今边事宁息，伏望将摆铺军兵先次放遣，一半归军，余半权并入斥堠铺，混同承传。"⑥

―――――――

① （宋）李焘：《续资治通鉴长编》卷二七四"神宗熙宁九年四月辛卯"条，上海：上海古籍出版社，1986年影印本，第2582页上栏。

② （明）解缙：《永乐大典》卷一四五七四《宋会要》，北京：中华书局，1986年，第6437页下栏。

③ （明）解缙：《永乐大典》卷一四五七四《宋会要》，北京：中华书局，1986年，第6438页上栏。

④ （明）解缙：《永乐大典》卷一四五七四《宋会要》，北京：中华书局，1986年，第6441页下栏。

⑤ （宋）李心传：《建炎以来朝野杂记》乙集卷九"金字牌"条，北京：中华书局，2000年，第651页。

⑥ （明）解缙：《永乐大典》卷一四五七四《宋会要》，北京：中华书局，1986年，第6448页下栏。

虽然北宋急脚递铺是单一的通信性质，但它显然还不是独立的通信机构，因为无论是递务的建制与管理还是铺兵的编制与管理都是与其他递铺统一进行的。南宋的斥堠与摆铺相对独立，它们从设立到管理都由地方政府或军队来进行，与中央政府统辖的递铺没有什么关系。如淳熙十三年（1186 年）二月二十三日，军器监主簿措置诸递角王厚之上书曰："递铺旧法三等，曰急脚，曰马递，曰步递，并十八里或二十里一铺，今总谓之省铺。建炎三年初立斥堠，绍兴三十年又并摆铺，立九里或十里一铺，止许承传军期紧切文字。"①虽然它们存在的时间较短，也不具备独立通信机构的性质，但却为急递机构与驿传的进一步分离奠定了基础。

三、金元时期的急递铺与通信

金元时期，确切说是元朝时期，由于急脚递铺的普遍设立，以及其单一的通信性质，遂使得以通信为目的的通信机构从传统驿传中脱离出来。

金元两朝仿效宋朝的做法，在驿站以外另设急递铺，专门传递公文。然而金国的急递与宋朝不同。宋代急递铺只传紧急军事公文及御前文字，速度为每日四百里，而金国的急递铺所传公文范围较宽，除御前文字外，还有元帅府及六部文书，速度每日为三百里。如《金史》卷一二《章宗本纪》载："初置急递铺，腰铃转递，日行三百里，非军期、河防不许起马。"②这说明金国急递铺的通信性质很强，并非如宋代那样仅服务于军事，只是在战争与河防期间使用马匹以提高传递速度，通常是以人力而传，一日行军三百里而已。其制大体仿效宋朝的制度："其制，该军马路十里一铺，铺设四人，内铺头一人，铺兵三人，以所辖军射粮军内差充，腰铃日行三百里。凡元帅府、六部文移，以敕递、省递牌子，入铺转送。"③这里的三百里是走传，马传的速度应该在四百里以上。

尽管金国急递铺的通信性质很强，但它显然还不是一个独立的通信机构。一则是没有单独的行政管理系统。二是管理不善，文书延误的现象更为严重，所以各级政府都宁愿通过驿传来传送公文，而不愿通过急递铺，所以金国早期

---

① （明）解缙：《永乐大典》卷一四五七五《续宋会要》，北京：中华书局，1986 年，第 6452 页上栏。
② （元）脱脱等：《金史》卷一二《章宗本纪》，北京：中华书局，1975 年标点本，第 276 页。
③ （元）脱脱等：《金史》卷五五《百官志》，北京：中华书局，1975 年标点本，第 1236 页。

的急递铺并没有很好地发挥其通信功能的作用。后来，徒单镒改知京兆府事，上书议曰："初置急递铺本为转送文牒，今一切乘驿，非便。"在他的建议下，朝廷"始置提控急递铺官"，专门管理急递铺事务，"自此邮达无复滞焉"①。提控急递铺官的设立使得急递业务有了一个专门的行政管理官员，这就为元代急递铺建立了比较稳固的行政管理体系，并使急递铺成为一个独立的通信机构提供了条件。

元代急递铺在元世祖初年设置，大体继承了金代的制度。"元制，设急递铺，以达四方文书之往来……世祖时，自燕京至开平府，复自开平府至京兆，始验地里远近，人数多寡，立急递站铺。每十里或十五里、二十五里，则设一铺，于各州县所管民户及漏籍户内，签起铺兵。"②不过，元朝初年设立急递铺的目的与北宋政府一样，也是为军事服务的，通常只在战争期间启动，平时则关闭。如《经世大典》记载，元世祖中统三年（1262 年）十二月四日，"中书省钦奉圣旨，先为调遣军马公事繁冗，设立急递铺传送文字，今事物颇简可罢去。钦此"③。但是随着战争局面的日益扩大，伴随着元朝的不断向外扩张，急递铺的作用越来越大，急递制度也就长期延续下来，渐渐成为独立的通信机构。

相比宋金时期，元朝急递铺管理相当严格。元代政府规定，只有中书省发往各地的文书才能通过急递铺递送，而地方文书中只有是直接写给中书省的才能进入急递，其他一概不允许。如中统三年（1262 年）三月，中书省规定："遇有省中发遣文字，令急递铺传递，其余文字并不得递送。各路总管府并总管军官文字直申省传递，若不系申省文字亦不得传递。"④到中统五年（1264 年）二月二十七日，为了适应军事的需要，经丞相线真等人奏准，沿边军情的公文也得以进入急递铺传递，"专以传递中书省左右部领转运司宣慰司文字，其沿边军情公事合遣使往来"⑤。后来随着元朝战争区域的扩大，一些军事物质也可进入急递铺传送，但为了保证传递速度和减轻铺兵负担，重量有一定的限制，如至元八年（1271 年），又"令各处成造军器由急递铺转送。又尚书省

---

① （元）脱脱等：《金史》卷九九《徒单镒传》，北京：中华书局，1975 年标点本，第 2188—2189 页。
② （明）宋濂等：《元史》卷一〇一《兵志》，北京：中华书局，1976 年标点本，第 2596 页。
③ （明）解缙：《永乐大典》卷一四五七五《经世大典》，北京：中华书局，1986 年，第 6459 页下栏。
④ （明）解缙：《永乐大典》卷一四五七五《经世大典》，北京：中华书局，1986 年，第 6459 页下栏。
⑤ （明）解缙：《永乐大典》卷一四五七五《经世大典》，北京：中华书局，1986 年，第 6459 页下栏。

定例，随路帐册重十斤以下、可以担负者，许入递"①。

除了严格管理公文传送的工作以外，元代急递铺的行政管理机构也极为系统。起先，急递铺由地方的宣抚司管理，如中统二年（1261 年）四月中书省奏准，"各路所设急递铺令宣抚司提调，仍禁约沿途不得夺要文字……"②。到了元世祖至元三十一年（1294 年），元朝政府又在大都设置总急递铺提领所作为急递的最高行政管理机构，并"降九品铜印，设提领三员"③。作为急递铺机构的最高行政长官，虽然总急递铺提领所和提领的级别及官品不高，但意义重大，它说明急递铺在行政管理上有了自己的体系。到了元英宗至治三年（1323 年），元朝政府又在基层设置邮长，具体管理邮务，邮长由地方僚吏充任："每十铺设一邮长，于州县籍记司吏内差充，使之专督其事。一岁之内，能尽职者，从优补用；不能者，提调官量轻重罪之。"④同时又命令地方官员定时检查，"诸急递铺，每上、下半月，府、州判官、县主簿亲临检视，所递文字但有稽违、摩擦、沉匿，铺司铺兵即验事重轻论罪，各路正官一员总之，廉访司察之"。对那些玩忽职守的失察者，有相应的规定进行处罚："其有弗职，亲临官初犯笞一十七，再犯加一等，三犯呈省别议，总提调官减亲临官一等。每季具申上司，有无稽违，仍于各官任满日，解由开写，而黜陟之。"⑤通过这几个措施，则使急递铺有了一套自上而下的管理体系，这标志着急递铺已经成为一个独立的通信机构。

虽然元朝政府对急递的管理很严，但随着战争的进展，疆土的扩大，事务越来越繁多，各种文书的数量也成百倍的增加，这些都通过急递铺来传递，致使铺兵任务过重，递务迟滞，于是统治者在至元末年对急递进行整顿，针对文书的不同性质，规定了一定的传递速度。据《经世大典》记载："至元二十二年三月二十九日，中书省近为有司不为用心拘钤，依期整点急递递铺兵……拟令急速文字用油罩羊皮表布里青囊盛顿，一昼夜须行五百里，其余文字用油罩羊皮囊盛顿，依元限一昼夜行四百里。"⑥至元二十八年

① 柯劭忞：《新元史》卷一○一《兵志》，北京：中国书店，1988 年影印本，第 473 页下栏。
② （明）解缙：《永乐大典》卷一四五七五《经世大典》，北京：中华书局，1986 年，第 6459 页上栏。
③ （明）宋濂等：《元史》卷一○一《兵志》，北京：中华书局，1976 年标点本，第 2598 页。
④ （明）宋濂等：《元史》卷一○一《兵志》，北京：中华书局，1976 年标点本，第 2598 页。
⑤ （明）宋濂等：《元史》卷一○三《刑法志》，北京：中华书局，1976 年标点本，第 2629 页。
⑥ （明）解缙：《永乐大典》卷一四五七五《经世大典》，北京：中华书局，1986 年，第 6462 页上栏。

（1291 年），战争基本结束，为了减轻铺兵的负担，元朝政府决定降低急递铺传递公文的速度，因此省部议曰："亡宋收附以来，诸国悉平，比中统、至元之初入递文字，何啻百倍，若必以昼夜四百里责之切，恐往返频数疲劳不能解送。拟照原奉圣旨事意，除边远军情紧急，差委使臣勾当外，应人入递文字，责令总铺依例类缄发遣。限一昼夜行三百里，江河风浪险阻不拘此限。并不得将文册十斤以上及一切诸物入递，违者送所在官司究问。"①

与宋代急递铺相比，元代的急递铺有以下几个不同。首先，宋代的急脚递是递铺的一个传递等级，而元代急递铺则是一个通信机构，目的就是"以达四方文书之往来"。其次，宋代急脚递铺没有独立的管理系统，而元代急递铺则有一套自上而下的行政管理系统，大都有总急递铺提领所及提控官，地方有邮长。这些情况表明元代的急递铺已经具有相对完善而且相对独立的行政管理体系，标志着当时的急递铺已经完全从传统驿传中脱离出来，成为一个独立的通信机构。

中国古代的急递制度经唐宋金元的发展，逐渐从驿传合一的制度中脱离出来，成为一个独立的通信机构。明清两朝均设有急递铺，虽然所传文书性质与唐宋金元皆不同，但都是作为一种独立的通信机构而存在的。然而不论是驿传中的急递，还是独立出来的急递铺，也不论统治者如何加强对急递的管理，急递制度总是存在许多弊端。其中最大的弊端就是递务混乱，铺兵负担过重。这种情况可以说是与急递制度相伴始终，仅仅在统治者下决心整治时略有好转，但为时不久又流于俗弊。分析个中的原因虽然与管理不善有关，也与封建体制有关，但更重要的原因则是没有一套自上而下的管理机构，各地急递分由地方管理，递铺的日常开支也由各地供应，发生了问题往往各自推诿，谁都不愿承担责任。虽然元代建有相对独立的急递管理机构，但官卑职微，无论是从管理而言，还是从财政开支而言，都没能完全与地方分离，存在严重的弊端也是自然的。因此，当近代邮政传入中国以后，中国古代的驿传制度也就走向了灭亡。

原载（《社会科学评论》2008 年第 3 期）

---

① 柯劭忞：《新元史》卷一〇一《兵志》，北京：中国书店，1988 年影印本，第 473 页下栏。

试论宋代士大夫对佛教僧团发展的影响
——以宗杲、圆悟克勤与二张的关系为例

宋代是儒释道三教合一的时期，封建士大夫青睐禅宗教派的心性之说，多喜与禅宗的高僧交游，吸取佛家精要，以增理学之义。佛家弟子为求发展，也喜与士大夫往来，谈佛性、讲禅法，既求其精神支持，也求其物质支持。僧俗之间互相影响，互相借力，使得宋代的佛学发展独具特色。临济宗杨岐派高僧——大慧宗杲禅师，便是在这种社会氛围中出现并成长起来的。他的一生多与士大夫交游，凭借其高深的佛学修为和对佛学的执着追求，不但获得同时期士大夫的追捧，形成了禅学、儒学、诗学互动的学术圈子，而且融合唯识论和华严思想，吸收了儒家伦理观念，创立并完善了话头禅的理论体系，确立了一代宗师的崇高地位。宗杲的成功，虽然与其超出常人对佛学的悟性和后天的勤奋努力分不开，但也与每到关键转点之处都有人襄助和支持分不开。这种支持来自于两宋之际两位著名的士大夫——张商英和张浚，他们一个为他推介了禅学名师圆悟克勤；另一个谨遵圆悟克勤遗命，全力举荐他成为径山能仁寺住持。这两位士大夫的助力使得宗杲显得比他人更为幸运。

一、初识张商英得拜圆悟克勤为师

宗杲（1107—1163 年）字昙晦，号妙喜，北宋末南宋初临济宗杨岐派高僧。俗姓奚，宣州宁国（今安徽省宁国市）人。幼有悟性，13 岁入佛寺修行，

17 岁正式剃度。在这期间，他先是自学禅宗语录（尤喜云门宗语录），两年以后，他云游安徽各寺参访求学，先后见到了隐静山的明寂绍珵禅师，大阳山曹洞宗的元首座、洞山微和尚、坚首座三人，以及舒州海会寺的守从禅师和宝峰山的湛堂文准禅师等人。在游学期间，宗杲读书广泛，佛学修为有很大的提高，对很多问题的看法也非常深刻，然而因为过于执着，反而爱钻牛角尖，有时不能完全做到融会贯通。后来他有幸拜当时著名的高僧圆悟克勤禅师为师，受其点拨，大彻大悟，在佛学修为上更上一层楼。剃度二十余年，宗杲的求学经历融贯临济、云门和曹洞三大家，使得他能够站在禅学的最高度，对传统禅学进行批判、继承和创新，并最终成为一代宗师。

在宗杲参悟佛法的过程中，圆悟克勤对其影响最大，但宗杲能拜其为师，并为其所赏识，与生活在北宋末期的士大夫张商英有不可分割的联系。可以说，没有张商英对宗杲的慧眼识金，没有张商英的举荐，宗杲不一定能够顺利地结识圆悟克勤，也不一定很快被后者看好。

张商英（1043—1121 年），字天觉，号无尽居士，蜀州新津（今属四川）人。宋英宗治平二年（1065 年）进士，历任工部侍郎、中书舍人、尚书右丞、资政殿学士、中书侍郎、尚书右仆射诸官职。他不仅是一个大官宦，而且是一个佛教徒。据史书记载，初入仕的张商英对佛教并不感兴趣，看到佛寺中卷帙浩繁、摆放整齐的《大藏经》，不以为喜，反以为恼，直呼"吾孔圣之书，不如胡人之教！"①当时还想作无佛论进行批判。后来读《维摩经》读到"此病非地大，亦不离地大"时，福至心灵，深有所感，于是归信佛法。他一生多处任职，所到之处礼谒高僧大德，参学交游，而且处处扶植佛教，最著名的就是在五台山礼拜文殊菩萨像，并还僧寺田三百顷一事。他与临济宗关系密切，曾与黄龙派僧惠洪联手共创了"小释迦"仰山慧寂的转生故事，使临济宗的正统地位具有更高的神圣性和权威性②，故在佛界有很大的影响。

宗杲得识张商英既是机缘巧合，也是命中注定。政和五年（1115 年）十月二十日，宝峰山的湛堂文准禅师圆寂，当时宗杲正在那里跟湛堂文准禅师修习佛法。文准的弟子们决定请张商英为师父来撰写灰身塔的塔铭，这个任务被派

---

① （明）居顶：《续传灯录》卷二六，《大正新修大藏经》第 51 册，台北：财团法人佛陀教育基金会出版部，1990 年，第 644 页上。

② 李熙：《惠洪、张商英对临济宗正统地位的塑造及影响》，《中华文化论坛》2012 年第 3 期，第 45 页。

给了宗杲。当时张商英已经赋闲，长住在荆南（今湖北江陵），宗杲遂前往求见张商英。政和六年（1116 年）的时候，两人第一次会面，宗杲时年 28 岁，而张商英已经 74 岁了。当时的张商英在佛门久负盛名，史载其"门庭高于天下，士亦小许可见"。因湛堂文准禅师的缘故，宗杲乃得拜见。谈吐之间，张商英对宗杲非常赏识，认为他是难得的佛学天才，当即留他住宿，共谈佛法，不但与其"朝夕与语"，而且"名其庵曰'妙喜'，字之曰'昙晦'。"①第一次见面，宗杲就给张商英留下了深刻的印象。

两个人的第二次见面是在宣和二年（1120 年），宗杲再次来到荆南，与张商英讨论佛学。这一次时间很长，总共有 8 个月之久。他们谈论的内容兼及儒释道三教，一老一少，惺惺相惜，说到妙处，击节称好。在这一次的交往中，张商英与宗杲成为忘年之交。后来宗杲给唐庚的信中说："某宣和庚子，同尊丈居无尽书斋及八个月，从游甚乐，因作京师之行，自兹分携，遂成契阔。"②张商英欣赏宗杲对佛学的洞察力，希望他能更上一层楼，于是极力推荐他跟随圆悟克勤禅师学习："子必见圆悟，吾助子往。"这件事在《佛祖历代通载》也有记载。一日，宗杲又去拜访张商英，"复见无尽从容问曰：'居士谓我禅何如？'公曰：'子禅逸格矣！'师曰：'宗杲实未自肯在。'公曰：'行见川勤可也'。"③

拜圆悟克勤为师是宗杲佛学道路上的一个里程碑。圆悟克勤禅师俗家姓骆，是四川崇宁（今成都郫县）人。幼有慧根，很小的时候便在妙寂院出家，受具足戒之后，又来到成都追随圆明法师学习经论。后来又游学五祖寺，参谒法演禅师，尽学其法，得其精髓，他的禅学功夫与佛鉴慧勤、佛眼清远二位禅师齐名，被誉为丛林三杰，称为"演门二勤一远"，亦称"三佛"。然其中佼佼者，首推圆悟克勤。他的禅法融汇各家精华，取长补短，不拘一格，超宗越派，慕名而师从者满天下，极大地推动了临济宗杨岐派的发展。宋徽宗政和初年，圆悟克勤禅师来到荆州，与张商英相识，两人都是四川人，谈论华严要

---

① 《大慧普觉禅师语录》卷六，《大正新修大藏经》第 47 册，台北：财团法人佛陀教育基金会出版部，1990 年，第 836 页下。

② 《大慧普觉禅师年谱》，《嘉兴藏》第 42 册，台北：新文丰出版公司，1988 年，第 796 页上。

③ （元）释念常：《佛祖历代通载》卷二〇，《大正新修大藏经》第 49 册，台北：财团法人佛陀教育基金会出版部，1990 年，第 690 页上。

旨、禅门宗趣时又志趣相同，后者对其清深的佛学修为佩服之极，故极尽礼谒，关系相当交好。后来圆悟克勤又受到澧州刺史邀请，驻锡夹山灵泉禅院。政和末年，奉诏移住金陵蒋山，宣和年间又奉诏移驻京师天宁寺。

宗杲久仰圆悟克勤之名，一直未缘以见。几年前湛堂文准禅师圆寂之时，就曾向宗杲推荐圆悟克勤。他说："有个勤巴子，我不识渠，汝可见之，当能办子事。若了不下，便可修行看一大藏经，后身出来参禅，决是个善知识也。"①从湛堂文准禅师圆寂到宣和二年（1120）已经过了五年，宗杲一直没有机会拜见这位高僧，张商英的推荐正合其意，于是他告别张商英而去。然而，不知为什么，宗杲当时并没有直接去找圆悟克勤，而是继续"放浪襄汉"，这期间遇上了曹洞宗的高僧大阳微禅师，"密授曹洞宗旨，寻游东都"②。作为大宋的文化中心，汴京寺院众多，佛学发达，宗杲遂留了下来，一边参访游学，一边再找机会去拜见圆悟克勤。他起先依止在咸平寺普融道平禅师处挂单，后来又住到太宰王大观家的后花园精心苦修。两年下来，修为又精进不少。宣和六年（1124），圆悟克勤奉诏住持东京天宁寺，宗杲大喜过望："天赐我得见此老，不孤湛堂、张公指南之意。"③遂前往拜见。有张商英的举荐，再加上宗杲自身优秀的佛学基础，圆悟克勤对这位后进非常照顾，不仅倾囊相授，而且让他在择木寮作侍者，使其有更多机会亲近自己。

宋代士大夫参禅风气很盛，寺院方丈和住持的打坐修行的禅房经常有好佛的士大夫光临，他们在一起参佛话禅，作为择木寮的侍者，宗杲就有很多机会进入禅房，听圆悟克勤与士大夫们谈论佛法。偶尔圆悟克勤会对宗杲加以点拨。"每日同士大夫闲话，入室，日不下三四。勤因举有句无句如藤倚树诘师，师才开口，勤便云：'不是，不是。'如此者半载未蒙印可，念念不忘于心。"在后来的一次宴会中，师徒又说到这个问题，宗杲豁然开朗，"随声酬对，了无滞碍，勤拊掌称善。又对众称赏云：'杲非一生两生为善知识

① （明）居顶：《续传灯录》卷二七，《大正新修大藏经》第51册，台北：财团法人佛陀教育基金会出版部，1990年，第649页下栏。
② （元）释念常：《佛祖历代通载》卷二〇，《大正新修大藏经》第49册，台北：财团法人佛陀教育基金会出版部，1990年，第690页上栏。
③ 《僧宝正续传》，（日）河村照孝编集：《卍新纂续藏》第79册，东京：株式会社国书刊行会，1975—1989年，第577页下栏。

来'"①。这一年是宣和七年（1125 年），宗杲 37 岁。随后，宗杲升任"记室"一职，掌"古规之书状也，职掌文翰，凡山门榜疏、书问、祈祷词语悉属之"②。不久之后，宗杲得园悟克勤许可，分座讲法，成为一名"导师"。第二年，38 岁的宗杲获赐紫衣和佛日禅师之号，从此与皇室结下不解之缘。靖康元年（1126 年）八月，宗杲离开京城，辗转于江、浙、广、闽诸地，先住扬州天宁寺，后居虎丘，开始了他的布道传法生涯。

二、住持径山寺张浚鼎力相助

宗杲离开汴京之后不久，靖康之难爆发，劫后余生的汴京僧众纷纷南渡，圆悟克勤禅师也率众南迁。南宋建炎元年（1127 年），宋高宗敕诏圆悟克勤禅师住持江西的真如禅院。第二年，宗杲前往省觐。师徒相见甚欢，见面的第二天，圆悟克勤禅师就任命宗杲为首座之职。首座是佛门 48 位执事之一，列于四大班首之首，其他三位是西堂、后堂、堂主。除了住持之外，"首座"就是住持的顺位继承人，他和其他三位班首一起，形成了住持顾问团和智囊团。住持不在寺院内时，四大班首就负责带领僧人研习佛学。圆悟克勤此举，实是视这位得意门生为自己的传人，希望临济宗杨岐派能在宗杲手里发扬光大。建炎三年（1129 年），圆悟克勤归蜀，将真如禅院交给了宗杲主持。

然而宗杲对住持一任并不感兴趣，他认为自己的佛学修为和能力远远不足，还需要进一步的苦修，同时也需要传法布道，广招信众。于是，他先是派遣僧徒前往云居山后寻找古云门旧址，在那里开荒建庵而居。第二年，他又率众迁到了海昏云门庵。绍兴四年（1134 年），他外出云游，前往福建传法，行至长乐，喜欢那里的风景，便"结茅于长乐洋屿"③。绍兴五年（1135 年），他又应蔡子应与天宫庵之请，住持莆中灵严天宫庵，后来住进了泉南给事江少明在小溪为他建的新庵。绍兴六年（1136 年），宗杲又迁到泉州的云门庵。在此期间，他始终没有与圆悟克勤再见。绍兴七年（1137 年），宗杲又迁回小溪

---

① （明）居顶：《续传灯录》卷二七，《大正新修大藏经》第 51 册，台北：财团法人佛陀教育基金会出版部，1990 年，第 649 页下栏—650 页上栏。

② （唐）怀海：《敕修百丈清规》卷四，《大正新修大藏经》第 48 册，台北：财团法人佛陀教育基金会出版部，1990 年，第 1131 页上栏。

③ （宋）普济：《五灯会元》卷一九，（日）河村照孝编集：《卍新纂续藏》第 80 册，东京：株式会社国书刊行会，1975—1989 年，第 403 页上栏。

云门庵传道。在闽传法的几年里，宗杲声名鹊起，弟子遍布福建，这就为临济宗杨岐派的发展创下了良好的基础。

作为临济宗的一支，杨岐派的禅学思想在宗杲的努力下得以推陈出新，发扬光大，但杨岐派以径山为中心声名远扬，却得益于南宋初年的士大夫张浚的支持。张浚（1097—1164年）字德远，号紫岩，汉州绵竹（今四川绵竹）人，南宋著名抗金将领，封魏国公。宋朝重文抑武，武将多学经出身，张浚也不例外。他喜读儒家经典，早年师从洛学门派，在理学方面有很深的造诣。他长期与佛教徒保持着密切的关系，尤其与临济宗的圆悟克勤、大慧宗杲师徒交情深厚，成为宗杲生平中除张商英之外，与张九成同等重要的方外之士。张浚与圆悟克勤、大慧宗杲师徒相识于宣和七年（1125年）至靖康元年（1126年）之间，时任太常寺主簿。当时圆悟克勤名扬海内，宗杲已经登坛讲法，名头也很响亮，每次都是"纵横踔厉，大肆其说，如建瓴水，如转圆石于千仞之坂，诸老敛衽莫婴其锋矣"[①]。这师徒俩都是汴京喜欢参禅士大夫们交游的对象。张浚也诚心尽力与之交游，关系相当密切。

建炎三年（1129年），中兴有功的张浚受诏担任川陕宣抚处置使，入驻四川，圆悟克勤正好于此时也回到四川养老。从建炎三年（1129年）到绍兴三年（1133年），张浚与圆悟克勤频繁来往，参禅论道。受其影响，张浚开始转向佛学，并拜圆悟克勤为师，成为他的俗家弟子。乱世之下，圆悟克勤对这个俗家弟子寄以重望："公辅相之日，毋忘护教。"[②]希望在他的扶持下，临济宗杨岐派能够重振雄威。绍兴三年（1133年），张浚罢川陕宣抚处置使，要赶赴临安。圆悟克勤闻讯，不顾盛夏暑热和路途遥远，赶来问候，告诉张浚说打算为天宁万寿禅寺置办田产，使徒众衣食无忧。张浚立即"以礼部度七僧符及俸余二十万钱助成其志"[③]。张浚出蜀时，圆悟克勤为之设宴饯别，想起与爱徒宗杲多年未见，握着张浚的手，"以不肖孤踪嘱之寻访，以

---

① （明）居顶：《续传灯录》卷二七，《大正新修大藏经》第51册，台北：财团法人佛陀教育基金会出版部，1990年，第650页上栏。

② 《佛法金汤编》卷一四，（日）河村照孝编集：《卍新纂续藏》第87册，东京：株式会社国书刊行会，1975—1989年，第432页下栏。

③ （宋）张浚：《天宁万寿禅寺置田记》，《四库全书》第1354册，台北：商务印书馆，1986年影印文渊阁四库全书本，第730页。

致忍泣，意欲推挽为出世利物之事"①。他希望张浚回到浙江后去寻找宗杲，助他一臂之力，把临济宗杨岐派发扬光大。

对老师的嘱托，张浚自不敢忘。甫回临安，便派人寻找宗杲，请他到径山能仁寺做住持。关于此事，张浚讲得很明白："浚在蜀时，勤亲以师嘱，谓真得法髓。浚造朝，遂以临安径山延之。"②然而，宗杲在泉州的布道传法正在兴头之处，对住持径山并不感兴趣，先是以"偶缘疾疹"推托，后又以"素有不出人前之戒，业已退藏"婉辞③。绍兴六年（1136 年），圆悟克勤圆寂，张浚将消息传给宗杲，再次重申师父的遗愿，宗杲仍不为所动。到了绍兴七年（1137 年），张浚决心动用官府的力量以完成老师遗愿，他给泉州知州刘彦修写了一封信，让他想办法敦请宗杲到临安来。不知是精诚所至，还是愧对于师父的重望，宗杲这一次是"番然而起"。绍兴七年（1137 年）七月二十一日，宗杲在"于临安府明庆院开堂"登坛④，举行盛大的佛事法会，正式成为径山能仁寺的住持。

张浚选择径山寺延请宗杲是很有深意的。径山寺地处南宋政治中心临安（今杭州）附近，历史非常悠久，最早可追溯到唐天宝四载（745 年）。当时，有禅宗的"牛头派"法钦禅师来此结庵。大历三年（768 年），唐代宗下诏建径山寺。兴元年中，法钦仍住持径山，时人谓之径山长者。房孺复之为杭州也，方欲决重狱，因诣钦，以理求之，曰："今有犯禁，且狱成，于至人活之与杀之孰是？"钦曰："活之则慈悲，杀之则解脱。"⑤入宋以来，香火不断，只是不太兴盛而已，因此北宋史籍很少有其相关的记载。赵构迁都临安，近水楼台先得月，蒙北宋以来的敕差住持制度，临安附近的"大刹如径山、净慈、灵隐、天竺，宫观如太一、开元、佑圣皆降敕札差主首"⑥。灵隐、天竺

①（日）石井修道：《大慧普觉禅师年谱の研究（中）》，《驹泽大学佛教学部研究纪要》1980 年第 38 号，第 101 页。

②《大慧普觉禅师语录》卷六，《大正新修大藏经》第 47 册，台北：财团法人佛陀教育基金会出版部，1990 年，第 837 页上栏。

③（日）石井修道：《大慧普觉禅师年谱の研究（中）》，《驹泽大学佛教学部研究纪要》1980 年第 38 号，第 101 页。

④《大慧普觉禅师语录》卷一，《大正新修大藏经》第 47 册，台北：财团法人佛陀教育基金会出版部，1990 年，第 811 页中栏。

⑤（宋）王谠撰、周勋初校证：《唐语林校证》卷一，北京：中华书局，1987 年标点本，第 26 页。

⑥（宋）岳珂：《愧郯录》卷一九《寺观敕差住持》，扬州：江苏广陵古籍刻印社，1983 年，第 382 页上栏。

虽然建寺的历史更为悠久，但非禅宗所建，净慈则建于五代末期。张浚受师圆悟克勤嘱托振兴临济宗，相较而下，选择径山寺最为合适。

事后的发展正如张浚所设想，因为地处政治文化中心，又是朝廷敕差的住持，不管寺庙本身发生什么变故，都不会影响径山寺的发展。绍兴十一年（1141 年），侍郎张九成来径山寺拜宗杲为师习禅，言谈间偶尔论议朝政，指斥权臣秦桧当道，卖国求和，秦桧排除异己，不但贬斥张九成，也褫夺宗杲衣牒，流放到衡州（今湖南衡阳），直到绍兴二十五年（1155 年）才恢复僧籍，重新敕住径山。在这期间，径山寺并没有因住持被放逐而降低寺庙的规格。隆庆元年（1163 年）宋孝宗即位，召见年事已高的宗杲，见其额上墨迹，"怜而敬之，宠眷尤厚，赐金钵、袈裟，舆前用青盖，赐号'大慧'"①。乾道二年（1166 年），宋孝宗偕显仁皇后登径山，改名为"径山兴圣万寿禅寺"，并亲书寺额，拨内帑建千佛阁。从此以后，径山寺名闻海内外，各地高僧都来此升坛讲法，日本等国的佛教徒也慕名前来求法，径山寺成为弘扬临济宗的祖庭之一。在整个南宋期间，径山寺香火鼎盛，寺庙建筑 1000 多间，寺僧最多时有 1700 余人，位列江南五大禅院（径山、灵隐、净慈、天童、阿育王）之首。

三、宋代士大夫对佛教僧团发展的作用

拜圆悟克勤为师和住持径山寺是宗杲参佛生涯中最重要的事情，也是其一生最关键的节点。第一个节点，他得到圆悟克勤的赏识，从内心认定宗杲是自己的传人。第二个节点，张浚坚持延请他住持径山寺，不惜虚位以待。在这两个节点中，作为佛门俗家弟子的张商英和张浚起到了关键性的作用。没有张商英，圆悟克勤不可能对宗杲青眼有加，给他创造良好的机会，让他快速成长；没有张浚的支持，宗杲即使水平再高，也不可能成为径山寺住持。那么，为什么圆悟克勤对张商英推荐的宗杲如此看重？为什么又将扶持宗杲的重任托付给了张浚？这就与宋代政府和佛教的关系有关了。

自从佛教传入中国以来，上层社会一直是佛教僧团努力争取的对象。但是

① （宋）叶绍翁：《四朝闻见录》卷一甲集"径山大慧"条，《四库全书》第 1039 册，台北：商务印书馆，1986 年影印文渊阁四库全书本，第 665—666 页。

与上层社会的交往往往牵扯出很多政治风险，使得正在蓬勃发展的佛教又会面临灭顶之灾。比如史上著名的"三武一宗灭佛"事件。正是如此，东晋南北朝以来，佛教僧团在发展上层信众的同时，也开始转向民间，在道安、慧远师徒尤其是慧远的努力下，佛教走入了民间，与普通大众融在了一起，从此在中国社会扎下了根。民间的支持虽然不及上层社会的雷厉风行效果显著，但和风细雨，润物无声，一代代的相传，在悄然间成长为参天大树，反过来渗透到社会上层。到了唐代，佛教兴盛无比，不但教派众多，反而出现了本土的佛教——禅宗。因为禅宗是完全中国化的佛教，所以得到国人的青睐，北方神秀的"渐悟"在上层社会有市场，南方慧能的"顿悟"在民间获青睐。唐武宗灭佛以后，佛教大受打击，晚唐五代以来，诸侯割据，社会凋敝，再加上周世宗毁佛，佛教生存不易，各派分分合合，渐渐只剩禅宗一家。

禅宗之所以能延续下来，得益于它是本土佛教，与中国的文化精神相通。因为是本土化的佛教，禅宗特别注重对本土文化的吸收。唐武宗禁佛之后，禅宗派高僧开始反思佛教自身缺陷与不足，著名的百丈怀海禅师反对僧侣不劳而获，为此他制定了一套《百丈清规》，除了要求出家人要遵守各种戒律外，还特别要求僧侣也参加劳作，生活要俭朴，尤其是不能贪图享受、积蓄钱财珠宝等。而他自己也身体力行，从年轻到坐化圆寂，一日不劳作便一日不食。加上禅宗以修心为主，不抄经、不造像，也不广建佛堂，其参禅悟道方式与农业社会崇尚俭朴、自食其力的文化相吻合，所以禅宗很受正统士大夫的欣赏，乐于与其交游施舍。由于禅宗僧侣生活俭朴，在后世的禁佛活动较少受到影响，在战乱频仍的社会里也能生存下来。

禅宗自中唐以来在士大夫中广为盛行，层出不穷的禅诗便是最好的证明。不仅僧侣们写禅诗，士大夫们也写禅诗，很多有影响的诗人们都是佛门的俗家弟子，如王维、白居易等人。因为禅宗，佛界与士大夫的关系越发亲近，佛教僧团也越来越得到上层社会的支持。然而鉴于佛教势力强大与官府争民争利，所以自唐代以来，政府都注重对寺庙的管理，不允许百姓私自出家，也不允许寺院私自度人，比如贞观九年（635年），唐太宗颁布《度僧于天下诏》规定："其天下诸州有寺之处，宜令度人为僧尼，总数以三千为限。"①但实际上

---

① （清）董诰等：《全唐文》卷五太宗皇帝《度僧于天下诏》，北京：中华书局，1983年，第66页下栏。

私度现象很多，再加上中唐以后有的皇帝佞佛，地方政府敛财，私度现象更是泛滥成灾，最终导致唐武宗灭佛事件。宋代吸取前朝的经验，对佛教的管理更严，礼部下设祠部，专"掌诸州宫观僧尼……神庙加封赐额并属之"①。佛寺只有得到朝廷赐额才算合法，没有得到赐额的寺观都会被拆毁。这一规定在宋仁宗时还被编入《天圣敕》和《庆历敕》中，成为赵宋王朝的法律条文，宋仁宗时曾据此条文"毁天下无额寺院"②。

除了给寺院赐额外，宋朝政府的管理制度事实上将天下寺庙分成三六九等。佛寺最高长老是住持，自唐代以来，住持的承继分为师徒相传和延请名宿两种，前者称"甲乙制"，后者称"十方制"。这本是僧团内部事务，但宋代政府则将其掌控。除此之外，还有一种"敕差制"，即有些寺庙的住持是由皇室直接任命的，这种寺庙的数量极少，级别最高，称之为皇家寺院也不为过；地方上寺院住持由地方官府任命，通常选取各地高僧大德，这就是"十方制"，位居其次；级别最低的就是师徒相承的寺院了。宋代是典型的皇帝加官僚的一体政治，一个寺院若想扬名立万，一个教派若想发扬光大，须取得皇家的认可才是，而要得到皇家的认可，除了自身的名望外，权高位重士大夫的支持也是相当的重要。为了自身教派的发展，为了获得更多的资源，僧人们都尽量与朝廷或地方上的士大夫建立良好的关系，有些僧人甚至于不惜受辱也要一意献媚迎合士大夫。但宋代的士大夫，尤其是德高望重的士大夫一般只喜与高僧交游，所以尽管高僧不会取媚士大夫，但对他们的嘱托也会尽心尽力。张商英推荐宗杲时虽然已赋闲在家，但毕竟曾经权高位重，在朝野均有影响，圆悟克勤自然对宗杲另眼相看。

托宗杲于张浚更是圆悟克勤深思熟虑之举。靖康之难，圆悟克勤门下的徒众也四处流离，重振临济宗，恢复其皇家寺院的地位需要有一个封疆大吏的支持。张浚建炎三年（1129 年）任川陕宣抚处置使，入驻四川，圆悟克勤于当年也返回四川不能不说太过偶然。果然，在四川的几年里，圆悟克勤不但与张浚交往密切，而且收他做了俗家弟子。有了师徒名分，一切便顺理成章，让径山寺虚席以待宗杲，只有权位类似于张浚的士大夫才有可能。除了"敕差制"住

---

① （元）马端临：《文献通考》卷五二《职官考》，北京：中华书局，2011 年，第 1523 页。
② （元）脱脱等：《宋史》卷一〇，北京：中华书局，1977 年，第 198 页。

持需要有朝廷的士大夫支持之外，地方寺院的"十方住持"麟选，地方官员的支持当然也是必不可少的。比如径山寺在北宋时仅是地方寺院，原叫子孙寺，名气很小，最初是实行"甲乙制"，大约在熙宁五年（1072 年）改成"十方制"，并改名径山寺①。据《东坡志林》记载，当时苏东坡任杭州通判，这件事情就是他经手办的。圆悟克勤深知赵宋王朝与佛教的关系，深知士大夫在其中的举足轻重的作用。

从宗杲一生的际遇来看，宋代的士大夫与佛教僧团的往来十分微妙，不仅仅是谈性论禅那么简单。有远大志向的高僧与士大夫们的交往并不满足于思想文化和禅学的交流，更注重在士大夫身上发现能促进自身发展的资源。越是有道的高僧，他们结交的士大夫级别越高，他们更有机会得到后者的支持，也就更容易实现自己的追求。宗杲固然悟性极高，又肯于云游海内，勤修苦研，最终创立并完善话头禅的理论体系，开拓了宋代禅宗的新气象，从而成为一代宗师。但是，假如没有张商英的慧眼识金和张浚的鼎力支持，宗杲在佛教僧团的发展也许不会这么顺利，他也许不会成为径山寺第一任"敕差"住持。他一生的机缘很真实地再现了官僚政治和习佛参禅风气盛行的宋代社会，以及封建士大夫对佛教僧团和僧侣个人命运的影响。

原载（《"径山禅宗祖庭文化论坛暨径山万寿禅寺大殿落成佛像开光庆典"学术研讨会论文集》，2017 年版）

---

① 陆岸：《十方住持制与南宋径山寺的兴盛》，《历史教学问题》2012 年第 6 期，第 116 页。

第二编

文史钩沉

哪吒形象的演变

说起哪吒，人们马上会想起那个脚踏风火轮，手持火尖枪，三头六臂，拿着乾坤圈、混天绫、金砖三件法宝，大闹东海，大战孙悟空，既活泼淘气又威风凛凛的可爱形象。其实哪吒以这一形象出现是比较晚的，应该出现在明清以后。较早的哪吒并不是这般模样。

现存最早的哪吒形象是元人撰《二郎神醉射锁魔镜》中描绘的模样，剧本写到哪吒出场时自报家门道：

> 小圣乃哪吒神是也。为因小圣降十大魔君、八角师陀鬼、铁头蓝天鬼、独角益鳞龙、无边大刀鬼，更有四魔女，天魔女、地魔女、运魔女、色魔女，为降众多妖魔，加小圣八百八十一万天兵降妖大元帅。[①]

紧接着又说他出兵交战时是"三头飚飚""六臂辉辉"，只可惜没交代他使用什么兵器。不过，内府藏本《二郎神醉射锁魔镜》中附有"穿关"，是其他版本所无的。"穿关"除了交代哪吒衣饰外，说他还有个绣球。这个绣球在明初杨景贤写的《西游记》杂剧第九折中也提到了，说哪吒出场时是"八瓣绣球攒花刺"。可绣球又是什么东西呢？剧本均语焉不详，不免令人费解。幸好明代神魔小说《南游记》写华光造反，玉帝召集众臣商讨点将出兵捉拿华光时

---

① 王季思：《全元戏曲》第七卷"二郎神醉射锁魔镜"第一折，北京：人民文学出版社，1999年，第99页。

讲到了哪吒，对其形象介绍得比较清楚。尽管这部书的成书年代并不早，但里面的华光故事和哪吒形象却是比较古老的：

> 文曲星余珂出班奏曰："臣保一人，乃毗沙宫李靖天王之子，名唤哪吒，此人神通广大，法力无边。有一绣球内有十六个头目，带领五千雄兵，临阵助战，无有不胜。"①

玉帝命哪吒挂帅出讨华光，哪吒于是披挂整齐地出阵了：

> 哪吒出阵怎生打扮？但见头带红花金紫圈，身披八宝绣盔甲，脚穿绿线皂皮靴，左带花花绣球，右插九节铜鞭，手用长枪，身骑红鬃白马。②

可见，绣球是哪吒早期形象的主要法宝。绣球内的十六个头目，从《南游记》看有独角逆鳞龙、八角头陀鬼、九天十八角同波罗龙将和吞世界鬼等，而独角逆鳞龙就是元代《锁魔镜》中的独角益鳞龙，八角头陀鬼即是其中的八角师陀鬼，他们都是被哪吒降伏的魔君，藏身绣球里供其使唤。看来哪吒神通广大，战无不胜，除了自身本领高强外，与手下有众多听话的魔君关系很大。

明代嘉靖年间，在百回本《西游记》小说里，哪吒形象发生了某些变化。这一回是孙悟空造反，哪吒奉命征讨，双方各施神通在花果山上大战：

> 这哪吒太子，甲胄齐整，跳出营盘，撞至水帘洞外。……大喝一声，叫"变！"即变做三头六臂，恶狠狠，手持着六般兵器，乃是斩妖剑、砍妖刀、缚妖索、降妖杵、绣球儿、火轮儿，丫丫叉叉，扑面来打。③

与较早的哪吒相比，《西游记》中的哪吒虽然有点走样，新添了刀剑索杵轮之类的兵器，但主要法宝绣球依然保留着，基本上还是哪吒本来的形象。

到了明代万历年间，随着《封神演义》一书的出现，哪吒形象发生了根本性的变化。在这部神魔小说里，哪吒新添了很多法宝：脚踏风火轮，手持火尖

---

① （明）余象斗：《四游记·南游记》第十一回"哪吒行兵收华光"，上海：上海古籍出版社，1956年，第82页。

② （明）余象斗：《四游记·南游记》第十一回"哪吒行兵收华光"，上海：上海古籍出版社，1956年，第82页。

③ （明）吴承恩：《西游记》第四回"官封弼马心何足 名注齐天意未宁"，北京：人民文学出版社，1955年，第45—46页。

枪，豹皮囊中盛放着乾坤圈、混天绫、金砖三件法宝，后来因食火枣变成三头八臂，又得了九龙神火罩、阴阳剑两般兵器，可是最早的法宝绣球不见了。这个哪吒与较早的哪吒全无一点相似之处，他是怎么来的呢？

看过《西游记》的人一定会对那个叫红孩儿的妖精有很深的印象。红孩儿是牛魔王和铁扇公主的孩子，年纪不大，却是一人独居，长得是"面如傅粉三分白，唇若涂朱一表才"，出场交战时，命小妖"抬出一杆丈八长的火尖枪，递与妖王。妖王抡枪拽步，也无甚么盔甲，只是腰间束一条锦绣战裙，赤着脚"①。是个非常可爱的小孩，这个形象与《封神演义》中的哪吒很像。哪吒因为大闹东海龙宫，抽了龙太子的筋，被父亲李靖责骂，哪吒当场自戕，割肉还母，剔骨还父。他的师父太乙真人做法使他借莲花回魂再生，复活的哪吒长得也是"面如傅粉，唇似涂朱"②，非常之可爱。虽然《封神演义》一书中从未说他穿过什么盔甲，也没说他是赤脚的，但从他借莲花再生，以及脚踏风火轮来推断，应该是赤脚的。而《古本小说集成》所收明末刊本《封神演义》卷首有哪吒追打李靖报仇情节的插图，画中的哪吒就是没穿盔甲、赤着脚的。显然，《封神演义》中的哪吒在很大程度上吸收了红孩儿的外貌特征。

继《封神演义》之后，清代的《封神真形图》中的哪吒形象对红孩儿特征的吸收表现得更为明显。在这部根据《封神演义》而作的画册里，哪吒被叫作善财童子，他的手足及脖颈各有一个箍儿。这一形象不仅《封神演义》从未提到，连明末刊本的图画也没有。推源究始，还是从红孩儿而来。红孩儿有三昧真火，烧得孙悟空抱头鼠窜，只好搬来观音菩萨，观音不慌不忙地取出一个金箍儿"迎风一幌，叫声'变'！即变作五个箍儿，望童子身上抛了去，喝声'着'！一个套在他头顶上，两个套在他左右手上，两个套在他左右脚上"③。《封神真形图》中的哪吒将红孩儿的特征吸收得更为彻底，连他归伏观音的法号善财童子也收用了。

此时的哪吒与早期的哪吒不但外貌不同，连法宝及兵器也不同了。《封神

①　（明）吴承恩：《西游记》第四十一回"心猿遭火败　木母被魔擒"，北京：人民文学出版社，1955年，第495页。

②　（明）许仲琳：《封神演义》第十四回"哪吒现莲花化身"，北京：中华书局，2009年，第93页。

③　（明）吴承恩：《西游记》第四十二回"大圣殷勤拜南海　观音慈善缚红孩"，北京：人民文学出版社，1955年，第519页。

演义》中哪吒的法宝和兵器除了混天绫、九龙神火罩、阴阳剑不知来自何处外，其他都可以找到来源。火尖枪是从红孩儿那里来的，金砖是从《南游记》里华光的三角金砖转化来的，风火双轮是受了《西游记》中哪吒风火轮的启发，挪用了《南游记》中华光的风火二轮，乾坤圈是从《南游记》里哪吒头顶的红花金紫圈演变的。除了乾坤圈和风火轮是哪吒本身固有的外，其他法宝都是盗用别人的，可见《封神演义》中的哪吒完全是重新塑造的形象，与古老的哪吒没有多少联系。

哪吒故事和形象还出现在由元代坊刻《搜神广记》一书发展而来的《三教源流搜神大全》一书里面：

> 哪吒本是玉皇驾下大罗仙，身长六丈，首带金轮，三头九眼八臂，口吐青云，足踏盘石，手持法律，大喊一声，云降雨从，乾坤烁动。因世间多魔王，玉帝命降凡，以故托胎于托塔天王李靖。母素知夫人生下长子军吒，次木吒，帅三胎哪吒。生五日化身浴于东海，脚踏水晶殿，翻身直上宝塔宫。龙王以踏殿故，怒而索战。帅时七日，即能战，杀九龙。老龙无奈何而哀帝，帅知之，截战于天门之下而龙死焉。不意时上帝坛，手搭如来弓箭，射死石记娘娘之子，而石记兴兵。帅取父坛降魔杵西战而戮之。父以石记为诸魔之领袖，怒其杀之以惹诸魔之兵也。帅遂割肉刻骨还父，而抱真灵求全于世尊之侧。世尊亦以其能降魔故，遂折荷菱为骨、藕为肉、丝为筋、叶为衣而生之。授以法轮密旨，亲受木长子三字，遂能大能小，透河入海，移星转斗；吓一声，天颓地塌；呵一气，金光罩世；铃一响，龙顺虎从；枪一拨，乾旋坤转；绣球丢起，山崩海裂。故诸魔若牛魔王、狮子魔王、大象魔王、马头魔王、吞世界魔王、鬼子母魔王、九头魔王、多利魔王、番天魔王、五百夜叉、七十二火鸦，尽为所降，以至于击赤猴、降孽龙。盖魔有尽而帅之灵通广大、变化无穷。故灵山会上以为通天太师、威灵显赫大将军，玉帝即封为三十六员第一总领使，天帅之领袖，永镇天门也。①

---

① 《绘图三教源流搜神大全（外二种）》第七卷"哪吒太子"条，上海：上海古籍出版社，1990年，第330—331页。

按：元代坊刻本《搜神广记》前后集，凡五十七神，历叙其姓名、字号、爵里和事迹等。明代坊刻本在此基础上增益辑补而成，共得一百三十二神。清宣统元年（1909 年），叶德辉又将明代坊刻本刻印出来，这就是七卷本的《三教源流搜神大全》。这部书虽然出现较晚，但不等于里面的内容也很晚。以元代坊刻本《搜神广记》所记哪吒事迹来说，除了石记娘娘一事仅见于《封神演义》以外，其他记事均多原本旧说，而石记娘娘之事与《封神演义》又不太相同，并不一定是来自后者，况且从绣球是哪吒主要法宝的特点来看，元代坊刻本《搜神广记》中的哪吒形象也是比较早的。

今天我们所熟悉的哪吒形象完全是从《封神演义》中流传下来的。尽管这部书胡编乱造、东凑西抄的内容极多，但它作为俗文化的一种形式，以通俗易懂、浅近平白的文字，为民众讲述了道教的阐教与截教之间神仙大战、死后封神的故事，故事的情节又以武王伐纣的历史来展开，在民间有着重要影响的姜子牙作为一个核心人物贯穿了始终，又以其登台封神而结束，故而对民间信仰的影响极大。加上里面的哪吒形象活泼可爱更令人喜欢，因而逐渐成为人们崇奉的标准形象。事实上，除了哪吒外，在中国近代影响颇大的民间诸神形象大多与《封神演义》有关。中国民间诸神形象从古代到近代的演变，在很大程度上说明了俗文化在传统文化中的重要性。

原载（《中国典籍与文化》1998 年第 2 期）

灌口二郎神的演变

在我国古代的民间信仰中，灌口二郎神可是位家喻户晓、妇孺皆知的神祇人物，自北宋以来香火就十分兴盛，他的故事也被搬上舞台，或编入小说，在社会上广泛传颂。然而这位名头颇大的神祇，历来却有很多歧义的说法，有的说是李冰次子，有的说是赵昱，有的说是杨戬，也有说是邓遐，真是众说纷纭，莫衷一是。现代以来，随着民俗学研究的兴起，出现一些与二郎神有关的论著和文章。比如容肇祖发表于《民俗》第 61、62 期合刊的《二郎神考》一文，黄芝岗《中国的水神》一书中关于水神二郎的描述，以及宗力等人在《中国民间诸神》一书中"二郎神"条的有关考订。尽管这些研究从资料上已经征引得比较全面，但都不够深入，尤其是没能将诸位二郎神之间的关系及演化过程中的问题解释清楚，加上对史料缺乏考证，又有一些错误说法。因撰本文对二郎神进一步考述。

一、李二郎的出现及其在宋代的流行

李二郎的出现与李冰有着极大的渊源，这是毫无疑问的。关于李冰，容肇祖等人已做了充分的讨论，除容氏引用的一条资料有点错误以外，基本上没有歧异，大致为：李冰是战国时秦国蜀郡守，因治水之功而受到人们崇敬。后汉时开始神化，传说他不但兴修水利与民灌溉，而且能化身为牛与江神战斗。隋唐五代时期，随着灵怪迷信风气在社会上的进一步盛行，李冰便彻底脱离人的特性而成为一名地地道道的神祇。

值得注意的是，虽然荣氏等人所论已将李冰资料搜罗殆尽，但没有一个人提到李冰次子，那么李二郎是如何出现的呢？

最早提到李冰次子的是宋代官修政书《宋会要》：

> 永康崇德庙广祐英惠王次子仁宗嘉祐八年八月诏永康军广济王庙郎君神特封灵惠侯，差官祭告。神即李冰次子，川人号护国灵应王，开宝七年命去王号，至是军民上言神尝赞助其父除水患，故有是命……政和八年八月改封昭惠灵显真人。"①

《宋会要》又云：

> 宋太祖乾德三年平蜀，诏增饰导江县应圣灵感王李冰庙，开宝五年庙成，开宝七年改号，岁一祀。庙旁有显灵王庙，盖丹景山神，诏去其伪号。……冰秦孝文王时为蜀郡守……历代以来蜀人德之，缋祀不绝，伪蜀封大安王，孟昶又号应圣灵感王，仁宗嘉祐八年封灵应侯，神即冰次子，川人号护国灵应王，哲宗元祐二年七月封应感公。"②

根据《宋会要》的记载可知，李冰次子实际上就是丹景山神，本是民间淫祀，老百姓认为他是李冰的第二个儿子，给他加了个护国灵应王的称号。后蜀顺应民意相继封其为大安王、应圣灵感王，北宋仁宗嘉祐八年（1063 年）封其为侯，正式进入国家祀典成为正神。

神而有子乃是民间的造神习惯，但唐以来诸神以排行三郎最为有名，如华山三郎、泰山三郎、关三郎、竹下三郎是也。唯李冰之子称"二郎"，殊不可解？张政烺在《〈封神演义〉漫谈》一文中谈到二郎神赵昱的起源时说："成都青城山自汉以来是道教的圣地，道教徒不能容忍毗沙门天王的二郎独健在这一带割据，遂抬出一个赵昱进行偷换。这个说法起源不晚……但不如李冰次子说顺理成章，所以宋仁宗承认后者。"③言外之意，李冰次子的出现是受佛教

---

① （清）徐松：《宋会要辑稿》卷一二三七"郎君神祠"条，北京：中华书局，1957 年影印本，第 835 页上栏。

② （清）徐松：《宋会要辑稿》卷一二三六"李冰父子庙"条，北京：中华书局，1957 年影印本，第 776 页下栏。

③ 张政烺：《张政烺文史论集》，北京：中华书局，2004 年，第 634 页。

中二郎神独健的影响。此说虽有一定道理，但缺乏足够证据。因为并没有史料表明唐代二郎独健在四川具有影响，而且他的事迹也与治水无关。李冰次子与二郎神独健究竟有没有关系，实在不好妄下定语。

尽管李冰次子来历不明，但是经过统治者的封官加爵，却在北宋中后期大为流行，不但声势压倒其父，而且还跑到了当时的京城汴梁（今开封）享受起香火来。如高承的《事物纪原》载："元丰时国城之西，民立灌口二郎神祠。云神永康导江县广济王子，王即秦李冰也。《会要》所谓冰次子郎君神也。"①在所有的文献中，洪迈《夷坚志》中李冰次子记载最详：

> 政和七年，京师市中一小儿骑猎犬扬言于众曰："哥哥遣我来，昨日申时，灌口庙为火所焚，欲于此地建立。"儿方七岁，问其乡里及姓名，皆不答。至晚，神降于都门，凭人以言，如儿所欲者。有司以闻，遂为修神保观，都人素畏事之。自春及夏，倾城男女，负土助役，名曰"献土"。……识者以为不祥，旋有旨禁绝。既而蜀中奏，永康神庙火，其日正同。②

这灌口二郎神因为自己的庙被火烧了，便跑到京城要求百姓为自己建庙。因为他的名头很大，本领高强，百姓们不敢得罪，自然为他有钱出钱，有力出力。为了讨好他，每逢二郎神的生日，人们还要在庙中举行大型庙会。《东京梦华录》云：

> （六月）二十四日，州西灌口二郎生日，最为繁盛。庙在万胜门外一里许，敕赐神保观。二十三日，御前献送后苑作与书艺局等处制造戏玩，如毬杖、弹弓、弋射之具，鞍辔、衔勒、樊笼之类，悉皆精巧。作乐迎引至庙，于殿前露台上设乐棚，教坊、钧容直作乐，更互杂剧舞旋。太官局供食，连夜二十四盏，各有节次。至二十四日，夜五更争烧头炉香，有在庙止宿，夜半起以争先者。天晓，诸司及诸行百姓献送甚多。其社火呈于露台之上，所献之物，动以万数。自早呈拽百戏……至夕而罢。③

---

① （宋）高承：《事物纪原》卷七"灵惠侯"条，北京：中华书局，1989年，第378页。
② （宋）洪迈：《夷坚志》丙志卷九"二郎庙"条，北京：中华书局，1981年，第439页。
③ （宋）孟元老撰、伊永文笺注：《东京梦华录笺注》卷八"六月六日崔府君生日二十四神保观神生日"条，北京：中华书局，2006年，第758页。

南宋初年，李二郎的影响仍然如日中天。朱熹的《朱子语类》载：

> 蜀中灌口二郎庙，当初是李冰因开离堆有功，立庙。今来现许多灵怪，乃是他第二儿子出来。初间封为王，后来徽宗好道，谓他是甚么真君，遂改封为真君。向张魏公用兵祷于其庙，夜梦神语云："我向来封为王，有血食之奉，故威福用得行。今号为'真君'，虽尊，凡祭我以素食，无血食之养，故无威福之灵。今须复我封为王，当有威灵。"魏公遂乞复其封。不知魏公是有此梦，还复一时用兵，托为此说。①

按：此事洪迈《夷坚志》中亦有记载，说的是宋高宗建炎四年（1130 年）张浚在川，以秦中失利，阴祷于阆州灵显庙，梦神对真人之封不满，遂奏朝廷改封，"自是灵响如初，俗谓二郎者是也"②。

李二郎本是因赞助其父治水才声名鹊起的，为什么到了后来却喧宾夺主，取代李冰而受世人崇奉呢？黄芝岗在《中国的水神》一书谈到这个问题，他认为李二郎就是李冰，宋代二郎神不过是唐代李冰神的变态发展而已③。我不同意这个观点，因为中国的神并不都是史有其人的，绝大多数都是人们杜撰出来的，我们不能因为历史上没有某人便可以说某神不存在。李冰次子虽是从其父传说衍生而来，毕竟在四川民间流传了很长时间，已经形成了一种固定的文化习俗，所以才会得到统治者的承认，加上二郎独健在唐代的风行，国产的李二郎自然更会得到广大民众的崇奉。事实上在四川灌口及其他地方，李冰父子仍是合祠，宋人曾敏行的《独醒杂志》就记载说："有方外士，为言蜀道永康军城外崇德庙，乃祠李太守父子也……江乡人今亦祠之，号曰'灌口二郎。'"④

元代以后，由于赵昱影响的日益扩大，李二郎的声势渐渐消退，退回四川和他的父亲一起充当了川主的角色，而且据《中国的水神》一书搜罗的资料来看，民间的说法殊不一致：《蜀都碎事》谓蜀人奉二郎神为川主，《四川通

① （宋）黎靖德编、王星贤点校：《朱子语类》卷三《鬼神》，北京：中华书局，1986 年，第 53—54 页。
② （宋）洪迈：《夷坚志》丙志卷一七"灵显真人"条，北京：中华书局，1981 年，第 509 页。
③ 黄芝岗：《中国的水神》，上海：上海文艺出版社，1988 年，第 37 页。
④ （宋）曾敏行：《独醒杂志》卷五，上海：上海古籍出版社，1986 年，第 46 页。

志》谓李冰是川主,《澎水县志》却说川主是李冰父子①。

二、赵昱的异军突起

元代以后,突然出现了一个叫赵昱的二郎神,大有喧宾夺主之意。赵昱的事迹在《三教源流搜神大全》中记载最全:

> 二郎神者,姓赵名昱,从道士李珏隐青城山。隋炀帝知其贤,起为嘉州太守。郡左有冷源二,河内有老蛟为害,春夏水涨,漂淹伤民。昱大怒,持设舟船,率壮士及居民,夹江鼓噪。昱持刃入水,有顷,其水赤,石崖奔,吼如雷。昱右手持刃,左手持蛟首,奋波而出。时有佐昱入水者七人,即七圣是也。隋末世乱,弃官隐去,不知所终。后江水涨溢,蜀人见昱于青雾中,感其德,立庙于灌江口,奉祀焉。②

《三教源流搜神大全》是我国民间诸神之集大成者,凡儒释道三教之神在民间有影响者基本搜罗在内。灌口二郎神是李冰次子之说,自北宋中后期以来即已明确无疑,此时为何变成姓赵了呢?按:《三教源流搜神大全》一书是在元代《搜神广记》的基础上增订而成的,今存元建阳麻沙坊本后集里就有"清源妙道真君"一条,文字和此相同,则知赵昱在元代就相当流行了。

赵昱的传说最早见于《龙城录》,是南宋初期的王铚托名柳宗元所作,说赵昱是隋朝人,与兄赵冕俱师从道士李珏隐居青城山,被隋炀帝强征为嘉州太守,入水斩蛟,平定水患。其事与《搜神广记》所载相同,但无七圣助其斩蛟和鹰犬弹弓的形象③。宗力等人的《中国民间诸神》一书认为赵昱传说的起源与李二郎同时,对此我亦不敢苟同。第一,假若两个二郎同时出现,以其在宋代流行的情况,则必在文献中有明显的反应,但事实却是相反。第二,宋代皇帝喜欢道教的较多,尤其是宋徽宗,若是赵昱与李二郎同时出现并在民间大有影响,宋代皇帝崇奉道家出身的赵昱可能性更大一点。第三,

---

① 黄芝岗:《中国的水神》,上海:上海文艺出版社,1988年,第37页。

② 《绘图三教源流搜神大全(外二种)》卷三"灌口二郎神"条,上海:上海古籍出版社,1992年影印本,第400页。

③ (明)李栻:《历代小说》卷二一《龙城录》"赵昱斩蛟"条,上海:上海涵芬楼,1989年影印明刻本,第11页。

按中国的造神习惯，每个神出现之初故事都比较简单，经过长期发展才逐渐丰富圆满，而赵昱一经出现就相当成熟，不能不令人起疑，况且《龙城录》提到赵昱有兄赵冕，显然是为了证明赵昱排行第二，这与唐宋时代造神习惯并不一致，雕琢痕迹十分明显。由此可见，《龙城录》中赵昱故事可能是出于某种目的而人为杜撰的。

前面已经论及，二郎神在宋代是极为盛行的，这势必会引起某些势力的羡慕，对此最感兴趣的应该是道教团体。道教本是我国传统的宗教，在民间拥有相当大的影响。但是自从佛教开始中国化以后，情况发生了很大变化，信奉佛教的人日渐增多，信奉道教的人却越来越少①，佛教的神也比道教的神更受崇奉。这些现实无疑会引起道教信徒的不安，他们定会想方设法地扩大自己的势力，方法之一就是造神。

道教的造神方法很多，首先，按照自己的系统编造神祇。其次，仿照佛教，编排神灵体系，如佛教有四大天王，很威风，道教就编造了四大元帅。最后，采取借用主义的方法，将本不属于自己系统的神祇拉入阵营，有的是民间俗神，有的则是佛教中神，二郎神就是典型。二郎神独健本是佛教毗沙门天王的二儿子，在唐代名气很大，弟弟就是著名的哪吒三太子，这一家后来都被改头换面，毗沙门天王变成了托塔天王李靖，哪吒太子成为玉帝驾下的大罗仙，变得道气十足，二郎神被改造得最彻底，完全由中国式的二郎神所取代。

二郎神由夷变中有一个发展过程，首先，力图将民间信奉的俗神李二郎变成道教中人，宋徽宗政和八年（1118年）封其为昭惠灵显真人。其次，重新编造一个二郎神，那就是赵昱。道教讲究修炼成仙，民间俗神均是死后为鬼神，二者所享受的祭祀不同，一个食素，一个吃荤，洪迈《夷坚志》记载蜀人事崇德庙灌口神，"每时节献享，及因事有祈者，无论贫富，必宰羊，一岁至烹四万口"②。可见其血食之盛。将其拉入道教吃素显得十分牵强附会，《朱子语类》及《夷坚志》所载二郎神托梦张浚求改封为王正是这一现象的反映。加之李二郎是助其父治水有功，他自己没有一个完整的故事体系，无法与佛教

---

① 黄永年：《佛教为什么能战胜道教》，文史知识编辑部：《佛教与中国文化》，北京：中华书局，1988年，第30页。

② （宋）洪迈：《夷坚志》支志丁卷六"永康太守"条，北京：中华书局，1981年，第1017页。

中的二郎神独健抗衡，所以必须有一个出身道教且功绩显著的二郎神出来，于是赵昱应运而生。

俗话说：功夫不负有心人。这个杜撰的二郎神果然不负道家众望，他不但将佛教的二郎神独健排挤出去，甚至取代了李二郎父子的地位，和他们争起川主的称谓来了。据《中国的水神》及容肇祖的《二郎神考》研究，《八闽通志》、《苏州府志》、《长洲志》及褚人获《坚瓠集》都说二郎神是清源妙道真君赵昱，《嘉定府志》《常熟县志》也说川主是赵昱，李冰父子的影响反仅局限于四川一隅了。

道教捧起来的二郎神为什么会取代李二郎的位子呢？这要感谢古代戏曲的传播作用。宋代有关二郎神的戏曲没有流传下来，我们无法知道宋代的二郎神姓甚名谁，但元代《二郎神醉射锁魔镜》《二郎神锁齐天大圣》《灌口二郎斩健蛟》却保存下来，里面所演都是赵昱故事。以中国戏曲一脉相承的特点分析，至少南宋戏曲中的二郎也是赵昱。戏曲是一种传播最广、影响最大的文化娱乐形式，它的特点是雅俗共赏，不论是读书万卷者，还是目不识丁者，都可以看得懂、听得懂，赵昱因此才能战胜李二郎并取而代之。

张政烺《〈封神演义〉漫谈》认为二郎神是由独健改造过来的，这或许是一种合理的说法，但他又说在元明人的杂剧《二郎神醉射锁魔镜》《二郎神锁齐天大圣》《灌口二郎斩健蛟》中赵昱与哪吒三太子仍是兄弟关系[1]，这就是不对的了。在这些剧中虽然二郎与哪吒称兄道弟，但已不是亲兄弟关系，而是好友之间亲热的称谓。比如《二郎神醉射锁魔镜》中赵昱要去拜访哪吒时虽然说了句："吾神就探望兄弟，走一遭去"[2]，好像他们真是亲兄弟一般，但后来两人见面之后又说："咱两个十年来才把这樽席共"[3]，更不像亲兄弟经常来往的样子。况且剧中的金睛百眼鬼与九首牛魔王也是哥哥兄弟地乱叫，难道他们也是亲兄弟吗？当然不是！

---

[1] 张政烺：《张政烺文史论集》，北京：中华书局，2004年，第633—635页。

[2] 王季思：《全元戏曲》第七卷"二郎神醉射锁魔镜"第一折，北京：人民文学出版社，1999年，第99页。

[3] 王季思：《全元戏曲》第七卷"二郎神醉射锁魔镜"第一折，北京：人民文学出版社，1999年，第100页。

三、杨二郎的由来及其他

在明嘉靖年间的百回本《西游记》里，二郎神改了姓名，变成了玉皇大帝的外甥。《西游记》第六回"观音赴会问原因　小圣施威降大圣"写孙悟空大闹天宫，众神降压不住，观音启奏说："陛下宽心，贫僧举一神，可擒这猴"，玉帝问是何神，观音说："乃陛下令甥显圣二郎真君，见居灌洲灌江口，享受下方烟火。他昔日曾力诛六怪，又有梅山兄弟与帐前一千二百草头神，神通广大。"《西游记》接着又写真君与大圣交战，喝道："你这厮有眼无珠，认不得我么！吾乃玉帝外甥，敕封昭惠灵显王二郎是也。"大圣道："我记得当年玉帝妹子思凡下界，配合杨君，生一男子，曾使斧劈桃山的，是你么？"①这个二郎虽然改了姓，但主要故事仍是赵昱的。到了万历年间，随着《封神演义》一书的出现，二郎神是杨戬又得流传，成为近代民间最为流行的一种说法。

二郎神为什么又变成姓杨的了呢？胡适认为与宋代宦官杨戬有关，他说杨戬在宋代是个刮地皮的人物，而二郎神在过生日之际要人们送一块土到庙里做礼物的行径与刮地皮的行为相似，因此二郎神便成为杨戬的诨号②。容肇祖亦认为与杨戬有关，他说二郎神的主要祭品是羊，每年杀羊四万头之多，羊与杨同音，是百姓对杨戬敢怒不敢言而起的诨号③。黄芝岗则认为有一个姓杨的神的力量在起作用，证据是蜀杜光庭《水记》云："杨磨亦有神术，能伏龙虎，亦于大皂口侧决水拥田，与龙为誓，今有杨磨江，或语讹谓之羊磨江是也。"④他的书中又写到《长沙县志》有水神杨四将军的传说，也是与蛟龙相斗治水患的故事。《河南通志》也说河南府的"二郎神"祀隋灌州刺史杨煜，杨煜尝断蛟筑堤，遏水患。我个人认为黄芝岗的观点更有说服力，因为不管杨磨与杨四将军及杨煜是否由李冰和赵昱的故事衍变而来，毕竟是有这么一个姓杨的神受

---

① （明）吴承恩：《西游记》第六回"观音赴会问原因　小圣施威降大圣"，北京：人民文学出版社，1951年，第68页。

② 胡适：《民间文艺》创刊号，转引自容肇祖：《二郎神考》，《迷信与传说》，广州：国立中山大学民俗会，1929年，第156页。

③ 容肇祖：《二郎神考》，《迷信与传说》，广州：国立中山大学民俗会，1929年，第156页。

④ （宋）王象之：《舆地纪胜》卷一五一成都府路"羊麻江"条，道光二十九年（1849年）文选楼影木刻本，第10页。

人信仰，赵昱在《西游记》变为姓杨亦不无可能。

杨戬与二郎神发生关系仅见于小说《醒世恒言》第十三卷"勘皮靴单证二郎神"，叙述宋徽宗的韩夫人到宦官杨戬府中养病，病好到清源妙道庙里烧香还愿，庙官孙神通懂妖法，假扮二郎神夜夜到杨戬府中私通韩夫人。杨戬找道士除妖，击落一只皮靴，经过勘查终于抓获孙神通。张政烺在《〈封神演义〉漫谈》中认为："经过南宋、金、元流传二三百年，无论是有意还是无意，二郎神和杨戬两个词结了不解之缘，杨戬却成了二郎神的代名。"①宗力、刘群在《中国民间诸神》中承继此说，他们也认为："今戏曲中之二郎神金脸无髯，依稀为宦阉形象。"②按杨二郎之传为杨戬可能与《醒世恒言》的故事有关，但二郎神的形象并非来自宦阉，在《西游记》里孙悟空不识二郎神，喝问道："你是何方小将，辄敢大胆到此挑战？"③又说："你这郎君小辈，可急急回去，唤你四大天王出来。"④既是小将、郎君小辈，必然是金脸无髯，不一定须从宦官形象演变而来。

二郎神变为玉皇大帝的外甥也非无源之水，《蜀都碎事》云："世以为姓张，又为天帝之甥，则流俗传讹也。"⑤虽说是讹传，但最终将二郎神传成了《西游记》中的杨二郎。

除二郎、赵昱、杨戬之外，二郎神还有姓张、姓邓两说。一为《蜀都碎事》所云，即是《贤奕》卷四中说的"人以为（删掉）二郎挟弹者即张仙"⑥，都是民间讹传。一为《浙江通志》云："二郎神庙在忠清里，神姓邓，讳遐，字应远，陈郡人也。自幼勇力绝人，气盖当时，人方之樊哙。桓温以为参军，数从征伐，历冠军将军，数郡太守，成为名将。襄阳城北水中有蛟，数出害人，遐拔剑入水，蛟绕其足，遐挥剑截蛟数段而出。自是患息。乡人德之，为

① 张政烺：《张政烺文史论集》，北京：中华书局，2004 年，第 634—635 页。
② 宗力、刘群：《中国民间诸神》"二郎神"条，石家庄：河北人民出版社，1986 年，第 544 页。
③ （明）吴承恩：《西游记》第六回"观音赴会问原因 小圣施威降大圣"，北京：人民文学出版社，1951 年，第 68 页。
④ （明）吴承恩：《西游记》第六回"观音赴会问原因 小圣施威降大圣"，北京：人民文学出版社，1951 年，第 68 页。
⑤ （清）陈祥裔编，王斌、靳雅婷校注：《蜀都碎事校注》卷一，成都：西南交通大学出版社，2017 年，第 17 页。
⑥ （明）陈继儒：《宝颜堂秘籍续集·贤奕》卷四《附录·闲抄下》，上海：文明书局，1922 年石印本，第 10 页。

立祠祀之，以其尝为二郎将，故尊为二郎神。"①按：邓遐《晋书》有传，不云其为二郎将事，当是后人以二郎神事迹附会而成。

二郎神挟弹弓拥猎犬的形象可能与孟昶有关。《贤奕》云："二郎神衣黄弹射拥猎犬，实蜀汉王孟昶像也。宋艺祖平蜀，得花蕊夫人，奉昶小像于宫中。艺祖怪问，对曰：'此灌口二郎神也，乞灵者辄应'。因命传于京师，令供奉。盖不忘昶，以报之也。"②是书虽是明代作品，但第四卷均是闲抄古人之作，此条极有可能是南宋作品。说明二郎神挟弹弓拥猎犬的形象约在南宋后期至元代便已固定，元代《二郎神锁齐天大圣》就以金弹细犬的模样出场，《二郎神醉射锁魔镜》用的又是弓箭。

综上所述，二郎神是晚唐或五代时由李冰治水的故事衍生而来，因得到统治者的提倡而在北宋中后期大盛，影响甚至超过李冰。二郎神的流行引起了道教徒众的注意，他们先是想把李二郎拉入自己的神道系统，继而又创造了一个叫赵昱的二郎神，希望以此与佛教中的二郎独健相对抗。由于古代戏曲的传播作用，赵昱的影响很快压倒了李二郎，并且将独健挤出了民间信仰的圣坛。然而到了明代中叶以后，随着百回本《西游记》及《封神演义》的先后出现，杨戬又取代了赵昱的位子，成为近代民间流传最广、影响最大的二郎神。

原载（《四川大学学报·哲学社会科学版》1998 年第 3 期）

---

① 雍正《浙江通志》，上海：商务印书馆，1934 年影印本，第 3195 页。
② （明）陈继儒：《宝颜堂秘籍续集·贤奕》卷四《附录·闲抄下》，上海：文明书局，1922 年石印本，第 10 页。

"紫姑"考释

　　紫姑是古代民间流传较广、影响甚大的一种厕神及蚕桑之神。明清时期为妇女的信仰神明，正月十五的时候要迎请紫姑，向她询问一年的收成及儿女心事。迄于今日对其作过研究的，当推许地山《扶箕迷信的研究》中有关紫姑的阐述①，以及李剑国《唐前志怪小说辑释》中刘敬叔《异苑》条的有关考订②，然尚多未尽之处，因撰本文，作进一步的疏说。

一

　　紫姑传说大约起源于魏晋时期，至南北朝时渐已流传。目前所见最早的记载是南北朝时宋人刘敬叔所撰的《异苑》载：

　　　　世有紫姑神，古来相传是人妾，为大妇所嫉，每以秽事相次役。正月十五日，感激而死。故世人以其日作其形，夜于厕间或猪栏边迎之，祝曰："子胥不在"，是其婿名也；"曹姑亦归去"，即其大妇也；"小姑可出戏"。捉者觉重，便是神来。莫设酒果，亦觉貌辉辉有色，即跳躞不住，占众事，卜行年蚕桑。又善射钓。好则大舞，恶便仰眠。平昌孟氏恒不信，躬试往捉，便自跃穿屋，永失所在。③

---

① 许地山：《扶箕迷信的研究》，北京：商务印书馆，1999年，第10页。
② 李剑国：《唐前志怪小说辑释》修订版，上海：上海古籍出版社，2011年，第532—538页。
③ （宋）李昉等：《太平广记》卷二九二《阿紫》条，北京：中华书局，1961年，第2327页。

按：清人笔记多录有此文，但各版本不但文字不同，且与《异苑》区别很大。褚人获的《坚瓠集》录作："坑三姑之神，姓何名媚，字丽卿，莱阳人。寿阳李景纳为妾，其妻妒之，于正月十五日，阴杀之厕中。天帝怜之，封为厕神。俗传是日结草为形以祭之。占一年蚕禾之事必验。"①俞樾的《茶香室续抄》录为："紫姑姓何名媚，字丽娘，莱阳人，寿阳李景之妾。不容于嫡，常役以秽事，以正月十五日感激而死。故世人以是日作其形，夜于厕间或猪栏边迎之。"②考之南北朝至唐宋时期的文献，如《荆楚岁时记》《玉烛宝典》《北户录》《太平广记》等均引《异苑》之文，但均无何媚字丽卿（丽娘）云云，则《坚瓠集》《茶香室续抄》所见《异苑》之内容或出明清书坊妄意添补之本，不足为凭。

虽然紫姑的说法最早见于《异苑》，但更早的文献中却可以找出紫姑的来源。东晋干宝《搜神记》中载："淮南全椒县有丁新妇者，本丹阳丁氏女。年十六，适全椒谢家。其姑严酷，使役有程，不如限者，仍便笞捶不可堪。九月九日，乃自经死，遂有灵响，闻于民间。"③虽有小妾与新妇之别，死亡时间也不同，但二人死因一样，均是不堪忍受凌辱而身亡，流传地区也相近，紫姑的传说应与此有一定的关系。

无独有偶，20 世纪初闽南一带也有类似传说可资佐证。陈延进的《厦门之新年风俗》记述道："元宵日的提灯夜游，与各地相似，惟有祭 don sweea 娘娘一节，却颇奇特。don sweea 的汉字，不知怎写，只将其音书出，暂且为 don sweea。俗传 don sweea 娘娘乃一极聪慧美丽的女子，嫁了 don sweea 受尽苦楚，每日受姑毒打，竟有一日，被她打出门外，躲入厕池，遂死该处。女孩们自五岁至十六岁，必于是夜，用花生、甘柑、菜饭向厕所致祭，以示哀伤。"④此俗起源必甚古，don sweea 娘娘的经历与丁姑和紫姑都有相似的地方，显然掺和了两者传说的特点，说明二者之间肯定存在着渊源关系。

至于蚕桑之神，《续齐谐记》云："吴县张诚之，夜见一妇人，立于宅东

---

① （清）褚人获：《坚瓠集》秘集卷一"坑三姑"条，杭州：浙江人民出版社，1986 年影印本，第 7 页。

② （清）俞樾：《春在堂全书·茶香室续抄》卷一九"三姑"条，清光绪二十五年（1899 年）刻本，第 20 页。

③ （晋）干宝著、胡怀琛标点：《搜神记》卷五"丁姑祠"条，北京：中华书局，1979 年，第 61 页。

④ 陈延进：《厦门之新年风俗》，《民俗》1929 年第 53、54、55 合期，第 99 页。

南角，举手招诚，诚就之。妇人曰：'此地是君家蚕室，我即是地之神。明年正月半，宜作白粥，泛膏于上，以祭我，当令君蚕桑百倍。'言绝失之。诚如言，为作膏粥，自此年年大得蚕。世人正月半作膏粥，由此故也。"①后来的紫姑有此职掌当与这位女神有关。在近代民间，一些地区的女孩子仍然有在正月十五迎请纺织娘的习俗，如张文焕《闽南正月的风俗》云："（正月十五上元暝）处女们捧一盘饭菜到屋角或厕所祈祷纺织娘教她们裁织了。"②这位纺织娘应该是源自蚕桑之神或紫姑，或许就是紫姑神。

《异苑》记载紫姑所具有的不堪凌辱而死、死后成神且多灵验、正月十五夜祈请及保佑蚕桑诸因素皆见于以上二条，所以紫姑可能就是在融合丁姑和蚕桑之神的基础上形成的。至于其职掌蚕桑，也是顺理成章之事。这本来就是农家女子的本职，而须在厕边猪栏迎之，则当因其时此种秽事多由身份低微的女子承担而衍生。在《异苑》中，迎请紫姑的活动似乎男女皆可参加，看不出有男女的禁忌。

南朝刘宋以后，迎请紫姑增加了两个条件：一是紫姑要身着破衣。二是厕间必须干净。如梁宗懔《荆楚岁时记》云："自尔厕中着以败衣"③，李剑国解释说："其故似因紫姑生前遭虐待，自不得着新衣。"④《荆楚岁时记》又云："俗云溷厕之间必须静，然后致紫姑。"⑤《玉烛宝典》卷一"正月孟春"条则云："清净。"大约时人认为紫姑生前好洁，故厕间猪栏不够清净时紫姑就迎不来。按：从商周以来，古人祭祀神明就特别讲究洁净，场地、祀器和供品都必须干净整齐，参加祭祀的人也都严肃认真，以示敬重。从《异苑》的行文看，当时人们迎请紫姑的活动还带有娱乐性质，但此时却显得严肃认真比较正式。这种变化反映了当时社会民众对紫姑不幸遭遇的同情。

自唐代起，迎紫姑的习俗不仅在江南一带扩散，而且在中原地区也开始流传，并出现了以饭箕加衣而迎的方式。五代徐铉的《稽神录》云："江左有支戬者，余干人，世为小吏。至戬，独好学为文，窃自称秀才。会正月望夜，时

① （宋）李昉等：《太平广记》卷二九三"张诚之"条，北京：中华书局，1961年，第2335页。
② 张文焕：《闽南正月的风俗》，《民俗》1929年第68期，第47页。
③ （梁）宗懔：《荆楚岁时记》"正月十五"条，北京：中华书局，1991年，第6页。
④ 李剑国：《唐前志怪小说辑释》修订本，上海：上海古籍出版社，2011年，第534页。
⑤ （梁）宗懔：《荆楚岁时记》"正月十五"条，北京：中华书局，1991年，第6页。

俗取饭箕，衣之衣服，插箸为嘴，使画盘粉以卜。戭见家人为之，即戏祝曰：'请卜支秀才他日至何官？'乃画粉宛成司空字。"①此条虽未明言迎请者是何方神圣，但既在正月望夜迎之以卜，当是紫姑无疑。书里所载的迎请方式与《异苑》所记不同，变其形为饭箕加衣插箸为嘴，神也由降身其形变为在盘粉上写字。虽然迎请方式已有所不同，但用饭箕而迎，仍可看出此神所具的劳作女性特征。这是最早见于文献的迎紫姑而卜问仕途的记述，表明文人已经开始注意通过紫姑而探求前程了。

迎请紫姑活动在唐代时的普遍流行，唐诗中也有所表现，熊孺登《正月十五日》诗云："深夜行歌声绝后，紫姑神下月苍苍。"李商隐是怀州河内（今河南沁阳）人，尤喜吟紫姑，其《圣女词》云："消息期青雀，逢迎异紫姑。"《昨日》云："昨日紫姑神去也。"《正月十五夜闻京师有灯恨不得观》云："身闲不睹中兴盛，羞逐乡人赛紫姑。"可见中原地区迎请紫姑之风亦十分流行。赛即迎而卜之意，当时称为紫姑卜，即后来扶乩卜事的先声。在唐代时，各种卜筮多常多，如《北户录》记载："卜之流杂书传虎卜、紫姑卜、牛蹄卜……。"②紫姑卜只是其中的一种。

关于紫姑名称的由来，有人认为西汉戚夫人死于厕，俗称七姑。紫即"戚"的音讹③。我以为此说欠妥。因为戚姑之说始见于佚名的《致虚杂俎》载："戚姑，唐俗元宵请戚姑之神，盖汉之戚夫人死于厕，故凡请者诣厕请之，今俗称七姑，音近是也。"④其中称唐俗，则成书年代必在唐代以后，又，《致虚杂俎》书名始见于明人陶珽重编之一百二十卷本《说郛》，故极可能是明人作品。再者，紫姑之事本传于南方，而古来南方多淫祀，中国鬼神大多产生在南方，所以戚夫人之说当是紫姑流传至北方产生音讹之后的附会。而据《玉烛宝典》记载，当时的"南方多名妇人为姑"⑤。可见紫姑本是南方女子之名，戚夫人被民间称为戚姑当是受南方妇女命名的影响，这也可证明其流传应是由南而北。

————————

① （宋）李昉等：《太平广记》卷一五八"支戭"条，北京：中华书局，1961年，第1141页。

② （唐）段公路：《北户录》卷二"鸡卵卜"条，《中国风土志丛刊》第62册，扬州：广陵书社，2003年影印本，第57页。

③ 宗力、刘群：《中国民间诸神》"二郎神"条，石家庄：河北人民出版社，1986年，第421页。

④ （宋）佚名：《致虚杂俎》，上海：国学扶轮社，1915年。

⑤ （清）黎庶昌：《玉烛宝典》卷一"正月孟春"条，上海：华东师范大学出版社，2017年，第29页。

二

至北宋时，紫姑不仅在民间很受欢迎，而且在士大夫阶层中也颇受青睐，风行一时。文献中多有相关记载。如沈括《梦溪笔谈》载："旧俗正月望夜迎厕神，谓之'紫姑'。亦不必正月，常时皆可招。余少时见小儿辈等闲则召之，以为嬉笑。……近岁迎紫姑仙者极多，大率多能文章歌诗，有极工者……多自称蓬莱谪仙，医、卜无所不能，棋与国手为敌。"①苏轼在《天篆记》亦云："江淮间俗尚鬼。岁正月，必衣服箕帚为子姑神，或能数数画字……以箸为口，置笔口中，与人问答如响"，箕帚能吐人言，自称天人，姓李名全，字德通，"箸篆字，笔势奇妙，而字不可识。"②北宋士大夫笔下的紫姑已经不再是那个受气的小妾，而成为一名仙风道骨的谪仙了，琴棋书画皆为精妙。

紫姑深受宋代士大夫阶层的欢迎，主要是因为紫姑能预知未来，并有在盘沙上写字预示吉凶即扶乩的本领，迎合了文人渴求仕途顺利的需要，因而得到这一阶层的重视。另外，仅仅精于蚕桑之道且只能在正月十五才得迎请的紫姑，也远远不能满足文人士大夫的这种要求，所以不得不加以改造。最重要的是宋真宗尊崇道教，朝野上下崇仙好道之风大盛，而文士之间又喜吟诗唱酬，于是紫姑一改前貌，成为一位招之即来并具有工文善诗等文人色彩，并仍能以扶乩预占未来的谪仙。显然这时的紫姑已经是文士特色浓厚，十分符合该阶级标准并能满足其需要的神仙了。

在文人笔下，除了谪仙以外，又有自称天帝之女的紫姑出现。她不仅容貌出众，而且才艺双绝。如《梦溪笔谈》载：

> 景祐中，太常博士王纶家因迎紫姑，有神降其闺女，自称上帝后宫诸女，能文章，颇清丽，今谓之《女仙集》，行于世。其书有数体，甚有笔力，然皆非世间篆隶……其家亦时见其形，但自腰以上见之乃好女子，其下常为云气所拥，善鼓筝，音调凄婉，听者忘倦。③

---

① （宋）沈括：《梦溪笔谈》卷二一，上海：上海古籍出版社，2015年，第142页。
② （宋）苏轼：《苏轼文集》卷一二《天篆记》，北京：中华书局，1986年，第408页。
③ （宋）沈括：《梦溪笔谈》卷二一，上海：上海古籍出版社，2015年，第142页。

类似的记载又见于《岁时广记》所引《三仙杂录》序：

> 天圣壬申正月岁望……祷赛紫姑……神凭物以应，降之筵几……顾予从容而呼曰："我天之令女也（令女乃三仙谦以自呼），名隶仙籍，慎无以神命我，以君世积余庆，骨气稍异，因来耳。"……骇乎篆隶各精，音律俱善，伎乃巨细，无问不能。谓吉凶之由人，谓善恶之由积。抚弦扣铁，无郑卫之淫，赓歌和诗，有风雅之妙……。①

紫姑由深受虐待的小妾一变而贵为天帝之女，其演变之迹在文献中也略可寻绎。这便是传说中的帝喾之女。成书于南北朝时期的道教典籍《洞览》载："帝喾之女将死。遗言我生平好游乐，正月可以衣见迎。"②帝喾是远古传说中的帝王，其女自然尊贵。迎请的日期与民间迎紫姑的日期正相吻合，很容易附会，因此紫姑便从而显达了。

严格说来，无论是天帝之女，还是李全、蓬莱谪仙之流，都已不是本来的紫姑了，他们不过是文人士大夫为满足自己的旨趣与要求而加以改造出来的作品而已。这种情况发展到南宋，紫姑的记载更加繁复怪异。或是名人文士，或是仙人道士，千奇百怪，不一而足。如南宋初郭象《睽车志》云："岳侯死后，临安雨溪寨军将子弟因请紫姑神，而岳侯降之。大书其名，众皆惊愕，请其花押，则宛然平日真迹也。"③南宋张世南《游宦纪闻》载："世南少小时，尝见亲朋间，有请紫姑仙。以箸插筲箕，布灰桌上画之。有能作诗词者，初间必先书姓名，皆近世文人，如于湖、石湖、止斋者。"④文人士大夫迎请紫姑的内容已脱离了民间传习习俗，完全变成经常性的扶乩活动。对此，陶宗仪在《南村辍耕录》中总结道："悬箕扶鸾召仙，往往皆古名人高士来格。"⑤正因为如此，明清请乩仙大都直接称降仙或召仙，而不再假紫姑而迎了。这个内容

---

① （宋）陈元靓：《岁时广记》卷一一"祷天女"条，北京：中华书局，1985年，第119—120页。

② （清）黎庶昌：《玉烛宝典》卷一"正月孟春"，上海：华东师范大学出版社，2017年，第30页。按：《洞览》，《岁时广记》引作《时镜洞览记》，当是一书。引文略同，唯《岁时广记》末句引作"正月十五可来迎我"。

③ （宋）郭象：《睽车志》卷一，（元）陶宗仪编：《说郛三种》卷一一八，上海：上海古籍出版社，1988年，第5439页。

④ （宋）张世南：《游宦纪闻》卷三，北京：中华书局，1981年，第22页。

⑤ （元）陶宗仪：《南村辍耕录》卷二〇"箕仙咏史"条，北京：中华书局，1959年，第245页。

与本文无关，不暇赘言。

值得注意的是，这一时期紫姑不但有了姓氏，而且还有了一个非常好听的名字。北宋元丰四年（1081年）正月朔日，黄州郭氏进行了一场很神奇的降神活动：

> 衣草木为妇人，而置箸手中，二小童子扶焉。以箸画字曰："妾，寿阳人也，姓何氏，名媚，字丽卿。自幼知读书属文，为伶人妇。唐垂拱中，寿阳刺史害妾夫，纳妾为侍书，而其妻妒悍甚，见杀于厕。妾虽死不敢诉也，而天使见之，为直其冤，且使有所职于人间。"①

这个记载见于苏轼的《子姑神记》。这位叫何媚的女神与紫姑生平相似，都是小妾出身，且死于厕间，只是贵为刺史小妾，且聪明伶俐，多才多艺，不但能"诗数十篇，敏捷立成，皆有妙思，杂以嘲笑"，而且和《道调梁州》曲翩翩起舞。

苏轼还有一篇《仙姑问答》的文章，记载何媚又叫三姑，她自称是曼卿之徒，父亲是商人，见她幼有异禀，遂送她到州人李志处修学，因而博通《九经》。后来嫁伶人为妻，又洞晓五音云云②。这篇文章解释了何媚为什么有才思、擅歌舞的原因。虽然苏轼的两篇文章径直说紫姑为唐朝垂拱时人，并加进了因博览全书、能歌善舞而被寿阳刺史强夺为妾等情节，但仍可看出何媚由《异苑》紫姑演化而来的痕迹。

紫姑何以在此时俗呼为三姑？史无明文记载，或许与《三仙杂录》之三仙的说法有关。古时常以仙姑呼女仙，三仙既排行为三，大概有三仙姑之称，紫姑之为三姑可能从此而来。

宋时迎请紫姑之俗较之唐朝地域范围更为扩大，向南已传至广州、福建一带。迎请方式则沿袭旧俗，大致分两种：一种制作偶像，即衣草木为妇人，如《子姑神记》所云；另一种以物替代，或用饭箕，或用扫帚，如《天篆记》所云。二者相通之处都是要用笔或箸在盘粉写字来显示吉凶。而迎请紫姑者以男子居多，所问多与功名、诗词有关。如《夷坚志》载周权知衢州西安县时经常

---

① （宋）苏轼：《苏轼文集》卷一二《子姑神记》，北京：中华书局，1986年，第407页。

② （宋）苏轼：《苏轼文集》卷七二《仙姑问答》，北京：中华书局，1986年，第2314页。

招致紫姑神，"每谈未来事，未尝不验。尤善属文，清新敏捷，出人意表"①。又载莆田人方矗于绍兴丁巳秋赴试，迎请紫姑神"以题目为问。神不肯告"，方矗再三请求，"乃书'中和'二字。"②还载有栗七官人迎紫姑降诗，协助官府捉获杀人凶手等③。至于迎请紫姑吟诗酬唱的事例则多不胜举。

其时士人沉湎于迎请紫姑而卜问前程的做法，引起某些有识之士的指责。陆游《箕卜》云："孟春百草灵，古俗迎紫姑。厨中取竹箕，冒以妇裙襦。竖子夹扶持，插笔祝其书。俄若有物凭，对答不须臾。岂必考中否，一笑聊相娱。诗章亦间作，酒食随所须。兴阑忽辞去，谁能执其袪。持箕界灶婢，弃笔卧墙隅。几席亦已撤，狼籍果与蔬。纷纷竟何益。人鬼均一愚。"④陆游以流畅通俗的语言生动形象而具体地描绘了迎紫姑的习俗，同时说明迎请紫姑作为一种娱乐活动未尝不可，但是耽于此事而竞相奉迎则流于愚昧。

宋代迎请紫姑卜问心中之事也成为妇女的一项单独活动。北宋元丰人刘弇《次韵和彭道原元夕》诗云："大奴听音住屋隅，小女行卜迎紫姑。"欧阳修《暮山溪》词云："帝城今夜，罗绮谁为伴，应卜紫姑神，问归期，相思望断。"南宋吴郡（今苏州）还有妇女祭祀紫姑的习俗，严禁男子在场。如《吴郡志》云："（十二月）十六日，妇女祭厕姑，男子不得至。"⑤另外近人周振鹤的《苏州风俗》描写道：近代正月十五迎紫姑"多为闺中雅事"，又载吴地歌谣"媚灶家家治酒筵，妇司祭厕莫教前"云云⑥，应是古风的遗留。看来苏州一带在每年有十二月十六日祭厕姑及正月十五迎紫姑两项女子的活动。

三

元明时期，紫姑神的形象与宋时没有什么大的变化。如元代刻本《新编连相搜神广记》后集载："紫姑神者，乃莱阳县人也，姓何，名媚，字丽卿。自幼读书辩利。于唐垂拱三年，寿阳刺史李景纳为妾。其妻妒之。遂阴杀之于

---

① （宋）洪迈：《夷坚志·支志景》卷一三"西安紫姑"条，北京：中华书局，1981年，第928页。
② （宋）洪迈：《夷坚志·支志戊》卷二"方矗招紫姑"条，北京：中华书局，1981年，第1065页。
③ （宋）洪迈：《夷坚志·支志庚》卷二"新建信屠"条，北京：中华书局，1981年，第1147—1148页。
④ （宋）陆游：《剑南诗钞》卷五，上海：中央书店，1935年，第33页。
⑤ （宋）范成大：《吴郡志》卷二"风俗"条，南京：江苏古籍出版社，1999年，第14页。
⑥ 转引自宗力、刘群：《中国民间诸神》，石家庄：河北人民出版社，1986年。

厕。自此始也。紫姑神死于正月十五日，故显灵于正月也。"①这条内容没超出《子姑神记》的范围。明代的《增补搜神记》《三教源流搜神大全》《历代神仙资治通鉴》都以此为蓝本，这应是元明时期相当固定的紫姑神形象。

不过自元代开始，唐宋人笔下鲜见言及的紫姑本来的蚕桑职掌，又重被赋予，成为妇女的蚕桑之神，直至清末，紫姑始终兼厕神与蚕桑神的两重身份。元马臻《村中书事》诗之一载："村妇相逢还笑问，把蚕今岁是三姑？"明初高启《养蚕诗》云："三姑祭后今年好，满簇如云茧成早。"又明人高道素《上元赋》云："占农事兮祝青女，卜蚕功兮祈紫姑。"紫姑早在南北朝时即为蚕桑神，至唐宋时士人因关切功名而无视于此，但在民间可能依然保存此种遗风，所以才能在元明时东山再起、卷土重来。至清代此风仍然十分普遍。另外还产生了这位蚕神一分为三的说法。清代中叶的翟灏《通俗编》引《月令广义》文曰："凡四孟年大姑把蚕，四仲年二姑把蚕，四季年三姑把蚕。"②

另外，在三姑的基础上紫姑又演变出了坑三姑娘的俗称。道光时人顾铁卿记载吴中风俗的《清嘉录》有"接坑三姑娘"一条，其云："望夕迎紫姑，俗称接坑三姑娘，问终岁之休咎。"③清人顾张思《土风录》卷一亦载有接坑三姑娘事。这一说法显然已经相当普遍。神魔小说据此铺陈成为一段故事，在《封神演义》中，坑三姑娘本是三仙岛的三名女仙，因助纣为虐被元始天尊处死，后来姜子牙建坛封神，封之为坑三姑娘之神，赋予了其明确职责——掌管人间生育。紫姑化身为三名女仙则应是承受大姑、二姑、三姑的影响④。

由于扶乩迷信的盛行，这一时期男子们卜问前程往往直接求助于所谓仙人，迎紫姑习俗渐渐成为妇女们的特权，迎请时严禁男子在场。紫姑的凭依或是草人，或是簸箕。明末崇祯时人刘侗的《帝京景物略》云："望前后夜，妇女束草人，纸粉面，首帕衫裙，号称姑娘，两童女掖之，祀以马粪，打鼓，歌马粪芗歌，三祝，神则跃跃，拜不已者，休，倒不起，乃咎也。男子

---

① （元）秦子晋：《新编连相搜神广记》后集"紫姑神"条，北京：北京图书馆出版社，2005 年影印本。
② （清）翟灏：《通俗编》卷二九禽鱼"三姑把蚕"条，北京：东方出版社，2013 年，第 547 页。
③ （清）顾禄：《清嘉录》卷一"接坑三姑娘"条，《中国风土志丛刊》第 34 册，扬州：广陵书社，2000 年影印本，第 91 页。
④ 这一影响南方民间仍有遗存。《中国民间诸神》"紫姑"条载："南方民间有以木板刻坑三姑娘像者，上有三女并列，印于红纸，祀于厕壁。"

冲而仆。"①这段文字与《异苑》描述的迎紫姑方式颇为近似，显系此风遗留。只是扶草人由男童变成了女童，男子出现草人即扑倒不起，可见明时迎紫姑严禁男子在场。除扎草人迎紫姑外，很多地方用箕迎请。清人张澍的《续黔书》云："今黔之各郡，不闻有此俗，独玉屏于元宵，小儿女用帕巾蒙箐箕，簪以花朵，两手托之，问众事。盖犹是楚之遗风也。"②晚清著作《集说诠真》亦载，上元前夜妇女用粪箕迎厕神，饰以钗环、花朵，箕口插银钗，供在坑厕。又设供案，点烛焚香。小儿辈对之行礼。案上摊着糁白米，银钗即在米上乱画。迎请时间略有差异，迎请妇女身份略有不同，则是由文化差异造成的。

宋时女仙身份的紫姑神在清代也有出现，而且下凡人间，也与凡夫俗子产生了爱恋之情。袁枚的《子不语》讲述一青年书生尤琛，偶过湘溪野外，见庙塑紫姑极美，赋诗以表爱慕之意，当夜紫姑前来相就，自称上清仙女，偶谪人间，司云雨之事。两人相亲相爱过了几年，尤琛因而飞黄腾达。一日紫姑别去，约定15年后再续前缘，后果如所言③。按：历代记紫姑事者从未见到紫姑立庙的记载，当是小说家言。

在流传过程中，紫姑在不同时代不同地区有不同的称呼。如唐代有七姑之说，宋代吴郡称厕姑，明清以后的称呼更是多样化，徐道的《历代神仙通鉴》云："神死于元宵，故独显灵于正月。今谓之扛壁姑。"④清末俞正燮的《癸巳存稿》云："今苏州有田三姑娘。嘉兴有灰七姑娘，皆紫姑类。"⑤广东有俗语有"厕坑姑，易请难送"，则称其为厕坑姑等。

四

综上所述，可归纳为以下几点：

（1）紫姑最初是南北朝时江淮某些地区民间信奉的蚕桑之神，后逐渐传至全国。传说中的她，生前是位勤劳的农家女子，因身为小妾，饱受大妇的欺

---

① （明）刘侗、于奕正：《帝京景物略》卷二"春场"条，上海：上海古籍出版社，2001年，第101页。
② （清）张澍：《续黔书》卷二"紫姑"条，北京：中华书局，1985年丛书集成初编本，第26页。
③ （清）袁枚：《子不语》卷一〇"紫姑神"条，石家庄：河北人民出版社，1987年，第176页。
④ （明）徐道：《历代神仙通鉴》卷一四"孙思邈剧论天人，周隐者明知祸福"，上海：江东书局，1922年石印本，第4页。
⑤ （清）俞正燮：《癸巳存稿》卷一三"紫姑神"条，上海：商务印书馆，1937年，第417页。

凌与虐待，正月十五感愤身亡。其身世得到世人的同情。根据《异苑》所述，迎请紫姑的活动内容，最初应是以妇女为主，但并不严禁男子在场。唐代流传渐广，成为众多卜筮的一种，两宋时进入文士阶层而失去蚕桑之神的本来面目。明清时代再度成为民间妇女的活动，恢复了蚕桑之神的本来身份。紫姑的产生与流传，不但反映了广大下层妇女对其境遇的强烈不满，而且体现了民众同情弱小的善良本性。

（2）北宋初期，由于封建统治者崇奉道教，崇仙好道之风十分盛行，尤其是士大夫阶层崇仙之余喜欢附庸风雅，将仙道与其旨趣相融合，赋予紫姑以具有文士品格的女仙形象，使其身份由小妾一跃而为天帝之女。紫姑能凭物而降、写字显示吉凶的禀赋更引起希冀仕途发展的士大夫们的浓厚兴趣，故紫姑在士人中风行一时。经过文士的加工和改造，产生了一大批百艺俱精、深奥莫测的紫姑形象，由此大大助长了扶乩迷信的风气。

（3）大约在唐宋之际，紫姑有了具体的姓名，由于苏轼《子姑神记》及《搜神广记》等影响，紫姑即何媚的传说广为流传，并为道教纳入自己的神道系统，成为正式的厕神。元明清时代，紫姑一分为三，变成女仙三姐妹，而在《封神演义》中又被戏剧性地安排了一个主管人间生育的职掌。但是在民间，人们仍把她奉为蚕桑之神信仰。

（4）无论是作为蚕桑之神，还是作为厕神，紫姑始终属于民间信奉即所谓淫祀，从未进入国家祀典。究其原因有三：首先，紫姑出身卑贱，受大妇迫害而死，与传统概念提倡的忠孝节义无关，故而统治者不加提倡。其次，紫姑不过是个厕神，又无具体职掌，可以说是有名无实，这样一位神道实在可有可无，大可不必费力宣扬。即使民间尊她为蚕桑神，但国家祀典里自有掌管农业的后稷，也无必要提倡紫姑。最后，迎紫姑的习俗自两宋以来受到扶乩迷信的冲击，统治者出于巩固政权的需要曾多次下令禁绝扶乩降仙之术。岳珂的《愧郯录》载有政和六年（1116年）正月二十三日皇帝诏书："近来京师奸滑狂妄之辈，辄以箕笔聚众立堂……可令八厢使臣逐地分告示，毁撤焚弃……。"① 《元典章新集》云："祈神赛社，扶鸾祷圣，夜聚明散，已尝禁治。"②明人俞

---

① （宋）岳珂：《愧郯录》卷六"仙释异教之禁"，北京：中华书局，2016年，第84页。
② 《重校元典章新集》典章五七刑部卷一九"禁治聚众祈赛神社"条，光绪三十四年（1908年）刻本，第43页。

汝楫的《礼部志稿》亦载："宜令各该巡城监察御史及五城兵马司并锦衣卫巡捕官，逐一搜访，但有扶鸾祷圣驱雷唤雨捉鬼耳报，一切邪术人及无名之人，俱限一月内尽逐出京。"[1]紫姑未免受到连累。

原载（《古代文献研究集林》第3集，陕西师范大学出版社，1995年版）

---

[1] （明）俞汝楫：《礼部志稿》卷四五马文升《覆奏四事疏》，上海：商务印书馆，1936年影印本，第7页。

关索并非关三郎

几年前，我偶然在某文摘报上看到一篇名为《关羽丢失了的儿子》的短文，说《安顺府志》载关羽第三子关索曾随诸葛亮南征，留驻云贵，遗爱民间，不知何故不见史书记载。我读了之后哑然失笑，知道作者一定不熟悉历史，于是便想写文章说说关索。吾师黄永年先生告诉我，周绍良先生早年写过关于关索的文章，虽然没有将关索的来历交代清楚，但相关资料已经收集得非常齐全，并无可写之处。我将文章借来拜读，发现确如永年师所云，遂取消写作念头。谁知读过几遍之后，却发现周先生的一个观点存在商榷之处，于是撰写了这篇短文，望有关专家不吝赐教。

周先生的文章名叫《关索考》，收在他的《绍良丛稿》论文集里。他认为关索这一人物很可能从唐代迷信方面转变过来，为此列举两个资料加以说明。一是唐人范摅《云溪友议》所载：

> 余以鬼神之道难明也，视之不见，听之不闻。朝贤后于盟津，报受禅于晋禳，祷祀名山大川，则其兆应也。蜀前将军关羽守荆州，梦猪啮足，自知不祥，语其子曰："吾衰暮矣？是若征吴，必不还尔！"果为吴将吕蒙麾下所殛，蜀遂亡荆州。玉泉祠，天下谓四绝之境。或言此祠鬼兴土木之功而树，祠曰："三郎神"。三郎，即关三郎也。允敬者，则仿佛似睹之。缁俗居者，外户不闭，财帛纵横，莫敢盗者。厨中或先尝食者，顷刻大掌痕出其面，历旬愈明。侮慢者，则长蛇毒兽随其后。所以惧神之灵，如履

冰谷，非斋戒护净，莫得居之。①

二是五代人孙光宪《北梦琐言》所载：

> 唐咸通乱离后，坊巷讹言关三郎鬼兵入城，家家恐悚。罹其患者，令人寒热战栗，亦无大苦。弘农杨玭孥家自骆谷入洋源，行及秦岭，回望京师，乃曰："此处应免关三郎相随也。"语未终，一时股栗，斯又何哉？夫丧乱之间，阴厉旁作，心既疑矣，邪亦随之。关妖之说，正谓是也。②

周先生指出："这里说的关三郎，很可能就是指的关羽之子关索，也正和《三国演义》上说他是'关公第三子'行次相符。"③

我认为周先生此说有可商榷之处，因为关三郎并不是关索而是关羽本人，关于这一点，宋人张商英所撰《重建关圣帝记》说得最为清楚：

> 宋元丰四年，道出陈隋间，有大法师名智𫖮……后至自天台，止于玉泉……此山先有大力鬼神与其眷属怙恃凭据，以帝神力故法行业，即现种种诸可怖畏，虎豹号躃，蛇蟒盘瞪，鬼魅嘻啸，阴兵悍怒，血唇剑齿，毛发鬅鬙，妖形丑质，剡然千变。法师愍言："汝何为者？生死于幻，贪著余福，不自悲悔？"作是语已，音迹消绝，欣然丈夫，鼓髯而出曰："我乃关某……愿舍此山，作师道场。我有爱子，雄鸷类我，相与发心，永护佛法。"④

这里所说的蛇蟒、虎豹、阴兵等，与《云溪友议》及《北梦琐言》的内容相似，都是鬼神喜欢做的事情，所以关三郎应该是关羽。周先生认为关索是由关三郎的传说演变过来的，主要是从"三郎"字义推敲而来。的确，古人在创造神祇的过程中喜欢套用现实社会，编出妻子、儿女等家庭成员，但每一个鬼神产生的初期大都是比较简单的，慢慢地才被配以各种眷属。关羽兵败麦城而死，属于横死，而古人迷信，认为不得善终者鬼魂不得安宁，会不停地作祟，弄出许多灵响，因此许多身遭横死之人都会被奉为神祇。关羽占据天台山弄出

---

① （唐）范摅：《云溪友议》卷上"玉泉祠"条，上海：上海古籍出版社，2012 年，第 92—93 页。

② （五代）孙光宪撰、贾二强点校：《北梦琐言》卷一一"关三郎入关"条，北京：中华书局，2002 年，第 244 页。

③ 周绍良：《绍良丛稿》，济南：齐鲁书社，1984 年，第 221 页。

④ （清）胡聘之编：《山右石刻丛编》卷二一，太原：山西人民出版社，1988 年。

许多神通，也是缘于此，因此人们才会为他建祠祭祀。以常情而论，人们祭祀的是大名鼎鼎的关羽而不可能是他的儿子，即便是他的儿子，也只能是大儿子关平，因为关平与关羽同难而死，那么就应该称"大郎"才是。所以这个"三郎"绝不可能是关羽的第三子，而关索的故事也不会是由关三郎的传说演变而来。

可是关羽为什么又被称做"关三郎"呢？这就与唐人的迷信方式有关了。据《太平广记》记载，唐代很多鬼神都是被冠之以"三郎"之号的，最著名的有泰山三郎和华山三郎，其次还有竹王三郎、盘古三郎及木下三郎等。这些"三郎"是不是都因排行第三而被称作"三郎"的呢？下面我将他们的事迹分别叙述。

泰山三郎是《太平广记》中出现较多的鬼神，这个神很好色，见到漂亮的女子便抢，即便是别人的妻子也不放过：

> 兖之东钞里泗水上有亭，亭下有天齐王祠，中有三郎君祠神者，巫云：天齐王之爱子。其神甚灵异，相传岱宗之下，樵童牧竖，或有逢羽猎者，骑从华丽，有如侯王，即此神也。鲁人畏敬，过于天齐。朱梁时，葛周镇兖部署，尝举家妇女游于泗亭，遂至神祠。周有子十二郎者，其妇美容止，拜于三郎君前，熟视而退。俄而病心痛，踣地闷绝久之。举族大悸，即祷神，有顷乃瘥。自是神情失常，梦寐恍惚，尝与神遇。其家惧，送妇往东京以避之。①

华山三郎居于关中，其影响不下于泰山三郎，也是好色成性，经常抢别人的妻妾：

> 博陵崔敏殷，性耿直，不惧神鬼……后为华州刺史。华岳祠傍，有人初夜，闻庙中喧呼，及视庭燎甚盛，兵数百人陈列，受教云："当与三郎迎妇。"又曰："崔使君在州，勿妄飘风暴雨。"皆云不敢。既出，遂无所见。②

相比于前面两位三郎，盘古三郎的资料很少，《太平广记》中只有一条：

---

① （宋）李昉等：《太平广记》卷三一三"葛氏妇"条，北京：中华书局，1961年，第2479页。

② （宋）李昉等：《太平广记》卷三〇一"崔敏殷"条，北京：中华书局，1961年，第2389页。

广都县有盘古三郎庙，颇有灵应，民之过门，稍不致敬，多为驱击，或道途颠蹶。县民杨知遇者，尝受正一明威录，一夕醉甚，将还其家，路远月黑，无伴还家，愿得神力，示以归路。俄有一炬火，自庙门出，前引至其家。二十余里，虽狭桥编路，无蹉跌。火炬亦无见矣。乡里之人尤惊。①

竹王三郎在《太平广记》中也仅见一处：

汉武帝时，有竹王兴于豚水。有一女子浣于滨，有三节大竹，流入女子足间，推之不去，闻有声，持破之，得一男儿。及长，遂雄夷濮，氏竹为姓。所捐破竹，于野成林。王祠竹林是也。王尝从人止大石上，命作羹，从者曰：无水。王以剑击石出水，今竹王水是也。后唐蒙开牂牁，斩竹王首，夷獠咸怨，以竹王非血气所生，求为立祠。帝封三子为侯，及死，配父庙，今竹王三郎祠其神也。②

木下三郎在《太平广记》只见到一处，说他是一个鬼神，和另一位叫杨二郎的鬼神，以及死去的杨家舅舅正在一个寺院的塔上玩双陆棋，身份、家世一概不知。③

以上众位三郎除了泰山三郎与竹王三郎是某某神的儿子外，其他均不知是父是子。盘古三郎和木下三郎仅见于这两条记载，不知他们是否因行第而得名，所以不敢妄下定语。竹王三郎排行第三，泰山三郎虽然未明说，但他有着四郎和七郎两位弟弟，所以应该是排行第三：

唐兖州邹县人姓张，忘字，曾任县尉。贞观十六年，欲诣京赴选，途经泰山，谒庙祈福。庙中府君及夫人并诸子等，皆现形像。张遍拜讫，至第四子旁，见其仪容秀美，同行五人，张独祝曰："但得四郎交游，赋诗举酒，一生分毕，何用仕官？"及行数里，忽有数十骑马，挥鞭而至，从者

① （宋）李昉等：《太平广记》卷三一三"盘古祠"条，北京：中华书局，1961年，第2478页。
② （宋）李昉等：《太平广记》卷二九一"竹王"条，北京：中华书局，1961年，第2318—2319页。
③ （宋）李昉等：《太平广记》卷三四〇"卢顼"条，北京：中华书局，1961年，第2697页。

云是四郎。①

又：

> 贞元初，平卢帅李纳病笃，遣押衙王祐，祷于岱岳，斋戒而往。及岳之西南，遥见山上有四五人，衣碧汗衫半臂，其余三四人，杂色服饰，乃从者也。……比祐欲到，路人皆止祐下车：此三郎子、七郎子也。②

泰山三郎是泰山府君的儿子，他的父亲在唐代被封天齐王，明清以后成为东岳大帝。华山神在唐代封金天王，但华山三郎并不是华山府君的第三子，而是金天王本人。据《太平广记》载，韦浦入京赴选，遇上一个叫归元旭的鬼自愿做他的仆人，一路之上做了很多坏事。在潼关，归元旭作祟把一个小孩弄病，主人叫女巫二娘来治病，二娘又请三郎来查看，查明是归元旭所为。第二天韦浦再见归元旭，发现他衣衫破烂，行动不便，好似被人毒打一顿。归元旭告诉他说："昨日之事，不敢复言，已见责于华岳神君。巫者所云三郎，即金天也。"③

除了"三郎"外，唐代还有叫二郎、四郎、六郎的鬼神，前文提到的有杨二郎，《太平广记》中还有苏四郎、田四郎，而前面所载韦浦故事中还出现了冯六郎。他们有的是以行第命名，如太白金星下凡的苏四郎对人自称"我姓苏，第四"④。有的不知据何而名——如前文之杨二郎。另外，欲娶民女兴娘为妻的上界香郎田四郎也不知排行为几。而冯六郎的得名却十分有趣。冯六郎名夷，即河伯神，是轩辕天子最钟爱的小儿子。但轩辕天子只有四个儿子，他排行第四为什么要称六郎呢？因为"冯，水官也。水成数六耳"⑤。

上述情况表明，唐代鬼神有的是按鬼神的行第起名的，有时却不是因行第而命名。神的职能或其他原因都可能成为命名的原因，这就与中国传统社会的命名文化有关了。

相较而言，唐代叫"三郎"的鬼神要多一些，这是什么原因呢？关于这个

---

① （宋）李昉等：《太平广记》卷二九七"兖州人"条，北京：中华书局，1961年，第2367页。
② （宋）李昉等：《太平广记》卷三〇五"李纳"条，北京：中华书局，1961年，第2418页。
③ （宋）李昉等：《太平广记》卷三四一"韦浦"条，北京：中华书局，1961年，第2705页。
④ （宋）李昉等：《太平广记》卷三〇九"张遵言"条，北京：中华书局，1961年，第2448页。
⑤ （宋）李昉等：《太平广记》卷三四一"韦浦"条，北京：中华书局，1961年，第2705页。

问题至今还没有合理的解释，贾二强教授认为，受佛教本命思想的影响，唐人认为唐玄宗的本命在华山，而玄宗又是排行第三，所以华山府君又被称作"华山三郎"①。受此影响，唐代叫三郎的鬼神就比较多。如果这种说法是正确的话，那么关羽被称作"关三郎"也就很容易理解了。总之，"三郎"之称在唐代非常流行，关羽被叫作"关三郎"也是顺应潮流的结果。

原载（《中国典籍与文化》1999 年第 4 期）

---

① 贾二强：《"本命"略说》，《中国典籍与文化》1998 年第 2 期。

《紫姑考释》补说

　　20世纪90年代，为了庆祝尊师黄永年先生的七十大寿，我曾做了一篇题名为《紫姑考释》的文章，发表于《古代文献研究集林》第3辑。在这篇文章里，我用了大约8000字的篇幅对紫姑的起源和嬗变做了较为详尽的考述。然而由于当时成文仓促，加之所见资料有限，落笔之后颇有言犹未尽之憾，故而借着进行教育部人文社会基金项目"唐代女性与宗教"研究的机会，又撰此文进一步疏说。

一、紫姑与丁姑的渊源

　　我在《紫姑考释》一文中认为，《异苑》中的紫姑与《搜神记》中的丁姑有一定的渊源，这从近代厦门地区流行的 Don Sweea 娘娘的传说可以得到证实[①]。无独有偶，近代湖北某地流传的紫姑故事与《搜神记》所载丁姑的传说更为接近。《龙门阵》1995年第6期载陈宛茵的《紫姑·狐仙·乩神》一文说：

　　　　"紫姑"，鄂人俗称"七姑"，是民间传说的一位女性小神。据说：当初她是人家的童养媳，为不堪婆母的虐待，自缢于猪栏而死。大约后世怜悯她的善良无辜，便祀之为神，称为"紫姑"[②]。

[①] 陈延进：《厦门之新年风俗》，《民俗》1929年第53、54、55合期。
[②] 陈宛茵：《紫姑·狐仙·乩神》，《龙门阵》1995年第6期，第132页。

近代湖北民间流传的紫姑故事既承继了《搜神记》中丁姑的媳妇身份和自缢而死的结局，同时也继承了宋元以后的厕神何媚死于厕间（古时猪栏与厕间在一处）的说法，而且这个故事的流传地区又与紫姑和丁姑流传的地区相同，因而比厦门一带传说的 Don Sweea 娘娘更能证明紫姑与丁姑的渊源关系。

二、宋元时期紫姑又称三姑

我在《"紫姑"考释》一文中指出：宋代的时候紫姑神还被称作三姑，可能与《三仙杂记》所迎请的排行第三的仙女紫姑有关，这可在南北朝时的帝喾之女死后神游人间的神话中找到端倪。但南北朝与宋代相隔数百年，从帝喾之女到天帝第三女应该还有演变的痕迹。这就是各类神异小说中天帝之女下凡民间的故事。我曾在《从〈太平广记〉中的仙女下凡故事看唐代的道教观念》和《仙女下凡——寄托唐代男子理想的文化现象》两文中分析了很多唐代仙女的故事①，其中王母娘娘三女织女、婺女和须女和玉卮三娘子下凡人间最具有代表性。前者见于《太平广记》卷六五"姚氏三子"条，后者见于同书卷六三"崔书生"条。这些民间传说故事是否都为宋代的紫姑贵为天帝之女的身份奠定了基础呢？事实上是肯定的。《全宋词》收有一无名氏著的《柳梢青·贺生第三女》词，注云："全用三女事。"其词云："家近闽南。三姑姊妹，秀挹仙岩。须女精神（中条夫人第三女），玉卮标格（王母第三女），谪下尘凡。他时佳婿成双，红丝应牵第三（郭元振第三女）。倚看樽前，团栾六子，三女三男（易系辞）。"②显然宋代民间也有玉卮三娘子是天帝第三女的说法，看来《三仙杂记》中借紫姑而降的仙女很可能便是玉卮三娘子。由此也就不难理解为什么紫姑到了宋代又有了三姑的说法。

另外，紫姑之谓三姑可能与唐代的三姑山信仰也有很大的关系。《初学记》引《舆地志》曰："黟县东有灵山，山有三峰，名为三姑山。三年一遇野火自烧；百姓放火，辄降雨不燃。已上歙州。"③又，《太平御览》引《郡国

---

① 焦杰：《从〈太平广记〉中的仙女下凡故事看唐代的道教观念》，杜文玉主编：《唐史论丛》第九辑，西安：三秦出版社，2007年；焦杰：《仙女下凡——寄托唐代男子理想的文化现象》，《史学月刊》1999年第4期。

② 唐圭璋：《全宋词》，北京：中华书局，1965年，第3777页。

③ （唐）徐坚等：《初学记》卷八"州郡部"，北京：中华书局，2004年，第186页。

志》曰：“歙县有灵山，天欲雨，先闻鼓角声。此山上有圆石如车盖，县以鼓鸣为候，一鸣令迁，不鸣令不去。山一名三姑山，三年一野火，烧数未满，人烧之即雨。”①按照《旧唐书·地理志》所载，唐代歙州在汉时为歙县，隋为新安郡，武德年间改歙州；黟县是歙州所辖，在汉与歙县同为丹阳郡②，则两书所记三姑山是一座山。这一民间传说可能对宋代以后紫姑又被称作三姑有一定的影响，尽管并无材料证明三姑山与紫姑有直接的关系。

三、紫姑重为蚕桑之神

《“紫姑”考释》一文还指出：唐宋之际，因为文人士大夫热衷于功名利禄和吟诗作对，因而忽略了紫姑蚕桑之神的原始职能。但是可能由于民间依然保持这种信仰，故而从元代开始，紫姑重新被赋予蚕桑之神的职掌而受到民间的尊奉。这个结论无疑是准确的，但由于当时所见资料不足，故而仅是作为推断性的结论而提出来的。后来笔者在从事文史工作的研究中偶然看到了一条史料，恰好可以作为这条结论强有力的论据，金人元好问的《续夷坚志》载：“大明蚕神三姑庙旁近龙见，横卧三草舍上，观者数百人。……时己酉岁七八月间也。”③这条记载说明在金人统治时期，北方民间一直存在着奉紫姑为蚕桑之神的信仰风俗。这正好解释了当元明清扶乩迷信盛行以后，紫姑在封建士大夫阶层失了势，为什么却能在民间重新恢复了蚕桑之神的本来面目的原因。

另外《“紫姑”考释》一文在引用《续子不语》的“紫姑神”条后说：“按历代记紫姑事者从未见到紫姑立庙的记载，当是小说家言。”从《续夷坚志》所载来看，当时北方民间是为紫姑立有庙宇的，显然我在前文判断这个问题时失之武断。不过在明清时代，有的三姑庙并不见得就是紫姑庙，而是由三孤庙讹传来的。如明代学者陆容在《菽园杂记》中考辨民间相传的唐代张巡为掌疫疠之鬼，即认为是民间以讹传讹的结果，并且还列举了几个相似的例子，其中就有三姑庙，其云：“吴中羽林将军庙，讹为雨淋，而不覆以屋。三孤庙讹为三姑，而肖三女郎焉。山西有丹朱岭，盖尧子封域也，乃凿一猪形以丹涂

---

① （宋）李昉等：《太平御览》卷四六“灵山”条，北京：中华书局，1960年缩印本，第222页。
② （后晋）刘昫等：《旧唐书》卷四〇《地理志》，北京：中华书局，1975年标点本，第1595—1596页。
③ （金）元好问：《续夷坚志》卷三“三姑庙龙见”条，北京：中华书局，1986年，第53页。

之。世俗传讹可笑，大率类此。"①

四、宋元时期何媚的来历

笔者在《"紫姑"考释》一文已经指出，宋元以后何媚的形象与故事来源于刘宋时期刘敬叔撰写的神异小说《异苑》中的紫姑。这一点毋庸置疑。不过何媚与紫姑有着很大的不同：一是何媚死于厕间，而紫姑只是感愤而死。二是何媚出身于富商之家，精于音律诗书，初为伶人之妻，后来才做了刺史的小妾，而紫姑是农家女儿，一开始就是别人的侍妾。因为有着这两点不同，所以我认为何媚的形象及故事的最后定型，除了得益于紫姑这个原型外，还应有其他来源。目前能够看到的刘宋以后到北宋以前有关紫姑的资料中，没有何媚的丝毫记录，姑置史料佚失的可能性不论，极有可能是类似紫姑的人物和故事被附会进去而形成何媚这一形象。翻阅有关史料，确实可以找到此类记载。这便是初唐张鷟的《朝野佥载》中所载：

> 荆州枝江县主簿夏荣判冥司。县丞张景先宠其婢，厥妻杨氏妒之。景出使不在，妻杀婢，投之于厕。景至，绐之曰婢逃矣。景以妻酷虐，不问也。婢讼之于荣，荣追对之，问景曰："公夫人病困，说形状。"景疑其有私也，怒之。荣曰："公夫人枉杀婢，投于厕。今见推勘，公试问之。"景悟，问其妇，妇病甚，具首其事。荣令厕内取其骸骨，香汤浴之，厚加殡葬。婢不肯放，月余而卒。②

按：此文与何媚故事有许多相似之处。一是时代接近。苏轼《子姑神记》载其事在唐朝垂拱年间，元代刻本《搜神广记后集》云在唐垂拱三年（687年），而《朝野佥载》所记大多为唐高宗、武则天时事，其时妇女的悍妒之风十分盛行，婢妾被主妇迫害而死之事屡见不鲜。如果唐代有何媚故事的原形，那么极有可能也发生于此时。二是死亡经历相同。《子姑神记》云何媚"见杀于厕"，《朝野佥载》云："杀婢，投之于厕。"三是男主角名字相似。《搜神广记后集》云何媚之夫名李景，与《朝野佥载》所载张景仅一字

---

① （明）陆容：《菽园杂记》卷六，北京：中华书局，1985年，第67页。
② （唐）张鷟：《朝野佥载》卷二，北京：中华书局，1997年，第43页。

之差，而李、张同为习见之姓，辗转传说过程中将张景误为李景也完全可能。四是事发地点比较靠近。《子姑神记》与《搜神广记后集》都说事发寿阳。按：唐代有两个寿阳：一是太原府寿阳县；一是寿春即寿州。李景既官为刺史，当是寿州无疑，即今安徽凤阳。《朝野金载》说是荆州枝江，即江陵枝江（今湖北枝江）。两者虽非一地，却同属鬼神迷信盛行的荆楚之地。由荆州枝江附会为寿阳也不无可能。所以，何媚形象的最后定型与张景之婢的悲惨故事应有一定的关系。

不过仅此一条，还不足以促使何媚形象的最后定型。何媚的名字、出身，以及她的知书达礼，通晓音律，并且被刺史强夺为妾的事迹也应当另有所本，可惜因为史料的散失，暂时或者是可能也永远无法找到确切的材料来源，不过从有关唐代社会生活的诸多资料中却可以推断出这一点。熟悉唐史的人都知道，唐代士大夫纳姬蓄妾的现象十分严重，豪门贵族的姬妾多则数百，少则数十，中下层官吏及富裕商贾拥有姬妾的人亦复不少。这些姬妾除了拥有年轻美貌特点外，往往还精擅音律丝竹、能歌善舞，有相当一部分人甚至熟知诗文、工于书画。这类资料不但在野史中比比皆是，而且在正史中也不乏记载。关于这一点，我在《唐代的姬妾蓄养及其社会地位》一文中有着非常详细的论述①。官僚权贵强夺他人妻妾之事也史不绝书，《太平广记》所载一位卖艺为生的妇女事迹与何媚经历有几分相似：

> 南中有大帅，世袭爵位，然颇恣横。有善歌者，与其夫自北而至，颇有容色，帅闻而召之，每入，辄与其夫偕至，更唱迭和，曲有余态。帅欲私之，妇拒而不许，帅密遣人害其夫而置妇于别室。②

何媚的故事在唐代是完全可能发生的。可以肯定地说，何媚形象的出现就是唐代众多姬妾悲惨命运凝缩的结果。

原载（《长安历史文化研究》第 4 辑，陕西人民出版社，2009 年版）

---

① 焦杰：《唐代的姬妾蓄养及其社会地位》，《陕西师范大学学报》（哲学社会科学版）1996 年第 2 期。

② （宋）李昉等：《太平广记》卷二七〇 "歌者妇" 条，北京：中华书局，1961 年，第 2125 页。

崔融行年杂考

崔融是初唐"文章四友"之一，主要生活在武则天时期，本文是对他的生平事迹进行考订补充。崔融在《旧唐书》《新唐书》中均有传，然《旧唐书》卷九四失于错谬，《新唐书》卷一一四过于简略。今据崔融诗文及相关文献记载对二者错误、脱漏及简略之处加以订补，凡两传详而确者，则不敷及。为查考方便，现将崔融生平按《旧唐书》和《新唐书》所载摘录下来：

> 应八科举擢第，累补宫门丞，兼直崇文馆学士，时间不详（《旧唐书》卷九四《崔融传》、《新唐书》卷一一四《崔融传》）。

> 中宗为太子时，选为侍读，兼侍属文，典东朝表疏（《旧唐书》卷九四《崔融传》、《新唐书》卷一一四《崔融传》）。

> 圣历中，则天幸嵩岳，见融所撰《启母庙碑》，深加叹美，及封禅毕，乃命融撰朝觐碑文。自魏州司功参军擢受著作佐郎，寻转右史（《旧唐书》卷九四《崔融传》、《新唐书》卷一一四《崔融传》）。

> 圣历二年（698年）除著作郎，仍兼右史内供奉（《旧唐书》卷九四《崔融传》）。

> 圣历四年①（701年），迁凤阁舍人（《旧唐书》卷九四《崔融传》）。

> 久视元年（700年），坐忤张昌宗意，左授婺州长史。顷之，又召为春

---

① 按：圣历只有三年，第三年五月即改元久视，无圣历四年，故《旧唐书》卷九四《崔融传》误。

官郎中，知制诰事（《旧唐书》卷九四《崔融传》）。

长安二年（702 年），再迁凤阁舍人（《旧唐书》卷九四《崔融传》）。

长安三年（703 年）兼修国史（《旧唐书》卷九四《崔融传》）。

长安四年（704 年）除司礼少卿，仍知制诰（《旧唐书》卷九四《崔融传》）。

（神龙元年春）张易之伏诛，左授袁州刺史。寻召拜国子司业，兼修国史（《旧唐书》卷九四《崔融传》、《新唐书》卷一一四《崔融传》）。

神龙二年（706 年），以预修《则天实录》成，封清河县子（五月）撰哀册文，以用思精苦而发病卒，年五十四。追赠卫州刺史，谥曰文（《旧唐书》卷九四《崔融传》、《新唐书》卷一一四《崔融传》）。

以下为崔融行年杂考正文：

一、永隆二年（681 年）二月六日任崇文馆学士

崔融任崇文馆学士一事见于多处，时间略有不同。《旧唐书》卷七三《薛元超传》云："永隆二年，拜中书令，兼太子左庶子。高宗幸东都，太子于京师监国……于是元超表荐郑祖玄、邓玄挺、崔融为崇文馆学士。"①又《唐会要·崇文馆》云："永隆二年二月六日，皇太子亲行释奠之礼。礼毕，上表请博延耆硕英髦之士为崇文馆学士，许之。于是薛元超表荐郑祖玄、邓玄挺、杨炯、崔融等，并于崇文馆学士。"②按《旧唐书》卷七三《薛元超传》所载，则崔融之为崇文馆学士当在永隆二年（681 年）七月丁未以后，因为《旧唐书》卷四《高宗本纪》载薛元超官拜中书令在七月丁未，然其年并无唐高宗东幸事，皇太子监国是因为唐高宗服用长生不老药，身体不适，可见《旧唐书》卷七三《薛元超传》并不一定可为信据。而依陈垣先生《二十史朔闰表》推算，永隆二年（681 年）二月丙午为六日，确有太子亲行释奠礼之事，与《唐会要》所载吻合，足可证明《唐会要》的记载可信度更高。故崔融任崇文馆学士的时间应是永隆二年（681 年）二月六日。

---

① （后晋）刘昫等：《旧唐书》卷七三《薛元超传》，北京：中华书局，1975 年标点本，第 2590—2591 页。

② （宋）王溥：《唐会要》卷六四《崇文馆》，北京：中华书局，1955 年，第 1118 页。

二、垂拱二年（686 年）前后在泾州刺史幕下任职

武则天在位初期，崔融曾在泾州刺史幕下任职，这件事《旧唐书》《新唐书》都没有记载，但在他的文稿里可以考索出来。他的遗稿中有两篇文章都是为泾州李刺史所写，其一是《为泾州李刺史贺庆云见表》，其二是《为泾州李使君贺庆山表》。庆山原名新丰，武则天时改名，后来又恢复原名。第一次改名的原因《为泾州李使君贺庆山表》里有谈道："某日奉某月诏书，新丰县有庆山出，曲赦县囚徒，改新丰为庆山县。"①新丰县在初唐时期的地名沿革，《旧唐书·地理志》记载非常详细："昭应，隋新丰县，治古新丰城北。垂拱二年，改为庆山县。神龙元年，复为新丰。"②可见垂拱二年（686 年）前后，崔融在泾州刺史手下任职，否则他不会替李刺史至少写了两道贺表。

三、垂拱三年（687 年）十二月，崔融任书记随文昌右相韦待价西征吐蕃，次年十月奉诏返回

崔融随韦待价西征事，《旧唐书》卷九四《崔融传》、《新唐书》卷一一四《崔融传》皆失载。但崔融有《西征军行遇风》诗记此事。其诗云："及兹戎旅地，忝从书记职。兵气腾北荒，军声振西极。"③显然，他曾以书记之职参加过西征的活动。至于哪一年跟谁出征，通过以下材料可以考知。

崔融遗稿中有一篇《代宰相上尊号表》，其云："伏见某日制书，以天授圣图，群臣上尊号曰圣母神皇……望东朝于西域，不任悦豫翘勤之至。"④按：武则天上圣母神皇尊号一事发生在垂拱四年（688 年）五月，起因是发现了一块所谓的瑞石，即文中的"圣图"，这是武承嗣在垂拱四年（688 年）四月伪造的，其目的是为武则天改唐换周制造舆论。据《旧唐书》《新唐书》记载，当时西征在外的宰相只有文昌右相韦待价。另外与崔融同为"文章四友"的李峤写有一篇《为韦右相贺拜洛表》，其文云："伏见五月九日制书，将拜

---

① （清）董诰等：《全唐文》卷二一八崔融《为泾州李使君贺庆山表》，北京：中华书局，1983 年，第2206 页上栏。

② （后晋）刘昫等：《旧唐书》卷三八《地理志》，北京：中华书局，1975 年标点本，第1396 页。

③ （清）彭定求等：《全唐诗》卷六八崔融《西征军行遇风》，北京：中华书局，1960 年，第765 页。

④ （清）董诰等：《全唐文》卷二一七崔融《代宰相上尊号表》，北京：中华书局，1983 年，第2192 页下栏—第2193 页下栏。

图温洛，肃事南郊……伏惟皇太后陛下……臣忝预出征，恨深留滞，河西吊影，衔珠之托未申，洛北驰心，拊石之欢何极。……"①明确指明是宰相韦待价，则知崔融是时正随之出征在外。

韦待价西征吐蕃一事，诸书记载不一。《旧唐书·则天皇后本纪》与《资治通鉴》系于永昌元年（689 年）五月，《新唐书·则天皇后本纪》与《旧唐书·韦待价传》云是垂拱三年（687 年）十二月。而《资治通鉴》第二〇四卷记载武则天曾在垂拱三年（687 年）十一月欲派韦待价将兵出征，但未成行。司马光在《通鉴考异》中说："《实录》，'十二月壬辰，命待价为安息道大总管，督三十六总管以讨吐蕃。'不言师出胜败如何。至永昌元年五月，又云'命待价击吐蕃，七月败于寅识迦河。'按本传不云两曾将兵，今删此事。"②事实上《旧唐书·韦待价传》是这样记载的："明年（垂拱三年），上疏自效戎旅之用，于是拜安息道行军大总管，督三十六总管以讨吐蕃……军至寅识迦河，与吐蕃合战，初胜后败……乃旋师弓月。"③以此看来，《通鉴实录》所记当为信史，而司马光不察，竟将垂拱三年（687 年）出军之事删去，而将永昌元年诏令韦待价进军之事误为出征之期。所以崔融随征当在垂拱三年（687年）十二月。

《进洛图颂表》是崔融写的另一篇文章，其云："臣某言，奉某年月日敕，令臣撰《洛图颂》……今臣斟酌前训，拟议鸿猷，述《洛图颂》一篇并序，谨诣宣义门奉进。"④此云："诣宣义门奉进"，说明崔融时在洛阳。他本随韦待价西征，什么时候回来了呢？据《旧唐书·则天皇后本纪》载：垂拱四年（688 年）四月武承嗣伪造瑞石，武则天号为"宝图"，五月上圣母神皇尊号；七月大赦天下，改"宝图"为"天授圣图"；十二月，亲拜洛水受"天授圣图"。那么崔融肯定要于此时之前赶回洛阳。崔融另有一篇《为韦右相贺平贼表》云："伏奉某月日递敕，逆贼等并已传首都市，幕府拜受，旌门宣告，

---

① （清）董诰等：《全唐文》卷二四三李峤《为韦右相贺拜洛表》，北京：中华书局，1983 年，第 2460 页下栏—第 2461 页上栏。

② （宋）司马光：《资治通鉴》卷二〇四"则天后垂拱三年十一月"条，北京：中华书局，1956 年，第 6446 页。

③ （后晋）刘昫等：《旧唐书》卷七七《韦待价传》，北京：中华书局，1975 年标点本，第 2672 页。

④ （清）董诰等：《全唐文》卷二一七崔融《进洛图颂表》，北京：中华书局，1983 年，第 2194 页上栏—下栏。

凡预军司，孰不庆悦。"①按：韦待价西征期间，唐廷只有一件平逆之事，即越王李贞父子起兵失败被杀，文中"传首都市"与《旧唐书·则天皇后本纪》的"传首神都"正相符合。李贞父子兵败被杀并传首东都事在垂拱四年（688年）九月十一日，消息传到韦待价军中大约在九月底，崔融替韦待价写表称贺，表明他仍在西域。不过他要在十二月以前赶回洛阳，估计十月就该动身返回。由《为韦右相贺平贼表》最末一句"谨附某官奉表称贺以闻"分析，崔融很可能奉诏回京，正如《旧唐书》卷九四《崔融传》所说："朝廷所须《洛出宝图颂》、《则天哀册文》及诸大手笔，并手敕付融"②，所以韦待价不敢以幕僚处之。也许手敕和传递平叛的诏书同时到来。

四、约天授年间任魏州司功参军，万岁登封元年（696年）擢授著作佐郎

《旧唐书》卷九四《崔融传》云："圣历中，则天幸嵩岳，见融所撰《启母庙碑》，深加叹美，及封禅毕，乃命融撰朝觐碑文。自魏州司功参军擢授著作佐郎，寻转右史。"③按：武则天封禅嵩山一事在万岁登封元年（696年）腊月，此云圣历中误。崔融写有《为魏州成使君贺白狼表》一文，当是他任魏州司功参军时所写。郁贤皓先生的《唐刺史考》云成大辨任魏州刺史的时间大约在天授年间④，此外唐高宗、武则天时别无成姓任魏州刺史者，由此推知天授年间崔融在成大辨手下任司功参军。武则天万岁登封元年（696年）腊月封嵩山后，即任命他为著作佐郎。

五、万岁登封元年（696年）七月，任书记随武三思东征契丹，到达幽州，九月后返回都城

崔融随武三思东征一事不见于《旧唐书》《新唐书》，也不见于其他文献，唯见于陈子昂《送著作佐郎崔融等从梁王东征》诗序，其云："岁七月，

①（清）董诰等：《全唐文》卷二一八崔融《为韦右相贺平贼表》，北京：中华书局，1983 年，第 2208 页下栏。

②（后晋）刘昫等：《旧唐书》卷九四《崔融传》，北京：中华书局，1975 年标点本，第 3000 页。

③（后晋）刘昫等：《旧唐书》卷九四《崔融传》，北京：中华书局，1975 年标点本，第 2996 页。

④郁贤皓：《唐刺史考》第三册，南京：江苏古籍出版社，1987 年，第 1202 页。

军出国门……时比部郎中唐奉一、考功员外郎李迥秀、著作佐郎崔融并参帷幕之宾，掌书记之任。"①按：《旧唐书·则天皇后本纪》《新唐书·则天皇后本纪》均记载万岁登封元年（696年）五月，营州契丹反叛，七月，武则天派梁王武三思为安抚大使、姚璹为副以讨之。则知此时崔融以书记之职随军出征。另外，陈子昂还写有一首《登蓟城西北楼送崔著作融入都》诗，其云："蓟楼望燕国，负剑喜兹登。清规子方奏，单戟我无能。仲冬边风急，云汉复霜棱。慷慨竟何道，西南恨失朋。"②据傅璇琮先生在《唐才子传校笺》中考证，陈子昂于万岁登封元年（696年）九月曾随建安王武攸宜东征契丹至幽州③，此诗当是其到达幽州时所写，故崔融于九月以后又返回京城。

六、神功元年（697年）十月前晋升右史

崔融晋升右史事见于《旧唐书》卷九四《崔融传》，但时间不详，它处涉及，时间亦有问题。如《唐会要》载："长寿二年十一月一日，武威军总管王孝杰，克复四镇，依前于龟兹置安西都护府，鸾台侍郎狄仁杰请捐四镇，上表曰……右史崔融请不拔四镇……。"④依此则崔融于长寿二年（693年）十一月一日前已迁右史。然《旧唐书·则天皇后本纪》、《新唐书·则天皇后本纪》及《资治通鉴》卷二〇五均云王孝杰克复四镇一事发生在长寿元年（692年）十月，显然《唐会要》将其系于长寿二年（693年）十一月有误，其议捐四镇之事恐非信史。

按《旧唐书·则天皇后本纪》《新唐书·则天皇后本纪》及《旧唐书·狄仁杰传》《新唐书·狄仁杰传》记载：狄仁杰任鸾侍郎的时间是神功元年（697年）十月，其上书请捐四镇应该在神功元年（697年）入为鸾台侍郎同凤阁平章事兼纳言以后，而狄仁杰为纳言在神功元年（697年）的次年即圣历元年（698年）八月，时突厥入侵妫、赵、定等州，九月狄仁杰为河北道行军元帅迎战突厥，之后又任安抚大使留在河北，圣历三年（700年）腊月方返回，

---

① （清）彭定求等：《全唐诗》卷八四陈子昂《送著作佐郎崔融等从梁王东征》序，北京：中华书局，1960年，第907—908页。

② （清）彭定求等：《全唐诗》卷八四陈子昂《登蓟城西北楼送崔著作融入都》，北京：中华书局，1960年，第909页。

③ 傅璇琮：《唐才子传校笺》卷一"陈子昂"条，北京：中华书局，1987年，第106页。

④ （宋）王溥：《唐会要》卷七三《安西都护》，北京：中华书局，1955年，第1326—1327页。

升任内史。所以狄仁杰上书请捐四镇只能神功元年（697 年）十月入为鸾台侍郎之后。况且神功元年（697 年）十月距万岁登封元年（696年）腊月不过一年有余，与《旧唐书·崔融传》所说的"寻转右史"相符。时值契丹平定之后，崔融因曾预军事而晋升右史完全可能。

七、久视元年（700 年）五月十九日前第一次任凤阁舍人

崔融前后两次担任过凤阁舍人，第一次《旧唐书》卷九四《崔融传》有载，其云："圣历二年，除著作郎，仍兼右史内供奉。四年，迁凤阁舍人。"①按：圣历只有三年，第三年五月即改元久视，无圣历四年，故《旧唐书》卷九四《崔融传》误。

除《旧唐书》卷九四《崔融传》外，崔融为凤阁舍人一事又见于另外两处。一为《奉和圣制夏日游石淙山》并序，序云："石淙者，即平乐涧，其诗天后自制七言一首，侍游应制皇太子显……凤阁舍人崔融……各一首，薛曜奉敕正书刻石。时久视元年五月十九日也。"②二为《唐会要·断屠钓》载："圣历三年断屠杀，凤阁舍人崔融议曰……。"③按圣历三年（700 年）即久视元年（700 年），则崔融于久视元年（700 年）五月十九日前已第一次任凤阁舍人无疑。

八、久视元年（700 年）五月十九日后某日，崔融左授婺州长史，十月十日以后返回京城

崔融左授婺州长史遇赦而还事见《旧唐书》卷九四《崔融传》和《新唐书》卷一一四《崔融传》，说他因得罪张昌宗而被外贬，但只云久视元年（700 年），未载月日。按：久视元年（700 年）五月十九日，崔融尚奉武则天游石淙，则其得罪张昌宗应当在此之后。被贬之后不久，武则天大赦天下，崔融得以返回，他在《贺赦表》中高兴地写道："臣伏奉久视元年十月十日墨制，以一月为正，大赦天下……微臣庆偶时来，荣沾日用……迹虽限于一隅，

---

①（后晋）刘昫等：《旧唐书》卷九四《崔融传》，北京：中华书局，1975 年，第 2996 页。

②（清）彭定求等：《全唐诗》卷四六崔融《奉和圣制夏日游石淙山》并序，北京：中华书局，1960 年，第 558 页。

③（宋）王溥：《唐会要》卷四一《断屠钓》，北京：中华书局，1955 年，第 731 页。

心每驰于双阙……"①这篇文章当是他任婺州长史逢大赦所写。不久张昌宗怒解,又召他为春官郎中,于是他从婺州返回。

原载(《大陆杂志》2000年第1期)

---

① (清)董诰等:《全唐文》卷二一八崔融《贺赦表》,北京:中华书局,1983年,第2203页下栏。

唐代长安公主道观的开发与利用

　　唐代的长安是当时的国际大都市，广泛的对外交流与多民族的融合，汇成了丰富而盛大的历史文化。由于李唐王室奉道教为国教，因而道教极度兴盛，首都长安不但是全国的政治中心，也是道教的传播中心。在长安及其周边地区，道观林立，香火繁盛。在道教的信仰与传播中，唐代公主们积极活跃在道教的舞台上，成为唐代道教活动中一道亮丽的风景线。中唐以后，皇室公主们对入道为冠非常喜好，先后有十余名公主做了女道士，这里面就包括大名鼎鼎的玉真公主。无论从道教发展史而言，还是从唐代长安历史文化而言，唐代公主与长安道观应该是一个不可忽视的问题。本文把唐代公主道观作为一个项目进行研究，不仅可以澄清一些历史问题，而且希望能对西安文化产业的开发起到积极的作用。

一、唐代长安可考的公主道观

　　据《新唐书》和《唐会要》所记，唐代入道的公主有十七位，但由于文献的缺失，只有八位公主道观的观名、观址能考察出来。

　　（1）太平公主的道观。太平公主所居道观为太平观，最初在颁政坊，修建时间为咸亨元年。《唐会要·观》记载："昭成观，颁政坊。本杨士建宅，咸亨元年九月二十三日，皇后为母度太平公主为女冠，因置观。"[①]不久，太

---

① （宋）王溥：《唐会要》卷五〇《观》，上海：上海古籍出版社，2006 年，第 1027 页。

平观移居大业坊，以徐王元礼旧宅为观址，颁政坊之观改名太清观，如《唐会要·观》又云："太平观，大业坊。本徐王元礼宅，太平公主出家，初以颁政坊宅为太平观，寻移于此，公主居之。时颁政坊观改为太清观。"①据《长安志》载，太平观在大业坊的东南角②。

（2）金仙公主的道观。金仙公主的道观为金仙观，观址在辅兴坊，修建时间为景云元年（710年）。《唐会要·观》记载："金仙观，辅兴坊。景云元年十二月十七日，睿宗为第八女西宁公主入道立为观。至二年四月十四日，为公主改封金仙，所造观便以金仙为名。"③《长安志》载其具体地点在坊之东南角④。

又，宋敏求《长安志》载金仙公主在长安道德坊还有一座道观叫开元观，如"次南道德坊，开元观，本隋秦王浩宅。武后朝置永昌县，神龙元年县废，遂为长宁公主宅，景云元年置道士观。开元五年金仙公主居之，为女冠观，十年改为开元观。"⑤此说为《类编长安志》和《唐两京城坊考》所取。但永昌在唐代是洛阳属县，因此这个说法肯定有问题。杨鸿年在《隋唐两京坊里谱》说：

> 道德坊两京均有，《长安志》不辨，遂将洛阳道德坊诸事，系于长安道德坊下。《城坊考》未加思索，照录《志》文，以讹传讹。《长安志》仅记长安，不及洛阳，仅多收而已。《城坊考》兼记两京，乃前后牴牾。如秦王浩宅、永昌县廨、金仙公主观及长宁公主宅，《城坊考》照录《志》文，将其列入长安道德坊内，同时又系于洛阳道德坊下，一事两出。遂致令人困惑。⑥

其实，宋敏求的说法采自《唐会要·观》云："都玄观，道德坊，本隋秦王浩宅。天后朝置永昌县，神龙元年，县废，遂为长宁公主宅。景云元年，置

---

① （宋）王溥：《唐会要》卷五〇《观》，上海：上海古籍出版社，2006年，第1019页。

② （宋）宋敏求撰、毕沅校正：《长安志》卷七，台北：成文出版社，1969年，第173页。

③ （宋）王溥：《唐会要》卷五〇《观》，上海：上海古籍出版社，2006年，第1020页。

④ （宋）宋敏求撰、毕沅校正：《长安志》卷一〇，台北：成文出版社，1969年，第228页。

⑤ （宋）宋敏求撰、毕沅校正：《长安志》卷九，台北：成文出版社，1969年，第221页。

⑥ 杨鸿年：《隋唐两京坊里谱》，上海：上海古籍出版社，1999年，第371页。

道士观。开元五年，金仙公主居之，改为女冠观。十年七月，改为都玄观。"①
都玄观即开元观，《唐会要》所记道观两京皆有，宋敏求编《长安志》时不
察，乃误入西京，徐松虽沿袭旧说，但已产生怀疑，所以其记东都坊市时又
说："次北道德坊，东南隅，永昌县廨、武城王庙、景龙女道士观。"下注
云："南北居半坊之地，金仙公主处焉。长宁公主宅，内史史务滋宅。"②因徐
松《唐两京城坊考》向推精详，所以史念海先生的《西安历史地图集》亦取此
说。后来《大唐故金仙长公主志石铭》的出土，为开元观到底在长安还是在洛
阳做了了断："暨主上嗣升大宝，仁先友爱，进封长公主，加实赋一千四百户
焉。仍于京都双建道馆，馆台北阙，接笙歌于洛滨；珠阁西临，聆箫曲于秦
野。""（金仙公主）以壬申之年建午之月十日辛巳薨于洛阳之开元观。"③开
元观在洛阳而不在长安，《长安志》等书均误。

（3）玉真公主的道观。玉真公主的道观为玉真观，观址亦在辅兴坊，与
金仙观相对，修建时间与金仙观同。《唐会要》载："玉真观，辅兴坊。与金
仙观相对。本工部尚书窦诞宅，武后时为崇先府，景云元年十二月七日，为第
九女昌隆公主立为观。二年四月十日，公主改封玉真，所造观便以玉真为名。"④
《长安志》载其具体地点在坊之西南角⑤。

《长安志》载玉真公主在长安还有一处道观为安国观，如"正平坊，安国
观，本太平公主宅。长安二年，睿宗在藩，公主奉焉。至景云元年立为观，乃
以本封为名。开元十年，玉真公主居之，改为女冠观。"⑥这个说法也来自
《唐会要·观》云："安国观，正平坊。本太平公主宅，长安元年，睿宗在藩
国，公主奉焉。至景云元年，置道士观，仍以本衔为名。十年玉真公主居之，
改为女冠观。"⑦宋敏求编《长安志》时误入。徐松《唐两京城坊考》对此也
模糊不清，先于玉真公主观下注道："《长安志》：安国观在正平坊，不知其

---

①（宋）王溥：《唐会要》卷五〇《观》，上海：上海古籍出版社，2006年，第1025页。

②（清）徐松撰，李健超增订：《增订唐两京城坊考》卷五，西安：三秦出版社，1996年，第288页。

③ 周绍良、赵超：《唐代墓志汇编续集》，上海：上海古籍出版社，2001年，第552页。

④（宋）王溥：《唐会要》卷五〇《观》，上海：上海古籍出版社，2006年，第1020页。

⑤（宋）宋敏求撰，毕沅校正：《长安志》卷一〇，台北：成文出版社，1969年，第228页。

⑥（宋）宋敏求撰，毕沅校正：《长安志》卷一〇，台北：成文出版社，1969年，第250页。

⑦（宋）王溥：《唐会要》卷五〇《观》，上海：上海古籍出版社，2006年，第1026页。

坊所在。按安国观为玉真公主所居，疑辅兴即正平改名也。"①又在东京正平坊下载有安国女道士观，下注"本太平公主宅"②。按：唐长安城并无正平坊，而据杨鸿年先生在《隋唐两京坊里谱》中的考证，唐代洛阳确有正平坊。又，唐人康骈《剧谈录》卷下"老君庙画"条云：

> 东都北邙山，有玄元观，南有老君庙，台殿高敞，下瞰伊洛，神仙泥塑之像，皆开元中杨惠之所制，奇巧精严，见者增敬。壁有吴道玄画五圣真容及老子化胡经事，丹青绝妙，古今无比。敬爱寺复有雄尾病龙，莫知画者谁氏。绘事奇巧，皆入神之迹。政平坊安国观，明皇朝玉真公主所建，门楼高九十尺，而柱端无栱枓。殿南有精思院，琢玉为天尊老君之像，叶法善、罗公远、张果先生并图之于壁。院南池诏引御渠水注之。垒石像蓬莱、方丈、瀛洲三山。女冠多上阳退宫嫔御，其东与国学相接。③

则安国观确在洛阳，《长安志》等书均误。

（4）咸宜公主的道观。咸宜公主的道观为咸宜观，观址在亲仁坊，原为道士观，宝历元年咸宜公主入道改名。《唐会要》载："咸宜观，亲仁坊。本是睿宗藩国地。开元初，置昭成、肃明皇后庙，号仪坤，后昭成迁入太庙。开元四年九月八日敕，肃明皇后前于仪坤庙安置。二十一年五月六日，肃明皇后祔入太庙，遂为道士观。宝历元年五月（"历"乃"应"误），以咸宜（"宣"乃"宜"误）公主入道，与太真观换名焉。"④据《长安志》所载观址在亲仁坊的西南角⑤。

（5）新昌公主的道观。新昌公主的道观为新昌观，观址在崇业坊，天宝六载（747 年）修建。《唐会要》载："新昌观，崇业坊。天宝六载，新昌公主因驸马萧衡亡，奏请度为女冠，遂立此观。"⑥《长安志》卷九所载是与之相同的。但在《长安志》卷七又曰："次南大业坊，本名宏业，神龙中避孝敬

---

① （清）徐松撰、李健超增订：《增订唐两京城坊考》卷四，西安：三秦出版社，1996 年，第 178—179 页。

② （清）徐松撰、李健超增订：《增订唐两京城坊考》卷五，西安：三秦出版社，1996 年，第 267 页。

③ （唐）康骈：《剧谈录》卷下"老君庙画"条，上海：上海古籍出版社，2000 年，第 1488 页。

④ （宋）王溥：《唐会要》卷五〇《观》，上海：上海古籍出版社，2006 年，第 1025 页。

⑤ （宋）宋敏求撰、毕沅校正：《长安志》卷八，台北：成文出版社，1969 年，第 185 页。

⑥ （宋）王溥：《唐会要》卷五〇《观》，上海：上海古籍出版社，2006 年，第 1027 页。

皇帝讳改。东南隅太平女冠观、新昌观。"①则新昌观与太平观同在大业坊,这与《唐会要》所记不同。同样的记载也见于徐松的《唐两京城坊考》,不知孰是?按:史念海《西安历史地图集》既有崇业坊也有大业坊,新昌观不可能一观两址,若不是所记有误,便是有两个新昌观(另一个非新昌公主之观?),本文取《唐会要》之说。

(6)永穆公主的道观。永穆公主的道观为华封观,观址在平康坊,原为永穆公主宅,天宝七载(748年)为观。《唐会要》载:"华封观,平康坊。天宝七载,永穆公主出家,舍宅置观。其地西北隅本梁公姚元崇宅,以东即太平公主宅。其后敕赐安西都护郭虔曜(瓘),今悉并为观,号'华封'。"②

永穆公主的道观又名万安观。《长安志》载:"万安观,天宝七载,永穆公主出家舍宅置观。其地西南隅本梁国公姚元崇宅,次东即太平公主宅,其后敕赐安西都护郭虔瓘,后悉并为观。"③二说不知孰是,亦或先名华封,后名万安,或一观二名也未可知。

(7)华阳公主的道观。华阳公主的道观为宗道观,观址在永崇坊,原为官宦住宅,大历十二年(777年)立为观。《唐会要》云:"宗道观,永崇坊。本兴信公主宅,卖与剑南节度使郭英乂,其后入官。大历十二年,为华阳公主追福,立为观。"④据清代徐松考证,宗道观亦名华阳观⑤。

(8)万安公主的道观。此观位置据《唐会要》载:"天宝七载,皇女道士万安公主出就金仙观安置。"⑥则万安公主入道时没有专门修建道观,而是进入了她的姑母金仙公主的金仙观。

二、唐代长安公主道观的概况

唐代长安公主道观的规模均不可考,但从相关的文献推理,公主的道观比一般的道观往往规模宏大,建筑华丽。据前所述,公主道观往往是在公主和王公宅第的基础上修建的,而公主和王公的宅第本来就比一般的住宅宏大。据傅

① (宋)宋敏求撰、毕沅校正:《长安志》卷七,台北:成文出版社,1969年,第173页。
② (宋)王溥:《唐会要》卷五〇《观》,上海:上海古籍出版社,2006年,第1027页。
③ (宋)宋敏求撰、毕沅校正:《长安志》卷八,台北:成文出版社,1969年,第181页。
④ (宋)王溥:《唐会要》卷五〇《观》,上海:上海古籍出版社,2006年,第1028页。
⑤ (清)徐松撰、李健超增订:《增订唐两京城坊考》卷二,西安:三秦出版社,1996年,第104页。
⑥ (宋)王溥:《唐会要》卷六,上海:上海古籍出版社,2006年,第80页。

熹年研究，唐代王公等大贵族和三品以上官的宅第可以临大街在坊墙上开门。这类宅第占地广大。最大的可以独占一坊，唐太平公主府占长安兴道坊半坊，约 19 公顷，再次的可占 1/4 坊，唐安乐公主在长安金城坊宅，约 5.1 公顷，唐太平公主在长安丰泉坊宅，约 3.5 公顷。这些是史籍所载长安洛阳最大的宅第规模。当时人都极力把宅中之堂建得雄壮豪华以相夸耀。堂前还有中门，在宅门和堂之间，堂之后为寝，也称寝堂，是内宅主体建筑，规模和堂相当或稍低，隋唐大宅大体是初期讲究规模宏大，以后又逐渐重在华侈精美①。

除了房屋建筑之外，还有山池田园。据《唐会要》记载，崇仁坊的玄真观最早是仆射高士廉宅，"神龙中，为长宁公主宅，又吞人数十屋"②。长宁公主是韦后之女，韦后当政时，颇受母亲宠爱，"既承恩，盛加雕饰，朱楼绮阁，一时盛绝。又有山池别院，山谷亏蔽，势若自然"。韦后败，"公主随夫为外官，初欲出卖，木石当二千万，山池别院仍不为数。遂奏为观，请以中宗号为名"③。如李峤所著的《代公主让起新宅表》亦载："况臣妾承灵天妹，藉宠王姬，舆服亚于椒宫，土田方于茅社。甲第之当衢向术，并列三区；别庐之带水连山，将盈万亩；深圳则可乘骐骥，高楼则惟待凤凰。"④公主舍宅为观时往往又加扩建，如永穆公主出家时，除了自己的宅院之外，连同西北原梁国公姚元崇的宅子和东面原太平公主的宅子全部都圈在内，道观的规模可想而知。永穆公主道观之华丽在张说的《晦日诏宴永慕公主亭子赋得流字》的诗中可见一斑："堂邑山林美，朝恩晦日游。园亭含淑气，竹树绕春流。舞席千花妓，歌船五彩楼。群欢与王泽，岁岁满皇州。"⑤

唐代公主道观最华丽、壮观的当属金仙与玉真公主的道观，韦述在《两京新记》中记载：

> 景云二年，睿宗第八女西城公主及第九女昌崇公主并出家，为立二观，改西城为金仙，昌崇为玉真，仍以公主汤沐邑为二观之名。制度造

---

① 傅熹年：《中国古代建筑史》，北京：中国建筑工业出版社，2001 年，第 437 页。

② （宋）王溥：《唐会要》卷五〇，上海：上海古籍出版社，2006 年，第 1027—1028 页。

③ （唐）韦述撰、辛德勇辑校：《两京新记辑校 大业杂记辑校》卷一，西安：三秦出版社，2006 年，第 17 页。

④ （清）董诰等：《全唐文》卷二四五，北京：中华书局，1983 年，第 2477 页。

⑤ （清）彭定求等：《全唐诗》卷八七，北京：中华书局，1960 年，第 945 页。

为京城之华丽。西南隅，玉真女冠观。本工部尚书莘国公窦诞宅，武太后时以其地为崇先府，景云二年，为玉真公主立为观。事源物制与金仙同。此二观南街东当皇城之安福门，西出京城之开远门，车马往来，实为繁会。而二观门楼绮榭，牟对通衢，西土夷夏，自远而至者，入城遥望，睿若天中。①

此两观均在辅兴坊，一个在东南角，一个在西南角，观门相对，几乎占了半坊之地。因为工程浩大，花费太大，兼之又在农忙季节，百姓都苦不堪言，抱怨纷纷，朝廷百官也接连上言反对，最终睿宗皇帝不得不降旨停止工程，然而其时工程已基本完工②。

这些由王宅和公主宅第改建的道观大都保留了原有的亭台楼阁，不仅雕梁画栋，极尽华丽，而且园林参差，曲径通幽。更有甚者，还有许多当时的丹青高手的画作和书法名家的碑石。据《历代名画记》记载，金仙观（开元观）的"西廊院天尊殿前龙虎君明真经变及西壁，并杨廷光画。门西窗上下，杨仙乔画。"玉真观（咸宜观）的"三门两壁及东西廊并吴画。殿上窗间真人，吴画。殿前东西二神，解倩画。殿外东头东西二神，西头东西壁，吴生并杨廷光画。窗间写真及明皇帝、上佛、公主等图，陈闳画。"华封观（万安观）的"公主影堂东北小院南行，屋门外北壁，李昭道画山水。"③据《增订唐两京城坊》考证，唐武宗会昌年中，"建御容殿于金仙观，宰相李德裕为赞"④。据《太平广记》载咸宜观天尊殿内有陈闳"上仙图及当时供奉道士等真。"⑤可以说公主道观是除了皇宫以外，最能代表唐代长安最高水平和风格的建筑，同时也是展现唐代文化精华的建筑群体。

当时，唐代长安公主道观里有哪些建筑并无文献记载，然而根据其他文献则可以推断出来。在唐代的长安，除了这些公主的道观外，还有许多皇帝下令

---

① （唐）韦述撰、辛德勇辑校：《两京新记辑校 大业杂记辑校》，西安：三秦出版社，2006 年，第30 页。

② 丁放、袁行霈：《玉真公主考论——以其与盛唐诗坛的关系为归结》，《北京大学学报》（哲学社会科学版）2004 年第 2 期。

③ （唐）张彦远、周晓薇点校：《历代名画记》卷三，沈阳：辽宁教育出版社，2001 年，第 33—35 页。

④ （清）徐松撰、李健超增订：《增订唐两京城坊考》卷四，西安：三秦出版社，1996 年，第 178 页。

⑤ （宋）李昉等：《太平广记》卷二一二"陈闳"条，北京：中华书局，1961 年，第 1625 页。

修建的道观，其中由玄元庙改建的太清宫有"殿十二间，四柱，前后各两阶。东西各阶一。其宫正门曰琼华，东门曰九灵，西门曰三清。御斋院在宫之东，公卿斋院在宫之西，道士杂居其间"①。而建于开元十八年（730 年）兴唐观则建有天尊殿、门屋楼、精思堂屋和老君殿等②。可知在唐代的道观里，天尊殿、老君殿、精思堂屋等都已经出现，道观中的厅堂门院等建筑也都是以道教的专有名词来命名的，以此推知，道观中的一些标志性建筑都应该具备。

唐代公主道观不但呈现了唐代长安的建筑水平和建筑风格，而且是唐代长安的公共活动空间，充分展现了唐代繁荣而深厚的文化气象，如荣新江在《从王宅到寺观——唐代长安"公共空间"的扩大与社会变迁》一文中指出："一旦王宅变为寺观，就给城市提供了一块面积可观的公共空间，并有了各种政治和社会功能。"③他认为寺观大体上能为社会提供公共的政治空间、公共的学术空间、大众的娱乐空间、大众文化场所等。这些活动包括国忌行香活动、皇家祭祀、士人学子的读书聚会与谈诗论文、佛道的俗讲、民间的各类演出等。近年西安市发展的总体规划是与旅游文化相结合，以恢复唐文化为基础，向中国乃至世界展示丰富的中国文化和大唐文化。若是能将这些道观的利用与开发纳入西安的发展规划，无疑会对文化产业与旅游经济的发展起到重要的推动作用。

三、关于唐代长安公主道观开发的设想

（一）唐代公主道观地理环境与开发的可能性

1. 最具开发可能的两观

在能明确考证出观名、观址的几位唐代公主道观中，最具开发实力与效应的有两座。

其一，太平公主的道观——太平观。原因有四：

（1）名人效应较高。太平公主不但是初唐历史颇具影响的女性，而且由于受影视作品的影响，在当代民众中人气很旺。

---

① （宋）宋敏求撰，毕沅校正：《长安志》卷八，台北：成文出版社，1969 年，第 194 页。

② （宋）王溥：《唐会要》卷五〇，上海：上海古籍出版社，1991 年，第 1027 页。

③ 荣新江：《从王宅到寺观——唐代长安"公共空间"的扩大与社会变迁》，《光明日报》2009 年 4 月 21 日。

（2）太平观的地理位置很好。据史念海先生的《西安历史地图集》考察，太平观在今西安市的东八里村西安邮电大学附近①，正处于大雁塔广场文化区的地带，东边不远处即为大雁塔、大唐芙蓉园、南湖、曲江、植物园等著名景点，它的南部还有唐代天坛遗址。除此之外，它的周围还有西安外国语大学和陕西师范大学，旅游和文化的底蕴都非常好。

（3）交通便利。此处西边为西安南北交通的主干道——长安路，北达张家堡，南抵长安区，道路重新建设后面貌焕然一新。地铁二号线亦从此通过。

（4）食宿方便。此处北部即小寨商业区，商业繁华，人气旺盛，餐饮业荟萃，住宿与饮食都非常方便。

综上，开发太平观不仅成本低，而且前景看好。

其二，咸宜公主的道观——咸宜观。原因有三：

（1）名人效应较高。咸宜公主本身在唐代影响并不是很大，在当代影视作品中也不出名，但咸宜观的名人效应并不比太平公主逊色，因为咸宜观在唐代中后期是唐代仕宦妇女出家为冠的首选道观，其中就包括著名的诗人女道士鱼玄机。鱼玄机（约生于 844 年，卒于 871 年，一说卒于 868 年）晚唐诗人，长安（今西安）人，初名鱼幼薇，字蕙兰。咸通初（860 年）嫁李亿为妾，不被大妇所容。咸通七年（866 年）入咸宜观出家，改名鱼玄机。据记载，鱼玄机入道以后，与晚唐文人多有来往，以"风月赏玩之佳句，往往播于士林。然蕙兰弱质，不能自持，复为豪侠所调，乃从游处焉。于是风流之士，争修饰以求狎，或载酒诣之者，必鸣琴赋诗，间以谑浪，懵学辈自视缺然。"②李子安和温飞卿都是她的情人。鱼玄机后因打死婢女绿翘案为京兆尹温璋判杀。

（2）地理位置较好。咸宜观在亲仁坊，崔凯《唐长安城"亲仁坊"考——我校校本部校址唐代时期历史环境考察》一文对亲仁坊做了非常详细的考证，说西安建筑科技大学地处亲仁坊北部，约占半坊之地③，而咸宜观在亲仁坊的西南角，其具体位置大约在今西安建筑科技大学之南偏西一带。此处往南是大雁塔文化广场和大唐芙蓉园游览区，西南方有陕西省历史博物馆，除了

---

① 史念海：《西安历史地图集》，西安：西安地图出版社，1996 年，第 97 页。
② （宋）李昉等：《太平广记》卷一三〇"绿翘"条，北京：中华书局，1961 年，第 922 页。
③ 崔凯：《唐长安城"亲仁坊"考——我校校本部校址唐代时期历史环境考察》，《西安建大报》2008 年 4 月 17 日，第 2 版。

西安建筑科技大学之外，还有长安大学、西安财经大学等高校，旅游与文化底蕴也非常好。

（3）交通便利。此处西部为雁塔路，东部为太乙路，都是贯通南北的交通主干道，南部是南二环，东西畅通。

（4）食宿方便。此处西南部即小寨商业区，商业繁华，人气兴旺，餐饮业荟萃，住宿与饮食都非常方便。

综上，开发咸宜观不仅成本低，而且前景看好。

2. 较具有开发可能的三观

次于太平观和咸宜观而具有开发可能的唐代公主道观有三座。

（1）新昌公主的道观——新昌观。根据史念海先生的《西安历史地图集》，新昌观大约在今陕西省委党校附近[①]。东部不远处就是大兴善寺，再往东就是小寨商业区。此处交通亦很便利，东为朱雀大街，西为含光路，北为南二环。相对来说，开发成本较低，前景亦好。

（2）永穆公主的道观——华封观（万安观）。据史念海先生的《西安历史地图集》的考证，华封观位于唐长安城兴宁坊内，即今空军军医大学康复路附近[②]。但本文根据相关记载认为华封观位于平康坊，坊址在今西安和平门外一带，华封观也应在此。此处北为和平门，往南直下是大雁塔文化广场，往北直上是火车站，交通便利，客流量很大，有一定的开发条件。

（3）华阳公主的道观——宗道观（华阳观）。华阳观位于唐长安城的永崇坊。按照记载，亲仁坊、永宁坊、永崇坊、昭国坊、晋昌坊五坊是按照从北向南的顺序依次排列的，上文提到亲仁坊位于现在西安建筑科技大学附近，最南面的晋昌坊是现在的大雁塔广场，宗道观恰好位于雁塔路与南二环立交偏南一带。此处往南直下是大雁塔文化广场，往北直上是和平门，交通亦较便利，可以考虑开发。

3. 开发最困难的两观

在考虑唐代公主道观开发过程中，最棘手的是金仙公主的道观——金仙观

---

① 史念海：《西安历史地图集》，西安：西安地图出版社，1996 年，第 97 页。

② 史念海：《西安历史地图集》，西安：西安地图出版社，1996 年，第 97 页。

和玉真公主的道观——玉真观。这两位公主名气大、人气旺（尤其是玉真公主），她们的道观也是唐代公主道观中规模最大、建筑最华丽宏伟的，但是道观在目前所处的地理位置并不理想，根据史念海先生的《西安历史地图集》考证，金仙观和玉真观在今西安市西站路、玉祥门附近①。此地虽然交通便利，食宿亦很方便，但是附近缺少合适的旅游资源，加之两座道观本身规模很大，开发重建耗资巨大，很可能得不偿失。

（二）开发规划与设想

（1）配合其他资源进行开发以保证效益的稳定。旅游项目的开发要具有稳定的效益，才能达到旅游产品开发的目的。为了达到这个目标，促进西安地区旅游业和文化产业的发展，本项目的开发必须结合周边的旅游环境，并与相对稳定的旅游产品形成一定的旅游组合。这样做既能丰富原有的旅游活动，也能带动公主道观这一新的旅游产品的打入市场。在上述七个道观中，除了金仙观和玉真观以外，其他几观相对比较集中，其中华封观、咸宜观和宗道观由北往南成一条直线，北起和平门，南至大雁塔，大雁塔往西即太平观，太平观往西南斜上是新昌观。这五观的开发与重建可以充分利用现有的旅游资源，双方互相带动，如太平观与大唐芙蓉园、大雁塔和南湖连为一体，咸宜观与大雁塔、大唐芙蓉园联为一体，新昌观与大兴善寺联为一体。第一步，先开发重建太平观和咸宜观，经过一定时间的跟踪考察，如果文化与经济效益良好，再进行第二步的开发，即重建新昌观、华封观和宗道观。最后再考虑是否开发重建金仙观与玉真观。

（2）尽量突出宗教的特点以增加吸引力。当前，宗教旅游已成为旅游业的重要组成部分，很多地方都开展了相应的旅游文化活动，拉动了地方经济的发展，长沙市开福寺宗教民俗旅游就是比较成功的一例。②宗教旅游以朝拜、求法为目的，是一种专门层次的旅游活动。在旅游项目中突出宗教特色，不仅可以吸引一批固定的旅游者，而且由于博大精深的宗教文化以及历史悠久、丰富多彩的宗教建筑形式和文物古迹，也吸引着参观、游览的旅游者。唐代长安

---

① 史念海：《西安历史地图集》，西安：西安地图出版社，1996年，第97页。
② 王凯、魏敏：《宗教旅游资源深度开发模式探讨——长沙市开福寺宗教民俗旅游区个案研究》，《云南地理环境研究》2003年第4期。

是当时的道教文化中心，道教由于受到皇室的尊崇、扶持而特别兴盛。但是到目前为止，能为西安及其周边旅游业所利用的道观除了西安的八仙宫和周至的楼观台以外尚不多见，唐代的道观更未见一处，这实在是唐代历史文化的一种损失。因此，修复、利用西安历史上的著名道观，不仅能促进宗教旅游事业的发展，而且能带动观光等其他旅游形式的发展，从而取得良好的社会和经济效益。在开发公主道观过程中应该尽量突出宗教的特色，除了兴建道观建筑外，还应考虑展开相应的宗教活动，这样重建后的道观不仅是一处处名胜古迹的复现，也是一座座重要的宗教活动场所。

（3）尽量突出女性文化特色以提高亮点。随着男女平等成为我国的基本国策，女性在社会生产和生活中的作用越来越受到重视，女性文化的研究也成为热门的话题。可以尝试紧扣女性的话题来开发唐代公主道观，为西安旅游增加亮点。相对说来，唐代是中国历史上女性较为张扬而自由的时代，其表现之一就是女冠的大量涌现与女冠观的兴建。据《唐六典》卷四记载，当时全国宫观总数达1687所，女冠观就有550所，仅京师长安就有景云观（务本坊）、金仙观（辅兴坊）、玉真观（辅兴坊）、咸宜观（亲仁坊）等十余所大型女冠观。唐代女冠观的阵容，可以说是历代之中最为壮观的，尤其是众多的公主入道为女冠，更是为其他朝代所未曾有的现象。在开发唐代公主道观的过程中，应该尽量围绕着这一主题，突出唐代女性文化的特色，在道观的修建与装饰方面尽量展现唐代女性的生活风貌，这样重建后的道观不仅是许多名胜古迹的复现，也是多座唐代女性文化的博物馆。

（4）结合城中村改造确保开发的实效性。近几年，西安市正在进行大规模的城中村改造工程，如何改造城中村，改造后的城中村要达到什么样的目标，正是目前政府和老百姓所关心并不断探讨的话题。现在通行的改造计划就是将杂乱无章的民居拆掉，然后建起一座座高楼大厦，让农民住到楼房里去，农村好像就变成城市了。其实一个好的改造计划不仅仅是拆旧建新，使城中村变得整洁且具有现代感，而是要通过改造拉近城中村的居民与城市居民的距离，这就需要在改造过程中注重文化内涵的渗入，为城中村居民提供居住和活动都非常舒适且带有一定文化氛围的场所。这就要求在城中村改造过程中必须重视可资利用的文化资源。上述提到的可以开发的公主道观中，目前唯有太平公主道观地理位置比较合适，正好可以与正在进行的瓦胡同村改造结合起来。可以设想一下，如果改造后的瓦胡同村有一个太平公主道观的话，不仅可以给村民们提供一个就业的场合，而且给村民们创造了一个公共活动的空间。将唐代长安公主道观的开发与利用与城中村改造结合一起进行的话，就可以改变城中村改造形式过于单一、缺乏文化内涵的尴尬局面。

原载（《唐都学刊》2012 年第 2 期）

唐代文安公主杂考

唐代公主入道是唐代道教史上一个颇为重要的现象，据相关史籍考察，唐代入道为冠的公主前后最少有十七个①。在这些女冠公主中，文安公主的身份存在着很大的疑问，需要详细的考证研究。关于文安公主身份，至今无人关注，本文实乃抛砖引玉之作。

资料显示，唐代至少有两个文安公主，一个是《新唐书·公主传》所载的"文安公主，丐为道士。薨太和时"的唐德宗之女②，《唐会要·公主》所载与之相同。另一个是《文安公主墓志铭》所载的唐顺宗之女。志云：

> 公主讳代宗儿，高祖神尧大圣大光孝皇帝九代之孙，顺宗至德大圣大安孝皇帝第十七之女，今上之老姑也。母曰陈氏，生于贞元癸酉之岁二月哉生明之日，霄极孕灵，瑶源濬气。幼植柔惠之性，长资幽闲之德。公宫彝训，既禀于生知；疏邑联华，遂荣其徽数。内有所至，外不自彰。是加封鲁之恩，不及配陈之礼。所宜锡以洪算，永承大庆，而遽谢昭代，忽先朝露。斯所以感深朱邸，悲轸皇情。③

---

① 参见焦杰：《试论唐代公主入道原因与道观生活》，《世界宗教研究》2013 年第 2 期。

② （宋）欧阳修、宋祁：《新唐书》卷八三《诸帝公主传》，北京：中华书局，1975 年标点本，第 3665 页。

③ 周绍良、赵超：《唐代墓志汇编续集》大和 011《大唐故文安公主墓志铭》，上海：上海古籍出版社，2001 年，第 887 页。

按：这个志文所载的文安公主与传世文献所载的女冠公主文安颇有相似之处，但一些关键数据却明显不同。两者相似之处有三：一是封号相同。二是均未婚配。三是去世时间接近，一为太和二年，一为太和时。不同之处有二：一是父亲不同，一为唐德宗，一为唐顺宗。二是一云入道，一未云入道。不知此文安是否为彼文安乎？

按：唐代公主名号多有重复者，但多数相隔时间相对较长，如唐高祖时的永嘉公主和唐宪宗时的永嘉公主，唐穆宗时的义昌公主和唐昭宗时的义昌公主，唐代宗时的太和公主与唐宪宗时的太和公主；不过时间相隔较近的也有，只是不如前者多，如唐代宗时的普宁公主与唐德宗时的普宁公主，唐德宗时的临真公主与唐宪宗时临真公主。难道唐德宗和唐顺宗之女都有封文安公主的？又按：《文安公主墓志》铭文云文安公主卒于太和二年（828 年），与《新唐书·公主传》所云"薨太和时"同，则此文安公主与彼文安公主似乎为同一人，毕竟封号相同去世年代又接近实在过于巧合；但研读《文安公主墓志》中的文字，唐顺宗之女文安公主未曾入道，似乎此文安公主与彼文安公主又不是同一人。不过，根据《文安公主墓志》铭文所云"是加封鲁之恩，不及配陈之礼"之文，则知此文安公主与彼文安公主同样未曾嫁人。因此，正史所云文安公主与《文安公主墓志》铭文所云文安公主到底怎么一回事尚需要进一步考订。

《新唐书》和《唐会要》载唐顺宗有女十一人，其中并无文安公主，但《文安公主墓志》为唐文宗时宰相宋申锡所写，他是当时人记当时事，所记资料与史实不应有太大的出入，应该不会为唐顺宗杜撰出一个文安公主来。不过其云文安公主为唐顺宗第十七女，却与正史所载的唐顺宗有十一女又是明显的出入。那么问题出现在哪里呢？按：《唐大诏令集》载有《封永阳长公主制》，其云："皇第十妹可永阳公主，第十一妹可普宁长公主，第十三妹可文安长公主。"[1]则唐顺宗的确有妹为文安公主，那么正史所载文安公主应为属实[2]。而唐顺宗在封几个妹妹为长公主同时，也将几位女儿由郡主封为公主，其中，"第十八女可浔阳公主，第二十一女可临汝公主，第二十二女可平恩公

---

[1] （宋）宋敏求：《唐大诏令集》卷四一《封永阳长公主制》，北京：中华书局，2008 年，第 195 页。
[2] 张蕴、桑少华在《西安出土文安公主等墓志及郭彦塔铭》（《考古与文物》1988 年第 4 期）一文中认为文献中将文安公主记为唐德宗之女与史不合，这一说法亦欠妥当。

主，第二十三女可邵阳公主"①。由此可见唐顺宗的女儿不止十一个，正史所载并不全面。这样看来，唐德宗与唐顺宗都有女儿封文安公主，而且她们都没有结婚。只是唐德宗之女出家为冠，唐顺宗之女至死仍然待字闺中。

不过，按照中国礼法制度，晚辈的名讳是不能与长辈相同的，唐代虽然有不少公主封号相同，但绝大多数都是相距年代较久者。但是有几个公主的生活时代太近，如号普宁有唐代宗之女、唐德宗之女和唐宪宗之女，号临真的有唐德宗之女与唐宪宗之女，号唐兴的有唐僖宗之女与唐昭宗之女，特别是号文安的有唐德宗之女和唐顺宗之女，岂不是有犯讳的可能？按：唐僖宗、唐昭宗时的唐王室已经名存实亡，国史馆在长庆年间便已不修，晚唐时的档案材料更是支零破碎，后人修史已无本可据，所以《新唐书·公主传》到此时也没有什么内容，唐僖宗之女与唐昭宗之女都号唐兴，很可能是修撰之误，也可能前者已经不在人世。值得考察的是前两位公主。

《新唐书·公主传》载唐代宗女普宁公主，下嫁吴士广，生卒年未详。但根据《唐大诏令集》的《册普宁公主出降文》所载："维大历七年岁次壬子七月庚辰朔十六日乙未，皇帝若曰：于戏，春秋之义，下嫁之礼，主于同姓，送以上卿，克明大伦，叶用彝典，咨尔普宁公主，孝敬闲婉。"②则其出嫁年代为大历七年（772 年）。如果十五岁出嫁，那么她出生的年代大约是乾元元年（758 年），到元和元年（806 年）已经年近五十。而唐宪宗之女"梁国惠康公主，始封普宁。帝特爱之。下嫁于季友。元和中，徙永昌。薨，诏追封及谥。"③则知其在元和年间改封永昌，那么普宁当是她为郡主时的封号。实际上据《封永昌公主制》"而疏封旧邦，礼宜改避"所云④，郡主升公主时通常也应该改变封号的。普宁公主既改封永昌，即便唐代宗之女普宁公主仍然在世，也不存在犯讳问题。

《新唐书·公主传》载唐德宗临真公主薨于元和时期，那她最迟在元和十五年（820 年）便已经去世。唐宪宗女临真公主在元和的最后一年即元和十五年（820 年）时可能还不到十五岁，因为她有两个姐妹永安公主和安定公主在

① （宋）宋敏求：《唐大诏令集》卷四一《封永阳长公主制》，北京：中华书局，2008 年，第 195—196 页。

② （宋）宋敏求：《唐大诏令集》卷四二《册普宁公主出降文》，北京：中华书局，2008 年，第 203 页。

③ （宋）欧阳修、宋祁：《新唐书》卷八三《公主传》，北京：中华书局，1975 年标点本，第 3667 页。

④ （宋）宋敏求：《唐大诏令集》卷四一《封永昌公主制》，北京：中华书局，2008 年，第 196 页。

长庆初年先后被封为公主许嫁回纥，她们分别是唐穆宗的第九妹和第十妹。《唐会要·杂录》载："太和公主，长庆元年二月封为公主，册为回纥可敦。出降爱登里逻骨没密施合毗伽保义可汗，以中书侍郎平章事崔植充册使，户部侍郎平章事杜元颖充五礼使。五月，诏缘改定太和公主出降回纥事宜，令中书舍人王起赴鸿胪寺宣示回纥等使。保义可汗既立，遣使求婚，遂封第九妹为永安公主。将以降嫁焉。其年三月，保义可汗卒；四月，册九姓回纥为崇德可汗；五月，遣使请迎所许嫁公主。朝廷以封第五妹为太和公主以降。"①而《旧唐书·回纥传》又载："穆宗即位，踰年乃封第十妹为太和公主，将出降。"②按长幼秩序的原则，太和公主应该为唐穆宗第十妹。其中永安公主因许嫁的可汗死了而未成行，为履行和亲条约安定公主又被许嫁老可汗之子。这两个公主的年龄当时也就十五岁左右的样子。以长幼之序而论，临真公主应该排在太和公主以后，而从她在开成初年才结婚的情况分析，其年龄也许还要小一些。此时唐德宗之女临真公主已经去世，唐宪宗之女再封临真也就不算犯讳了。

比较麻烦的是唐代宗女儿与唐德宗女儿都封普宁。据前文所引《封永阳长公主等制》德宗女普宁公主为唐顺宗第十一妹，唐顺宗即位后加封长公主，仍然号普宁。此时唐代宗之女如果还活着的话，那么唐德宗女儿也封为普宁显然就与礼法有违了。所以，要么唐代宗女儿已经去世，要么就另换名号了。据前文所考，代宗女普宁公主在元和元年（806 年）已经年近五十，到永贞元年（805 年）应该也有四十九岁了，年纪已经不小，所以很可能在唐德宗之女封普宁之前就已经去世。

另外，据《新唐书·公主传》记载，唐德宗诸女身体都不甚好，早逝的很多，比如义川公主、晋平公主和普宁公主都是未婚而卒，唐安公主和义章公主虽然结了婚，但在婚后的第二年也都去世了。如《唐会要·公主庙》载："贞元十五年七月十五日，追册故唐安公主为韩国贞穆公主。故义章公主为郑国庄穆公主。"③唐安公主是唐德宗长女，"诏尚韦宥，未克礼会而遇播

---

① （宋）王溥：《唐会要》卷六《杂录》，上海：上海古籍出版社，2012 年，第 89 页。
② （后唐）刘昫等：《旧唐书》卷一九五《回纥传》，北京：中华书局，1975 年标点本，第 5211 页。
③ （宋）王溥：《唐会要》卷一九《公主庙》，上海：上海古籍出版社，2012 年，第 448 页。

迁"①，然而史籍又载："从幸山南，车驾至城固县，唐安公主薨"②，则其似未曾完婚，卒于兴元元年（784 年）三月，但《旧唐书·韩滉子皋传》载贞元十四年（799 年）春夏大旱，会"唐安公主女出适右庶子李愬"③。所以，唐安公主在播迁中与韦宥成了婚，并生下一女，这个女儿在十五岁那年嫁给了李愬，唐安公主很可能在产后不久身亡。她的早逝原因与播迁的艰苦环境有关，也与她身体不够健康有关。义章公主于贞元三年（787 年）许嫁张茂宗，但"以公主幼待年，十三年，属张茂宗母亡，遗表请终嘉礼。德宗念茂昭之勋，即日授云麾将军，起复授左卫将军同正、驸马都尉。……以义章公主降张茂宗"④。义章公主贞元十三年（797 年）结婚，至贞元十五年（799 年）立庙，说明她婚后最长也只活了两年时间，身体状况显然不佳。相对来说，唐德宗之女宜都公主活了三十一岁，倒算其中活的较长的人⑤。所以推测普宁公主去世较早也存在一定的可能性。

下面再谈文安公主。文安公主为唐德宗第十三女，唐顺宗即位后加封长公主，依然号文安，她与普宁都没有结婚，普宁是早薨，她是出家入道了。贞元十四年（798 年），二十七岁的宜都尚未婚配，以唐德宗五十八岁的高龄仍然想办法为宜都公主解决婚嫁问题的情况分析⑥，普宁公主和文安公主年龄不会太大，至少与宜都公主不会相隔太近，也许是十到十五岁之间。唐顺宗之女文安公主生于贞元九年（793 年），到永贞元年（805 年）才十二岁。其封公主事见于《封十二妹等四人长公主制》载："古者帝子下嫁，必使王公主焉。近代或有未笄年而赐汤沐者，亦加公主之号。第十二妹等，先帝之子也，比朕之子，宜加等焉。故当幼年，各封善地，咸命为长公主，未及釐降，先开邑封，

① （后唐）刘昫等：《旧唐书》卷一三八《姜公辅》，北京：中华书局，1975 年标点本，第 3787 页。
② （后唐）刘昫等：《旧唐书》卷一二《德宗本纪》，北京：中华书局，1975 年标点本，第 3788 页。
③ （后唐）刘昫等：《旧唐书》卷一二九《韩滉子皋传》，北京：中华书局，1975 年标点本，第 3604 页。
④ （后唐）刘昫等：《旧唐书》卷一四一《张茂宗传》，北京：中华书局，1975 年标点本，第 3860—3861 页。
⑤ 《新唐书·公主传》载宜都下嫁柳昱，时间不详，但据《驸马都尉柳府君墓志》及《宜都公主墓志》所载，宜都于贞元十四年（798 年）下嫁政和公主之子柳昱，贞元十九年（803 年）卒，享年三十二。本文说的三十一是周岁。
⑥ 唐德宗生于天宝元年（742 年），卒于贞元二十年（804 年），贞元十四年（798 年）时五十八岁。

所以慰太后慈念之心。"①此文的作者是白居易，写作的时间应该为元和元年（806年），其时他正好担任了翰林学士。制中所说的十二妹等就包括文安公主在内的那些于永贞元年（805年）没有晋封的公主，只是不知唐顺宗为何如此偏心？元和元年（806年）与永贞元年（805年）只差一年，从避讳的角度讲，如果唐德宗之女还活着的话，唐顺宗之女不应该也封文安，因此有一种可能是文安公主此时已经去世了，只是史料缺载而已，《新唐书·公主传》说她薨于太和初年恐怕是被唐顺宗之女文安公主误导了。当然也有另一种可能，即她入道以后算是出家之人，唐顺宗之女再封文安也不算犯讳了。

苏雪林女士根据唐沈亚之的《梦挽秦弄玉》诗及序怀疑晚唐"吴兴才子"沈亚之与入道的唐德宗之女文安公主有过一段恋情②。李嘉郁认为文安公主薨于太和时，"这与小序所记'太和初，沈亚之将之'，在时间上是相吻合的"③。如果此文安是《文安公主墓志》所云之文安，那么这种推测倒有一定的可能性，因为文安在太和二年（829年）去世，年仅三十六岁，沈亚之元和十年（815年）进士及第，三十多岁④，文安才二十多岁，正是风华正茂的年纪，且未婚嫁。如果此文安是《新唐书·公主传》所云文安，那么这种可能性是不会存在的，因为根据前文的考察，入了道的文安公主很可能早逝。事实到底如何，也只能等待新的材料了。不过据近人的研究，沈亚之的《梦挽秦弄玉》以及其传奇小说《秦梦记》是"以民间弄玉和萧史的故事附会于己"⑤，表达了对他的爱妾卢氏去世的追悼与怀念而已。⑥

原载（《平顶山学院学报》2016年第3期）

---

① （宋）宋敏求：《唐大诏令集》卷四一《封十二妹等四人长公主制》，北京：中华书局，2008年，第196页。

② 苏雪林：《苏雪林文集》第四卷《玉溪诗谜》，合肥：安徽文艺出版社，1994年，第33—34页。

③ 李嘉郁：《长伴吹箫别有人——谈唐代中后期女冠公主的社交与恋情》，《中华女子学院学报》1999年第4期。

④ 张清华：《沈亚之行年考》，《唐代文学研究》，上海：上海书店，2002年，第620页。

⑤ 周加胜：《中唐吴兴沈亚之年谱考述》，《学理论》2010年第12期。

⑥ 李世进：《沈亚之的生平与创作》，四川大学硕士学位论文，2005年，第39页。

第三编

文化考义

古代爱情故事中化蝶结局的由来

一

提起蝴蝶，人们第一时间想到的就是梁山伯与祝英台。其实，在历史传说中，男女情爱至深、灵魂化为蝴蝶、双飞双栖的故事并非只此一例，韩凭夫妇的故事也是其中之一。明人彭大翼在《山堂肆考》中就说："俗传大蝶必成双，乃梁山伯、祝英台之魂，又韩凭夫妇之魂，皆不可晓。"①需要指出的是，尽管这两个传说起源都比较早，但最初的结局却不是化蝶，化蝶的结局是经过六七百年的流传和发展才最终形成的。

中国历史上有一个非常有名的相思树的传说，这个传说便是韩凭夫妇生死不渝的爱情故事。据晋干宝的《搜神记》记载：

> 宋康王舍人韩凭，娶妻何氏，美，康王夺之。凭怨，王囚之，沦为城旦。妻密遗凭书，缪其辞曰："其雨淫淫，河大水深，日出当心。"既而王得其书，以示左右，左右莫解其意。臣苏贺对曰："其雨淫淫，言愁且思也；河大水深，不得往来也；日出当心，心有死志也。"俄而凭乃自杀，其妻乃阴腐其衣。王与之登台，妻遂自投台，左右揽之，衣不中手而死。遗书于带曰："王利其生，妾利其死，愿以尸骨赐凭合葬。"王怒，弗听，使里

———————

① （明）彭大翼：《山堂肆考》卷二二六"韩凭魂"条，上海：上海古籍出版社，1992 年影印本，第 472 页上栏。

人埋之，冢相望也。王曰："尔夫妇相爱不已，若能使冢合，则吾弗阻也。"宿昔之间，便有大梓木生于二冢之端，旬日而大盈抱，屈体相就，根交于下，枝错于上。又有鸳鸯雌雄各一，恒栖树上，晨夕不去，交颈悲鸣，音声感人。宋人哀之，遂号其木曰"相思树"。相思之名起于此也。南人谓此禽即韩凭夫妇之精魂。今睢阳有韩凭城，其歌谣至今犹存。①

宋康王是战国时期宋国最后一个君王。从这个记载来看，韩凭夫妻的传说由来已久，并非起自晋时。奇怪的是，文中只讲二人死后灵魂化为相思树，紧紧缠绕在一起，却没有丝毫化蝶迹象，何以后世传说韩凭夫妇的灵魂化为蝴蝶，难道他书有此记载？不，事实并非如此。因为化蝶之说也见于《搜神记》，不过不是今本，而是《太平寰宇记》中所引的本子：

> 韩凭冢，《搜神记》："宋大夫韩凭娶妻美，宋康王夺之，凭怨王自杀。妻阴腐其衣，与王登台，自投台下，左右揽之，着手化为蝶。"又云："凭与妻各葬相望，冢树自然交柯。"②

《太平寰宇记》是乐史所撰的一部地理总志，成于北宋初年，记载的是宋以前的历史地理沿革，所引资料大多是唐代的。这条记载说明唐代流传的《搜神记》有不同的版本，其中某一版本中有了化蝶之说。

为什么同一本书记载同一件事会有两种不同的结局？是化蝶在先？还是相思树在先？抑或是二者同时流传？这些都是本文需要梳理的问题。

《搜神记》一书在唐宋时代很受欢迎，很多书里都有引用，"韩凭妻"这一条也先后被《艺文类聚》卷四〇、《法苑珠林》卷三六、《太平广记》卷四六三、《岭表录异》卷中、《北户录》卷三等引用过。《艺文类聚》《法苑珠林》成于初唐，所引与今本相同，都说韩凭夫妇之冢各生一树相交，称作相思树，他们的灵魂变成雌雄鸳鸯。这说明至迟在初唐时期，《搜神记》中韩凭夫妻的故事并没有演化出化蝶的结局。《北户录》成于中唐，所载与今本《搜神记》同，《岭表录异》成于晚唐，所载略有差异，但仍无化蝶之说：

---

① （晋）干宝：《搜神记》卷一一"韩凭妻"条，北京：中华书局，1979 年，第 210—217 页。

② （宋）乐史：《太平寰宇记》卷一四《河南道一四·济州》，北京：中华书局，2007 年影印本，第281 页。

韩朋鸟者，乃兔鹥之类。此鸟每双飞，泛溪浦。水禽中鹧鹈鸳鸯鸡鹉，岭北皆有之。唯韩朋鸟未见之也。案干宝《搜神记》云：大夫韩朋（一云凭），其妻美，宋康王夺之。朋怨，王囚之。朋遂自杀。妻乃阴腐其衣，王与之登台，自投台下，左右提衣，衣不胜手。遗书于带曰："愿以尸还韩氏而合葬。"王怒，令理之，以冢相望。经宿，忽见有梓木生二冢之上，根交于下，枝连于上。又有鸟如鸳鸯，恒栖其树，朝暮悲鸣。南人谓此禽即韩朋夫妇之精魂，故以韩氏名之。①

《太平广记》是北宋官修，成于北宋初年，"韩凭妻"一条来自《岭表录异》一书。"韩凭"这个故事在不同版本《搜神记》里的差异，说明韩凭夫妇的故事在晚唐以后开始有了变化。那么韩凭夫妇化蝶之说出现在什么时候？

就目前所见，韩凭夫妇化蝶的说法最早见于李商隐的《青陵台》诗云："青陵台畔日光斜，万古贞魂倚暮霞。莫讶韩凭为蛱蝶，等闲飞上别枝花。"②这首诗表明，韩凭夫妇化蝶的传说在中唐时期就已经出现了，《太平寰宇记》所引《搜神记》的内容或许就源于此。

相比于韩凭夫妇的故事，梁祝的传说起源稍晚，大约在南北朝时期。庄一拂在《古典戏曲存目汇考》中有较详细的叙述：

> 梁祝故事，向为民间所熟知，本事起源甚古，宋张津《乾道四明图经》引唐梁载言《十道四蕃志》云："义妇祝英台与梁山伯同冢，即其事也。"梁祝记载初见徐树丕《识小录》云："梁、祝事矣，《金楼子》及《会稽异闻》皆载之。"③

按：《十道四蕃志》《乾道四明图经》两书已佚，我们后人无法了解梁祝故事的原貌，只知道二人是同冢而死。《金楼子》一书乃梁元帝所作，《四库全书总目》考证说宋时尚完整，明初渐已湮晦，明末遂散亡。今本《金楼子》乃据《永乐大典》所辑，内中并无梁祝之事，盖已佚失，然徐树丕时尚见。《会稽异闻》一书未能见到原本，故不敢妄言。另外，梁祝故事在唐代似乎并

① （宋）李昉等：《太平广记》卷四六三"韩朋"条，北京：中华书局，1961年，第3804页。
② （唐）李商隐：《李商隐诗歌集解》，北京：中华书局，1998年，第1047页。
③ 庄一拂：《古典戏曲存目汇考》卷二"祝英台"条，上海：上海古籍出版社，1982年，第51页。

不出名，前面所谈各种类书都未见到收录，唐代诗文中亦不复见，故而梁祝故事之原貌到底如何，不好妄下定语。

今天的梁祝故事是由戏曲流传下来的，在民间影响甚大，大家也耳熟能详。最早的作品首推元代传奇《祝英台》和元白朴的杂剧《祝英台死嫁梁山伯》，可惜原本已佚，无法窥其梗概内容。明清时代，描写梁祝爱情故事的戏曲、小说作品纷纷出现，先后有《牡丹记》《英台记》《两蝶诗》《同窗记》《访友记》，以及小说和鼓词《梁山伯》等。这一时期戏曲、小说所述梁祝故事的内容肯定是上承宋元而又流传至今。

虽然记载梁祝故事最早的文字资料已失，但古代文献中有一个故事与其极为相似，学界认为这很可能便是梁祝故事的最早版本。这个故事载于《乐府诗集》：

> 古今乐录曰：《华山畿》者，宋少帝时《懊恼》一曲，亦变曲也。少帝时南徐一士子，从华山畿往云阳，见客舍有女子，年十八九，悦之无因，遂感心疾。母问其故，具以启母。母为至华山寻访，见女，具说。闻感之，因脱蔽膝，令母密置其席下，卧之当已。少日果差。忽举席见蔽膝而抱持，遂吞食而死。气欲绝，谓母曰："葬时，车载从华山度。"母从其意。比至女门，牛不肯前，打拍不动。女曰："且待须臾。"妆点沐浴既而出，歌曰："华山畿，君既为侬死，独活为谁施！欢若见怜时，棺木为侬开。"棺应声开，女透入棺。家人扣打，无如之何，乃合葬，呼为神女冢。①

这个故事发生于南朝宋时，结局是合冢而葬，《金楼子》所载或许与之相似，《十道四蕃志》也说梁祝合冢，都没有提及灵魂变蝴蝶事。这些资料都在指明一个事实，那就是最早的梁祝故事只是以同冢结束，化蝶结局的产生乃是晚唐甚至宋初以后的事，从唐宋缺少梁祝资料的情况看，也许还是受韩凭夫妇故事的影响。

二

韩凭夫妇与梁祝的故事为什么会在中晚唐以后衍生出化为蝴蝶的结局呢？

---

① （宋）郭茂倩：《乐府诗集》卷二，北京：中华书局，1979 年。

解释这个问题就是本文的主旨。

蝴蝶长久以来一直受到文人的青睐。因为她们经常夹翅逐于花丛、绿草之上，像一对恋人嬉戏、玩耍，所以人们常用蝴蝶来喻示男女之间的爱情。最早用蝴蝶暗示男女爱情的诗篇是南朝梁简文帝的《咏蛱蝶》：

> 空园暮烟起，逍遥独未归；翠丽藏高柳，红莲拂水衣。
> 复此从风蝶，双双花上飞；寄语相知者，同心终莫违。①

唐宋时代，诗词创作不断发展，蝴蝶的爱情隐喻受到文人的重视，借蝴蝶咏情爱的诗词便络绎而出。唐诗有李白的《长干行》云："八月蝴蝶黄，双飞西园草。感此伤妾心，坐愁红颜老。"李商隐的《晓起》云："书长为报晚，梦好更难寻。影音输双蝶，偏过旧畹兰。"宋词有周邦彦的《满江红》云："宝香薰被成孤宿。最苦是，蝴蝶满园飞，无人扑。"陈允平的《望江南》云："临宝鉴，石黛拂修蛾。燕子楼头蝴蝶梦，桃花扇底竹枝歌。"以蝴蝶喻示男女爱情在唐诗宋词中的流行，无疑为韩凭夫妇和梁祝故事化蝶结局的产生提供了可能。

当然，蝴蝶的爱情隐喻只给韩凭夫妇和梁祝故事化蝶的结局创造了一种可能，要想使这个结局成为现实，还需要一定的社会思想文化氛围，那就是南北朝和隋唐社会盛行的鬼怪迷信思想。

南北朝以来，佛教的流行，道教的发展，使得社会上神仙怪异思想非常流行。动物成精，草木幻化，人与动物、物与人也往往互相幻变。人和蝴蝶之间也能互相变化。

人变蝴蝶的记载最早见于唐人伪托晋人陶潜而著的《搜神后记》，其云：

> 晋义熙中，乌伤葛辉夫，在妇家宿。三更后，有两人把火至阶前。疑是凶人，往打之。欲下杖，悉变成蝴蝶，缤纷飞散。有冲辉夫腋下，便倒地，少时死。②

这里的蝴蝶虽是精怪，与爱情无关，不过却开创了人变蝴蝶的先声。

---

① （唐）徐坚等辑：《初学记》卷三〇，北京：京华出版社，2000年，第599页。
② （晋）陶潜：《搜神后记》卷八，北京：中华书局，1980年，第53页。

唐代另一作品《八朝穷怪录》记载的则是蝴蝶变人的故事。事见《太平广记》载：

> 宋刘子卿，徐州人也，居庐山虎溪……恒爱花种树，其江南花木，溪庭无不植者。文帝元嘉三年春，临眺之际，忽见双蝶，五彩分明，来游花上，其大如燕……子卿亦讶其大。九旬有三日，月朗风清，歌吟之际，忽闻扣扃，有女子语笑之音。……乃出户，见二女，各十六七，衣服霞焕，容止甚都，谓子卿曰："君常怪花间之物，感君之爱，故来相谐，未度君子心若何？"……子卿曰："鄙夫唯有茅斋，愿申缱绻。"①

在这个故事里，蝴蝶变成女子与人相爱，比纯粹的鬼怪故事又前进一步。从此以后，与爱情有关的人变蝴蝶的记载便开始出现。

唐人化蝶之事见于宋周密的《癸辛杂识》前集：

> 杨昊字明之，娶江氏少艾，连岁得子。明之客死之明日，有蝴蝶大如掌，徊翔于江氏旁，竟日乃去。及闻讣，聚族而哭，其蝶复来绕江氏，饮食起居不置也。盖明之未能割恋于少妻稚子，故化蝶以归尔。李商尝做诗纪之曰："碧梧翠竹名家儿，今作栩栩蝴蝶飞。山川阻深网罗密，君从何处化飞归。"②

宋人死后化蝶之事亦复不少，《癸辛杂识》前集又说：

> 杨大芳娶谢氏，谢亡未殓，有蝶大如扇，其色紫褐，翩翩自帐中徘徊，飞集窗户间，终日乃去。始信明之之事不诬。余尝做诗悼之云："帐中蝶化真成梦，镜里鸾孤枉断肠。吹彻玉箫人不见，世间难觅返魂香。"亦纪实也。③

宋人何薳所著《春渚纪闻》亦载：

> 建安章国老之室，宜兴潘氏女，二族称其韶丽，既归国老，不数岁而

---

① （宋）李昉等：《太平广记》卷二九五"刘子卿"条，北京：中华书局，1961年，第2352—2353页。
② （宋）周密：《癸辛杂识》前集"化蝶"条，北京：中华书局，1988年，第26页。
③ （宋）周密：《癸辛杂识》前集"化蝶"条，北京：中华书局，1988年，第26页。

卒。其终之日，室中飞蝶散满……既设灵席，每展遗像，则一蝶停立，久之而去。后遇远讳之日，与曝像之次，必有一蝶随至，不论冬夏也。①

上述三个故事中的蝴蝶都是人死后灵魂变成的，与《搜神后记》和《八朝穷怪录》所载蝴蝶精怪已有质的不同。灵魂变蝶，就是韩凭夫妇和梁祝化蝶结局产生的直接由来。

古人认为人死之后灵魂不灭，有的成仙，有的成鬼，有的借其他物事寄托灵魂。蝴蝶既是男女爱情的象征，相爱至深的男女任何一方死后，灵魂变成蝴蝶是十分自然的，殉情而死的双方同时变成蝴蝶也合情合理。韩凭夫妇与梁祝生死不渝的爱情故事和不幸遭遇，深得广大民众的同情和怜悯，人们希望他们在天之灵得到欢乐与幸福，便设想他们的灵魂变成了蝴蝶，双飞双栖、永不分离。

原载（《中国典籍与文化》1995 年第 3 期）

---

① （宋）何薳：《春渚纪闻》卷四"花月之神"条，北京：中华书局，1983 年，第 66 页。

虚幻意识与社会现实的交融
——《太平广记》梦之研究

梦是人睡眠时脑细胞间歇活动的结果，是一种正常的生理现象。但是在中国古代，人们却认为梦是神秘的启示，是超人类活动的反映，并企图通过分析梦境来预知吉凶、把握命运。也有人利用人们对梦的迷信，编造梦境来宣传某种观念。人们对梦的认识水平、利用方式，反映着人类的智力水平和社会意识，这正是我们在研究古代社会、文化中应十分注意的现象。《太平广记》中收录了许多两汉至隋唐时期与梦有关的故事，本文即以此为文本对其中所反映的社会文化进行初步的探讨。

一、梦的资料概说

《太平广记》是北宋初年官修的一部小说类书，分类收录了两汉到隋唐时期的各种历史故事、神异传说、趣闻异事、神仙鬼怪之事，材料来源包括笔记小说、志怪小说和传奇小说等，也有正史，其中唐代的内容占了绝大多数。梦是其中一类，共有七卷，从卷二七六开始，到卷二八二结束。其中第一卷无标题，第二、三卷为梦休征，第四卷为梦咎征，第五、六卷为鬼神、梦游。第七卷为梦游。从内容来看，梦类的资料取材十分广泛：正史杂史类有《晋书》《南史》《赵书》《前凉录》《越绝书》等；笔记小说类有《西京杂记》《林邑记》《酉阳杂俎》《谈薮》《因话录》等；神异灵怪类有《搜神记》《异苑》《幽明录》《志怪》《述异记》等；占梦圆梦类有《梦隽》《梦苑》《梦书》《梦记》《梦咎征》等。取材较多的有《幽明录》（九条）、《异苑》（七条）、《梦隽》（五条）、《酉阳杂俎》（一四条）、《宣室志》（一七条）、《广异记》）（一四条）、《朝野金载》（八条）、《定命录》（五条）、《北梦琐言》（六条）、《稽神录》（一五条）。因为这些文献大都为唐代典籍，故以反映唐代情况最详。又因为唐代以前的占梦书都已失传，所以《太平广记》梦类部分，是今人研究唐五代以前的占梦文化最集中、最丰富、最全面的专用资料。尽管这些梦经过文人的加工，已不同于真实的梦境，并且不够系统、条理，缺乏理论材料，不能作科学根据，但它毕竟具备了相当的数量，提供了大量信息，用以研究古人思想意识却极有价值。

二、梦的意义和效用

由于文献的缺失，今人已经无法知道古人怎样从理论上解释神秘的梦，唯《周礼注疏》在解释"三梦之法"时云："梦者，人精神所寤可占者……人之寐，形魄不动而精神寤见，觉而占之，故云精神所寤可占者。"①在古人看来，梦就是人在睡眠时的精神活动，是某事的预兆，所以醒来就要进行占卜来测示吉凶。《太平广记》所提供的梦境都非常具体且与做梦者有直接关系，不是预示其前途命运，就是本人或他人或鬼神的活动。由此看来，《周礼》所反映古人对梦的看法一直到唐代仍然延续着。显然，在古人心目中，梦不是虚幻而无目的的，它有着真实意义和实际效用，即显示吉凶祸福，预知禄命，并使人趋吉避凶。

《太平广记》所收梦境显示的吉凶祸福范围很广，大者关乎国家兴亡、称王称帝，小者关乎个人祸福、前途命运。吉者为休，凶者为咎。

（一）休征之梦的预示情况

（1）称王称帝。在封建社会里，称王称帝应该算是事业有成的最高境界了，是每一个有野心男人梦寐以求的功绩。隋文帝与唐高祖都是开国之君，他们都做过预示将来可能成为帝王的梦。隋文帝还未发达的时候，经常乘舟行于

---

① 李学勤主编：《十三经注疏·周礼注疏》卷二四，北京：北京大学出版社，1997年标点本，第638页。

江中，有一天"夜泊中，梦无左手"，一惊而醒，忐忑不安。上岸以后，来到一座茅草庵，中有一道行极高的老僧，便将梦境告诉了他。老僧听毕站起身贺道："无左手者，独拳也，当为天子。"后帝兴建此庵为吉祥寺。居武昌下三十里①。唐高祖在太原的时候曾做了一个怪梦，"梦身堕床下，见遍身为群蛆所食"，醒来之后也感到很恶心，遂向安乐寺智满禅师请教。后者解道："夫床下者，陛下也；群蛆食者，所谓众生共仰一人活耳。"②天下众生仰一人而活，那个人当然就是皇帝了。梦可谓灵验之极。

（2）升官晋爵。光宗耀祖、升官晋爵是封建皇权时代每一个走入仕途的男子的渴望，因为渴望，所以类似的梦便会频繁出现于梦中。唐代的薛季昶在担任荆州长史的时候，曾经"梦猫儿伏卧于堂限上，头向外"，醒来后百思不得其解，便向占者张猷请教。张猷说："猫儿者爪牙，伏门限者，阃外之事，君必知军马之要。"③几天之后，果然来了诏书，薛季昶升任桂州都督岭南招讨使。窦参在唐代的贞元年间担任御史中丞，大概一心想高升，日有所思夜有所梦，一天晚上"梦德宗召对于便殿，问以经国之务。上喜，因以锦半臂赐之"。醒来之后，甚觉奇怪，以为皇帝想让自己退休，遂怏怏不快。恰有客人来访，遂将此梦告知，有客人懂得解梦，恭祝道："半臂者，盖被股肱之衣也。今公梦天子赐之，岂非上将以股肱之位而委公乎？"④第二天，窦参果然官拜中书侍郎平章事，做了宰相。

（3）进士及第。唐代沿袭隋制，实行科举取士，除了祖上有门荫者，读书人欲入仕途者大都要走此途。虽然唐代科举设有明经和进士两科，但欲做高官非进士科不可，故唐有"三十老明经，五十少进士"之说。能否高中、榜上有名，便也成为唐代士人梦寐以求的理想。豆卢署原名辅贞，年轻时客居衢州，刺史郑式瞻很欣赏他，替他改名，写了署、著、助三字，让他自己选择。晚上睡觉时，他梦见老父对他说："闻使君与君易名，君当四举成名，四者甚佳。"⑤醒来之后，便改名署，以后果然第四考才中了进士。皇甫

① （宋）李昉等：《太平广记》卷二七七"隋文帝"条，北京：中华书局，1961年，第2193页。
② （宋）李昉等：《太平广记》卷二七七"唐高祖"条，北京：中华书局，1961年，第2193页。
③ （宋）李昉等：《太平广记》卷二七七"薛季昶"条，北京：中华书局，1961年，第2196页。
④ （宋）李昉等：《太平广记》卷二七八"窦参"条，北京：中华书局，1961年，第2204页。
⑤ （宋）李昉等：《太平广记》卷二七八"豆卢署"条，北京：中华书局，1961年，第2205页。

弘应进士举，无意中得罪了主考官华州刺史钱徽，自知无法中第，遂东归。夜梦亡妻乳母领首他向石婆神求助，石婆神乃一破石人，乳母曰："小娘子婿皇甫郎欲应举，婆与看得否？"石人点头曰："得。"①皇甫弘醒来入城应举，果然中了进士。

（4）疾病痊愈。疾病是人生一大痛苦之一，消减疾病痛苦也是人心中念念在兹的。下面的两个故事都发生在唐代。河东人薛义患了重病，数月不愈，奄奄一息。韦氏忧心忡忡，夜梦神人授以二符和咒语，韦氏醒来，"传咒于义，义至心持之，疾遂愈"②。韦氏女子亦愈，皆如其言也。江南司农少卿崔万安脾胃虚弱，经常拉肚子，人一点精神都没有。其家人祷于后土祠，求神福佑。这天晚上，万安梦见一位妇人对他说："此疾可治，今以一方相与，可取青木香肉豆蔻等分，枣肉为丸，米饮下二十丸。"③崔万安按照妇人的指点服了药，病果然好了。

（5）免祸得福。趋吉避凶、消灾求福是中国民众传统的社会文化心理。这种心理也常见于梦兆。唐代宰相顾琮在任补阙一职时，曾因得罪皇帝被下到狱中，按罪当诛。顾琮愁眉不展、坐卧不宁，恍惚间假寐，"忽梦见其母下体"，更加害怕，脸色都变了。旁人询问缘故，顾琮就把梦告诉了他。其中有一个会解梦的人恭贺道："太夫人下体，是足下生路也。重见生路，何吉如之。"④果然第二天，时任宰相薛稷上奏皇帝说判刑失当，顾琮竟得以免罪。后来顾琮一路高升，做到了宰相一职。徐孝嗣在率府时，白天经常在北壁下的床上休息，有一天"梦两童子，遽云移公床"⑤。孝嗣惊起，听到墙壁有声，连忙避开，行数步而壁倒，直接压到了床上。徐孝嗣能够临难脱险，全靠了梦境的预警。

（6）获得特殊才能。琴棋书画是古代读书人的风雅之事，拥有这几种技能，身价便会倍增。但是这些技能都是长期浸淫的结果，费时费力，于是梦便成为一条捷径。唐僖宗自幼聪明，学什么会什么，就是没有学过棋。有一天晚

① （宋）李昉等：《太平广记》卷二七八"皇甫弘"条，北京：中华书局，1961年，第2206页。
② （宋）李昉等：《太平广记》卷二七八"薛义"条，北京：中华书局，1961年，第2210页。
③ （宋）李昉等：《太平广记》卷二七八"崔万安"条，北京：中华书局，1961年，第2215页。
④ （宋）李昉等：《太平广记》卷二七七"顾琮"条，北京：中华书局，1961年，第2195页。
⑤ （宋）李昉等：《太平广记》卷二七八"徐孝嗣"条，北京：中华书局，1961年，第2191页。

上，他"梦人以《棋经》三卷焚而使吞之"，醒来后，立即命待诏前来观棋，"凡所指划，皆出人意"①。一场梦使唐僖宗成了棋坛高手。南康人谢谔进士出身，会写诗，有六十余首写得特别好。据说他小的时候常在家门前的一条小溪中玩耍，"尝梦浴溪中，有人以珠一器遗之曰：'郎吞此，则明悟矣。'谔度其大者不可吞，即吞细者六十余颗，及长，善为诗"②。当时他只挑了六十多颗小珠来吞，若是吃了大珠的话，那就成为一代诗豪了。

（二）咎征之梦的预示情况

（1）国家灭亡。北朝时代，张天锡割据凉州，"梦一绿色犬，甚长，从南来，欲咋天锡。"他吓了一跳，赶紧躲避，结果从床上摔下，人也就醒了。后来前秦的苻坚派遣一个叫苟苌的人为将，身穿"绿地锦袍，从南来，攻入门，大破之。"③这个梦便是预兆。春秋末期吴越争霸，吴王夫差打败勾践后便志得意满，从此安心享乐。不料有一天"夜梦三黑狗号，以南以北，炊甑无气。"醒来召群臣言梦，却无人能解。又召公孙圣来，公孙圣解为灭国之兆："王无国矣！犬号者，宗庙无主；炊甑无气，不食矣。"夫差大怒，杀死了公孙圣④。后来吴国果然为越国所灭。

（2）本人死讯。生和死不仅是古人关心的大事，也是今人关心的大事。恶死而好生，乃人之常理。因为关注，梦中便会有反应。唐玄宗初期，太平公主的党羽卢藏用、崔湜等人被流放岭南。行至荆州，崔湜夜梦讲坐下听法而照镜。醒来请善占梦的张猷解梦。张猷不忍直说，却告诉卢藏用道："崔令公大恶，梦坐下听讲，法从上来也。镜字金旁竟也。其竟于今日乎。寻有御史陆遗免赏敕令湜自尽。"⑤陇西李捎云是范阳卢若虚的女婿。为人放诞不羁，好纵酒聚饮。有一天晚上，他和妻子同时梦见自己和十数人被捕走，"杂以娼妓，悉被发肉袒，以长索系之，连驱而去"。醒来颇觉不祥，于是弃断荤血，持《金刚经》，数请僧斋，三年安然无恙。后来故态复萌，纵酒肉如初，与狐朋狗友十余人，"泛舟曲江中，盛选长安名倡，大纵歌妓。酒正酣，舟覆，尽皆

---

① （宋）李昉等：《太平广记》卷二七八"唐僖宗"条，北京：中华书局，1961年，第2212页。
② （宋）李昉等：《太平广记》卷二七八"谢谔"条，北京：中华书局，1961年，第2214页。
③ （宋）李昉等：《太平广记》卷二七六"张天锡"条，北京：中华书局，1961年，第2179页。
④ （宋）李昉等：《太平广记》卷二七六"吴夫差"条，北京：中华书局，1961年，第2174页。
⑤ （宋）李昉等：《太平广记》卷二七九"崔湜"条，北京：中华书局，1961年，第2217页。

溺死"①。

（3）他人死讯。梦不仅可以预兆自己的死，也可以预兆他人之死。唐代有个商人叫张瞻，长期在江淮一带经商，打算返程回家时却做了一个怪梦，"梦炊于臼中"。他十分不解，便找到解梦的王生。王生说："君归不见妻矣。臼中炊，因无釜也。"张瞻回到家中，他的妻子已经过世几月了。②山东著姓崔嘏娶曹州刺史李续之女为妻，兵马使国邵南负责障车仪式，期间打了个盹，忽梦新郎夫妇二人一个立于床西，一个立于床东。"女执红笺，题诗一首，笑授嘏，嘏因朗吟之，诗言：'莫以贞留妾，从他理管弦。容华难久驻，知得几多年。'"梦后一年，崔嘏的妻子就去世了③。

（4）贬官远徙。仕途沉浮是古代官场一大奇景，喜内迁、厌远徙都是人之常情。唐宋八大家之一的柳宗元于元和十年（815年）奉诏从永州司马任上回京，十年的被贬生活使其非常渴望得到重用。日有所思，夜乃有所梦，一日"梦柳树仆地"。因为自己姓柳，柳树仆地是为不祥？柳宗元到卜者处求解。卜者告诉他说："无苦，但忧为远官耳。"因为"夫生则柳树，死则柳木。木者牧也，君其牧柳州乎？"后来果如其言④。

（5）落第放选。唐宪宗元和年间，卫中行担任中书舍人时，有故旧子弟进京赴选，找他帮忙，卫中行欣然答应。考试结束即将放榜，"其人忽梦乘驴渡一水，蹶坠水中，登岸而靴不沾湿"。此人以为吉兆，高兴地拜访故旧好友秘书郎韩皋，把梦告诉了他。韩皋喝了点酒，半真半假地戏说："公今年选事不谐矣！据梦，卫生相负，足下不沾。"此人不信，等到榜文张出，果然落第⑤。

（6）破财失物。除上述以外，古人梦预兆的范围实在很多，连日常生活的破财失物也能出现在梦中。唐代时洛州人杜玄非常喜欢自己养的一头牛，一日忽然梦见牛长了两条尾巴，不解其意。李仙药为之解曰："牛字有两尾，失字也。"数日后，他的牛果然丢了⑥。唐代有个走江湖卖艺的人叫李伯怜，曾在泾州讨生活，得米百斛。等返程时，他走旱路，他的弟弟走水路把米运回家

---

① （宋）李昉等：《太平广记》卷二七九"李捎云"条，北京：中华书局，1961年，第2219页。
② （宋）李昉等：《太平广记》卷二七九"张瞻"条，北京：中华书局，1961年，第2221页。
③ （宋）李昉等：《太平广记》卷二七九"崔嘏"条，北京：中华书局，1961年，第2223页。
④ （宋）李昉等：《太平广记》卷二七九"柳宗元"条，北京：中华书局，1961年，第2222页。
⑤ （宋）李昉等：《太平广记》卷二七九"卫中行"条，北京：中华书局，1961年，第2222页。
⑥ （宋）李昉等：《太平广记》卷二七九"杜玄"条，北京：中华书局，1961年，第2217页。

去。不想过了约定的时间，他的弟弟还没有到。一天晚上，他夜梦洗白马，求善占梦的威远军小将梅伯成解梦。伯成说："洗白马，泻白米也。君所忧，或有风水之虞乎？"几天以后，弟弟到达，说渭河中船翻了，一粒无余①。

三、占梦的主要方法

从以上众多梦例可以看出，梦是离奇古怪的，预示的形式多种多样，没有一定的专业技术和知识水平是难以解说的。早在夏、商、周时期，王室便设有专职的占梦官，而且不止一人。如《周礼·春官》云："占梦中士二人，史二人，徒四人。"②他们在原始社会时期就是部落中的巫师，进入了阶级社会成为统治阶层专门负责解梦的官员。

战国秦汉以来，随着文化的下移，占梦之法也渐渐从上层社会的专属转移到民间。而经过汉魏到隋唐时期的发展，文化不断进步，人们对自身的认识也在不断加深，占梦术已经逐渐不复神秘，各个王朝相继取消了占梦官。各个阶层的人士，都可以占梦，只要读过相关的梦书，拥有一定的文化素养。如前文提及为吴王夫差言梦的群臣，为隋文帝解梦的老僧，为唐高祖解梦的智满禅师，为李伯怜解梦的威远军小将梅伯成，为赴京考试士子解梦的秘书郎韩皋等人。此外，民间还有以占梦为生的专职术士，比如为柳宗元解梦的卜者。这些专门的术士有男也有女。如南朝人刘穆之乘船渡扬子江，夜"梦合两船为舫，上施华盖，仪饰甚盛，以升天"。天亮后，有一老太太问他昨晚是否做了好梦？然后告诉他说："君必位居端揆。"刘穆之后来果然官至仆射丹阳尹③。

然而，不论是官宦解梦，还是百姓解梦，虽然都不是科学，但是他们也不是信口开河、胡言乱语的，而是有一定的讲究和方法。《周礼·春官》云："占梦，掌其岁时，观天地之会，辨阴阳之气，以日月星辰占六梦吉凶。一曰正梦，二曰噩梦，三曰思梦，四曰寤梦，五曰喜梦，六曰惧梦。"④这里指出了占梦的基本理论和对梦兆的简单分类，至于如何辨阴阳之气，怎样利用日月

---

① （宋）李昉等：《太平广记》卷二七九"李伯怜"条，北京：中华书局，1961 年，第 2220 页。
② 李学勤主编：《十三经注疏·周礼注疏》卷一七，北京：北京大学出版社，1997 年，第 445 页。
③ （宋）李昉等：《太平广记》卷二七九"刘穆之"条，北京：中华书局，1961 年，第 2184 页。
④ 李学勤主编：《十三经注疏·周礼注疏》卷二五，北京：北京大学出版社，1997 年标点本，第 652—654 页。

星辰，则不得而知。《太平广记》所载故事并没有提供有关梦的理论和占梦方法，但根据材料可以总结出几种占梦的方法。

（1）析意法。析意是占梦者对梦里出现的场景进行推理分析，从而推断出梦的意义。当然如何分析推理也有讲究。有的从事物的因果关系入手进行分析，如张瞻梦"炊于臼中"，王生解为"臼中炊，因无釜也"，结论是"君归不见妻"。有的是根据梦境的象征意义进行分析，如顾琮以死罪系于狱中，"梦见其母下体"，解者分析道："太夫人下体，是足下生路，重见生路，何吉如之"，结论是免死得生。其他如唐高祖"梦群蛆所食"、薛季昶"梦猫儿伏卧于堂限上"条、窦参梦唐德宗"以锦半臂赐之"皆属析意法。这类梦例非常之多，乃至形成固定模式。如梦中现日，则必与皇帝有关，《太平广记》卷二七七之"玄宗"条、卷二七八之"杨炎"条和"郑光"条即是此类。

（2）谐音法。谐音是对梦里出现的事物的名词用同音字进行替换，从而指认其真正的含义。最典型的就是"棺"字，其谐音作"官"，凡梦见"棺"皆意味着升官。唐代的赵良器"尝梦有十余棺，并头而列"，他"从东历践其棺，至第十一棺破，陷其脚"。他后来果历任十一政，做到中书舍人时离世。诗人高适官任广陵长史时曾经对别人讲道："近梦于大厅上，见叠累棺木，从地至屋脊。又见旁有一棺，极为宽大，身入其中，四面不满，不知此梦如何？"后来历仕诸任，改为詹事，乃一优裕而闲散之官①。《太平广记》卷二七八的"李逢吉"条皆是如此。

有些梦比较复杂，必须采取综合的分析方法，即先析意后谐音。如前文隋文帝梦无左手，老僧解为"无左手者，独拳也"是析意，得出"独拳"后谐音，以"独拳"换"独权"，得出为天子的结论。又如给事中陈安平子，年满赴选，"夜梦十一月养蚕"。李仙药占曰："十一月养蚕，冬丝也。君必送东司。"②这也是先析意后谐音。

（3）析字法。析字法是利用汉字的偏旁部首构造特点，即每个字的偏旁部首都能构成一个单独的意义，将梦中出现的字进行拆分合并，找出显示梦真实含义的字。如前文所论崔湜流放岭南，在荆州"梦讲座下听法而照镜"，张

---

① （宋）李昉等：《太平广记》卷二七七"赵良器"条，北京：中华书局，1961年，第2198页。
② （宋）李昉等：《太平广记》卷二七八"陈安平"条，北京：中华书局，1961年，第2197页。

猷占曰："坐下听讲，法从上来也；镜字金旁竟也，其竟于今日乎？"即综合了拆字和谐音的方法，取"金"谐"今"。另外，唐代的魏仍一年参加铨选，梦人听到有人喊他，他"于铨门中侧耳听之"，有人解"以为门中侧耳是闻字，应是闻喜"，果唱闻喜尉①。这是合字的方法。前文杜玄梦牛生两尾预兆牛走失也是合字法。

（4）猜谜法。有些梦的真实意义隐藏很深，需要综合使用各种方法，经多次分析转换，才能解通。这种方法权称作猜谜法。典型的梦例是唐代宗时宰相张镒的故事。张镒很能干，唐代宗曾当面答应他要封他为相。于是他"日日以冀，而累旬无信。忽梦有人自门遽入，抗声曰：'任调拜相'。"外甥李通礼解释道："任调反语饶甜，饶甜无逾甘草，甘草独为珍药，珍药反语，即舅名氏也。"②这个解梦过程极其复杂曲折，从谜面到谜底要经过两个反语对调和两个平行切换。除了"博字善智"的文人，无人能解开这样高难度的梦谜。

（5）随意法。随意法是指解梦者不拘泥于梦境的直接象征意义，而是随着梦者形于言语的"意念"去破解梦的含义。北魏的周宣特别擅长解梦，一人以梦刍狗相询，周宣说："当得美食。"不久，此人又说梦见刍狗，周宣说："当堕车折脚"。后来那人又来相询，说还是梦见刍狗，周宣道："当有火灾"。皆如他所预言。那人不解，遂说："吾实不梦，聊试君耳。三占不同，皆验何也？"周宣说："意形于言，便占吉凶。且刍狗者，祭神之物，故君初言梦之，当得美食也；祭祀既毕，则为所轹，当堕车伤折；车轹之后，必载以樵，故云失火。"③周宣在这里所说的意念不是睡眠时的意念，而是清醒时的意念。占梦者从善占睡眠时的意念到善占清醒的意念，是否反映对梦的本质已有更深的认识呢？

四、古人对梦的认识

现代人都懂得，梦是人脑在睡眠时产生的精神活动，梦境是想象、虚幻的场景。但在科学不发达的古代，因为有些梦境十分清晰、自然，因而古人普遍认为梦境是一个真实的过程。这个真实过程不仅表现在做梦者在梦中的行为与

---

① （宋）李昉等：《太平广记》卷二七七"魏仍"条，北京：中华书局，1961年，第2197页。
② （宋）李昉等：《太平广记》卷二七八"张镒"条，北京：中华书局，1961年，第2202—2203页。
③ （宋）李昉等：《太平广记》卷二七六"周宣"条，北京：中华书局，1961年，第2178页。

日常一样，而且还表现在梦醒之后往往会找到梦中留下的东西。

《太平广记》中有一个故事是一则典型的梦中发生与日常一样的行为。中晚唐时期，有一国子监明经"昼梦倚徙于监门，有一人，负衣囊。访明经姓氏，明经语之，其人笑曰：'君来春及第'，明经遂邀入长兴里毕罗店，常所过处。店外有犬竞，惊曰：'差矣'。梦觉，遽呼邻房数人，语其梦。忽见长兴店子入门曰：'郎君与客食毕罗，计二斤，何不计直而去也？'明经大骇，解衣质之，且随验所梦，相其榻器，省如梦中。乃谓店主曰：'我与客俱梦中至是，客岂食乎？'店主惊曰：'初怪客前毕罗悉完，疑其嫌置蒜也。'来春，明经与邻房三人梦中所访者，悉上第。"①明经做梦下馆子，竟然真吃了店家一顿饭。这种事情从科学的角度讲绝对是行不通的。

有时在梦中出现的东西，醒来后依然存在，这种故事《太平广记》中也有好几例。唐代的宋琼是个孝子，他的母亲患病，大冬天想吃瓜，他苦心冥想不知到哪里找瓜，情深所到，一夜竟然"梦见人与瓜，觉，得之手中"②。郑昌图"夜后纳凉于庭，梦为人殴击，擒出春明门，至合大路处石桥上，乃得解，遗其紫罗履一只，奔及居而寤。甚困，言于弟兄，而床前果失一履。旦令人于石桥上追寻，得之。"③某人暗恋邻女，梦邻女赠二枚樱桃，吃下而觉，见"核坠枕侧"④。瓜、果核、鞋子，都是日常所食所用的实物，出现在梦中并完全按照梦的过程而保留到清醒后的现实，足见梦的的确确是现实生活的反映。

在很多古人看来，梦完全是真实发生的过程，有些"至精之梦"可以是可以看见的。"李铉著《李子正辩》，言至精之梦，则梦中之身可见，如刘幽求见妻梦中身也。"⑤所谓"至精"就是特别精诚，即心相通、精相连。《太平广记》中类似梦例不少：独孤遐叔远行归家，夜宿近家一座空庙中，睡到半夜忽见有人打扫庭院，布陈酒宴什物，不久，又来了男女十数人，仆从十数人，饮酒谈笑，杯错交盏。忽然他发现一名女郎极像自己的妻子，走近细看，果真

---

① （宋）李昉等：《太平广记》卷二七八"国子监明经"条，北京：中华书局，1961年，第2209—2210页。
② （宋）李昉等：《太平广记》卷二七八"宋琼"条，北京：中华书局，1961年，第2190页。
③ （宋）李昉等：《太平广记》卷二八二"郑昌图"条，北京：中华书局，1961年，第2252页。
④ （宋）李昉等：《太平广记》卷二八二"段成式"条，北京：中华书局，1961年，第2247页。
⑤ （宋）李昉等：《太平广记》卷二八二"段成式"条，北京：中华书局，1961年，第2247页。

就是。一名少年强迫她唱歌，众少相顾大笑不已。遏叔气愤已极，"扪一大砖，向坐飞去，砖才至地，悄然一无所有。"遏叔悲痛万分，以为妻子已死。哪知回到家里，发现妻子犹卧床上，梦魇方醒，说："向梦与姑妹之党，相与玩月。出金光门外，向一野寺，忽为凶暴者数十辈，胁与杂坐饮酒"，其梦中言语与遏叔所见相同，又说："方饮次，忽见一大砖飞坠，因遂惊魔殆绝，才寤而君至。"①又，张生远游归家，在草莽中见妻子与人宴饮，他拾瓦飞击，一击凶徒，二击妻额，登时"阒然无所见。"他认为妻子已死，痛哭回家，却见妻子安好，只是夜来头疼，诉其原因，张生方知己之所见乃妻子之梦②。为什么丈夫能见到妻子的梦呢？也许是夫妇情感至深的缘故吧！

古人对梦的另一种认识与现代观念比较接近，即认为梦是灵魂活动的产物。灵魂就是人的精神，换言之，也就是意念。如刘道济在天台山国清寺时，"尝梦见一女子，引生入窗下，有侧柏树葵花，遂为伉俪，后频于梦中相遇。自不晓其故，无何，于明州奉化县古寺内，见有一窗，侧柏葵花，宛若梦中所游。有一客官人，寄寓于此室。女有美才，贫而未聘，近中心疾。而生所遇，乃女子之魂也"③。这就说明了近代通过梦境来观察人的潜意识也是基于这种认识。

五、梦中所折射的时代观念

梦既然是意识活动的产物，那么《太平广记》所收录的众多的梦例中必然或多或少地反映出一定的时代观念和社会思潮，下面逐一分析：

（1）浓厚的宿命论思想。在古代人们的观念中，人生的一切都是命中注定、不可改变的。王播年轻时很落魄，旅居扬州，端午看龙舟竞渡，节度使杜亚大摆宴会款待官吏士绅，偏偏不请王播。王播酒酣昏睡，"梦身在宴处，居杜之坐。判官在下，多于杜公近半。"王播后来做了宰相，将除淮南节度兼盐铁使，然敕久不下。众人都感焦急，唯其胸有成竹，不慌不忙。不久，敕书下达，他果真就职扬州。一日"偶临江宴会，宾介皆在、公忽觉如己至者，思

---

① （宋）李昉等：《太平广记》卷二八一"独孤遏叔"条，北京：中华书局，1961年，第2245页。
② （宋）李昉等：《太平广记》卷二八二"张生"条，北京：中华书局，1961年，第2251页。
③ （宋）李昉等：《太平广记》卷二八二"刘道济"条，北京：中华书局，1961年，第2251页。

之，乃昔年梦。"①又，邢陶做宣州泾县令三年期满，梦人告曰："宣州诸县官人，来春皆替，而君官诰不到。"邢陶醒来十分嫌恶。"至明年春，罢归。有荐邢为水部员外郎，碟下而所司失去。复请二十余日，竟未拜而卒。"②尽管宿命的思想严重地禁锢了人们的头脑，但是人们为了理想、前途，曾尝试着用各种方法和宿命进行抗争。宋言原名宋岳，连考十次都名落孙山，一日梦"有人报云：宋秀才若头上戴山，无因成名，但去之，自当通泰。"宋岳醒来便改名言，果然一举中第③。又，前文所述李捎云梦见自己与众人披发肉袒，被长索系之而去，连忙"弃断荤血"，持《金刚经》数请僧斋，三年无他。"这种现象表明人们对宿命有畏惧而遵从的一面，也有不满而对抗的一面。

（2）淡泊的贞操观念。贞操观念尽管起源较早，但真正严格却是两宋理学盛行以后的事。在此以前，人们的贞操观念还很淡漠，离异再嫁、寡妇再婚之事时有发生，众人均不以为怪异。而到了唐代，由于李唐王室的血液中流淌着比重很大的少数民族成分，生活习惯相对原始、开放，因而有唐一代，上至皇室贵族，下至平民百姓，停妻再娶，离异再嫁之事层出不穷，甚至未婚同居、婚外私情也时有发生。尤能说明唐人对贞操要求不严的是，若男子长期外出，妻子与外人私通这一现实，丈夫也能容忍并理解。前文提到的"独孤遐叔"条和"张生"条就是典型的例子。因为独孤遐叔妻和张生妻的话是不可信的，可信的情况是她们耐不住寂寞，这从两梦发生之地都离家很近这一点即可得到证实。丈夫不是傻瓜，自然会明白真相，但他们能体谅妻子长年闺房独眠的苦衷，既不加指责，也不加揭穿。这样一种情况唐代其他文献也有反映。如《开元天宝遗事》曾记载杨国忠出使于江浙，"其妻思念至深，荏苒成疾。忽昼梦与国忠交，因而有孕，后生男名朏。泊至国忠使归，其妻具述梦中之事。国忠曰：'此盖夫妻相念情感所致'。时人无不讥诮也"④。此可谓滑天下之大稽，所以"时人无不讥诮"，然而杨国忠却故作相信，很理智地接受了妻子不贞的事实。

————————

①（宋）李昉等：《太平广记》卷二七八"王播"条，北京：中华书局，1961年，第2204页。

②（宋）李昉等：《太平广记》卷二七九"邢陶"条，北京：中华书局，1961年，第2228页。

③（宋）李昉等：《太平广记》卷二七八"宋言"条，北京：中华书局，1961年，第2211页。

④（五代）王仁裕等：《开元天宝遗事十种》"梦中有孕"条，上海：上海古籍出版社，1985年，第75—76页。

（3）轻视红尘的归隐思潮。归隐思潮是春秋战国以来就已产生的一种士文化，这种文化受魏晋南北朝时期玄学之风的影响，于隋唐时代达到极盛。在世人争赴功名利禄的同时，一批自命清高、才高八斗、学富五车之士，视荣华富贵如过眼云烟，他们远离尘世，躲在深山老林里修身养性，寻仙访道。这在梦中亦有明显的反应。唐代一士子卢生多年应举不第，一日在经堂昏睡，梦自己与士族之女成婚，又一举高中，从此平步青云，屡屡高升，直至宰相，历官二十年，子孙满堂。忽然梦醒，发觉此身仍在经堂。这梦使他大彻大悟，认为"人世荣华穷达，富贵贫贱，亦当然也。"于是下定决心不再追求功名，脱离尘世去寻仙访道，以求长生①。这一则梦例正是归隐思潮在人的意念中的典型折射，与众所周知的"枕中记"（《太平广记》卷八二"吕翁"条）和"南柯太守"（《太平广记》卷四七五"淳于棼"条）有异曲同工之妙。

（4）皈依佛门的时代潮流。佛教自从西汉末年传入中国以来，于南北朝时得到长足的发展，隋唐时代已以绝对优势战胜中国本土的道教，得到很多民众的信奉和皈依。佛教所宣扬的众生平等、轮回转世、阴曹地府、不杀生等观念已为相当部分人们接受。《太平广记》中收有很多这样的梦例。南梁刘之亨在南郡做官，一日"尝梦二人姓李，诣之亨乞命，之亨不解其意"。天亮以后，有人给他送来两条活鲤鱼。他认为这两条鲤鱼一定是昨晚梦到的人，于是就将鱼放了。当天晚上，他又梦二人谢恩云："当令君延一算"。②韩确幼喜吃鱼，无鱼不欢，一日梦身为鱼，历经入网被捕获、买卖、剖膛破肚、刮鳞掏鳃之苦，醒而顿悟，乃出家为僧③。类似的故事在《太平广记》中多不胜数，大都是在宣扬佛教众生平等的思想。《太平广记》这是在宣讲人和其他动物只是同一生命不同的存在形式，今日为人，也许他日即为鱼，因此劝谏人们千万不可杀生。此外，梦入阴曹地府受苦受难、转世投胎的梦例就更多了。不再一一列举。

当然，有一点需要说明，人们信奉和皈依佛门，为自身考虑的动机更多一些。如前文提到了的李捎云吃斋念佛、持《金刚经》的故事。李捎云本不信奉佛法，只是受到梦的警示后，为了活命才弃断荤血念《金刚经》，企图通过佛

---

① （宋）李昉等：《太平广记》卷二八一"樱桃青衣"条，北京：中华书局，1961年，第2242页。

② （宋）李昉等：《太平广记》卷一一八"刘之亨"条，北京：中华书局，1961年，第826页。

③ （宋）李昉等：《太平广记》卷二八二"韩确"条，北京：中华书局，1961年，第2252页。

法的保护以苟全生命。

　　综合分析探讨《太平广记》所载梦的故事，本文最后可以说，无论反映什么内容的梦，说穿了都是人们的意识，只不过表现得虚幻一点，而梦中的场景也都是社会现实的再现。因此也可以说《太平广记》中的梦实则上是人们的虚幻意识与社会现实的交融。

　　原载（《人文杂志》1995 年第 6 期）

从《太平广记》中的仙女下凡故事
看唐代的道教观念

　　道教自从在魏晋南北朝时期经过封建士大夫的改造而成为官方宗教以来，势力不断发展壮大，"隋唐到北宋，道教便进入兴盛时期"①。然而在中国，宗教的影响向来分两个层次——民间和上层，道教也不例外。从表面上看，尽管唐朝的统治阶级尊奉道教为国教，也一再大力加以扶持，"道教的社会地位大为提高，道士人数大增，道教组织更为强大，道教宫观不仅遍布全国，且规模日益宏大"②。实际上，在儒、释、道并立的唐朝，儒学由于其封建正统的性质而位于权力的核心，受到社会上下的遵奉，处于永不言败之位。而与佛教处于激烈竞争的道教，由于其宣传手法不敌佛教，影响也远不如佛教③。在民间，信奉佛教的人远比信奉道的人多，出家为僧的人也比出家为道士的人多。从这个角度讲，透过表面的繁华，道教在唐代实际上就已经开始了衰落。本文以北宋初年官修的小说类书《太平广记》卷五六至卷六六女仙类所载故事，来探讨道教在唐代走向衰落的社会现实。

---

　　① 卿希泰主编：《中国道教》第一卷，上海：东方出版中心，1994年，第27页。
　　② 卿希泰主编：《中国道教》第一卷，上海：东方出版中心，1994年，第27页。
　　③ 黄永年：《佛教为什么能战胜道教》，文史知识编辑部：《佛教与中国文化》，北京：中华书局，1988年，第30页。

一、与道教主旨背离的下凡动机

仙女下凡是传统社会民间文学的主题之一。在种种民间传说故事中，仙女下凡都是为了追求美好的爱情，如七仙女爱上董永的孝顺，织女欣赏牛郎的善良，白螺姑娘喜欢谢端的勤劳。而旨在宣传道教神仙思想的仙女下凡故事里，仙女们下凡的目的应该是劝导世人信仰道教，引渡世人得道升天。但在《太平广记·女仙类》故事中，仙女们下凡的目的不仅与民间的爱情主题迥然有异，也与道教本身的宣传主旨完全不同。

（1）帮助善良贫苦的人摆脱困境。孝子董永的故事闻名遐迩，卖身葬父的孝行感天动地，就在他前往主人家履行诺言之时，一位女子自愿做孝子董永的妻子，替主人家织缣百匹来还债，"十日而百匹具焉"①。这位帮助董永恢复自由身的神秘女子是谁？《太平广记》没有交代，但它取材的《搜神记》却说得很清楚："女出门，谓永曰：'我，天之织女也，缘君至孝，天帝令我助君偿债耳。'"②民间还有个田螺姑娘的传说，这个故事也见于《太平广记》记载，谢端年幼就成为孤儿，天帝很可怜他，特命白水素女（即白螺姑娘）下凡暗中为他做饭洗衣，使他衣食丰足③。

（2）品级高的女仙奉命到人间挑选配偶，携其白日升天。《太平广记》中记载着一位品级颇高的女仙——太阴夫人。这位尊贵的夫人虽然早已得道升天，但似乎不能断绝人间的烟火，她看上了年轻英俊又勤奋好学的卢杞，主动向他求婚说："某即天人，奉上帝命，遣人间自求匹配耳。"她还将卢杞请到自己的住处，让他参观富丽豪华的住宅，品尝人间极品美味来诱惑他，然后告诉他说："此水晶宫也，某为太阴夫人，仙格已高，足下便是白日升天。"④

（3）幼失父母，孤苦伶仃，奉命到人间寻找配偶。品级高的女仙留恋红尘，低品级的女仙更是凡心不减。魏北郡从事掾弦超，在嘉平年中独宿一室，梦到一位神女来与他行夫妻之礼。神女自谓叫成公智琼，早失父母，上帝可怜她孤苦无依，令她下凡人间自求婚配。如此过了三四个晚上，神女就堂而皇之

① （宋）李昉等：《太平广记》卷五九 "董永妻" 条，北京：中华书局，1961年，第368页。
② （晋）干宝：《搜神记》卷一，北京：中华书局，1979年，第15页。
③ （宋）李昉等：《太平广记》卷六二 "白水素女" 条，北京：中华书局，1961年，第388页。
④ （宋）李昉等：《太平广记》卷六四 "太阴夫人" 条，北京：中华书局，1961年，第401页。

地现身，只见她"姿颜容色，状若飞仙，自言年七十，视之如十五六"①。从此暮来朝去，恩爱如夫妻，哪有一点尊贵高雅之气？

（4）天女偶有尘世之念，被罚下人间与人婚配。神仙贬谪人间是对其违犯天条的一种处罚。不过，这却给了谪仙享受凡人之乐的一个绝好机会。天水书生赵旭在睡梦中见到一位青衣女子，在窗户外向他调笑说："我上界仙女也，闻君累德清素，幸因痼寐，愿托清风。"然后门帘一开，进来一位十四五岁长得风姿绰约的妙龄女郎，笑着对他说："吾天上青童，久居清禁，幽怀阻旷，位居末品，时有世念，帝罚我人间随所感配。"②还有一位叫玉华君的仙女因暗中怀春，被天帝贬下人间投胎，长大后又出嫁，直到期满方返回天庭③。

（5）游于人间的女仙私下与凡人交好。女仙下凡故事显示，唐代道教仙界的规矩似乎并不严格，女仙违规逾界之事经常发生。上元夫人被天帝罚居人间，她不耐寂寞，三番五次地向深山中读书的封陟示爱，并对他说："某籍本上仙，谪居下界，或游于人间五岳，或止于海面三峰……恨不寐于鸳衾，燕浪语而徘徊……特谒光容，愿持箕帚。"④织女一年只能与丈夫见上一面，玉帝就让她到人间游玩散心，可她却乘机四处寻欢作乐，一日向郭翰求爱，并道："吾天上织女，久无主对，而佳期阻旷，幽态盈怀。上帝赐命游人间，仰慕清风，愿托神契。"⑤夜夜与郭翰幽会。

（6）羡慕人间相敬如宾、白头偕老的夫妻关系而下嫁凡人。还有一些女仙放着神仙生活不过，跑到人间来寻找配偶，要过凡间的夫妻生活。唐代宰相张镐年轻时曾在酒家邂逅一美丽妇女，邀她一同饮酒，并以言词挑逗，妇人不但不生气，反而以身相许，说："君非常人，愿有所托，能终身，即所愿也。"⑥王母娘娘的女儿玉卮三娘子贵为天帝之女，却渴望人间夫妻白头偕老的恩爱生活，于是下嫁给出身旧士族但家境很普通的崔书生，其母以为是狐魅，处处猜忌，玉卮三娘子不能忍受，遂与丈夫离异，分手时凄然地说："本

---

① （宋）李昉等：《太平广记》卷六一"成公智琼"条，北京：中华书局，1961年，第379页。
② （宋）李昉等：《太平广记》卷六五"赵旭"条，北京：中华书局，1961年，第404页。
③ （宋）李昉等：《太平广记》卷六七"崔少玄"条，北京：中华书局，1961年，第414—416页。
④ （宋）李昉等：《太平广记》卷六八"封陟"条，北京：中华书局，1961年，第424页。
⑤ （宋）李昉等：《太平广记》卷六八"郭翰"条，北京：中华书局，1961年，第420页。
⑥ （宋）李昉等：《太平广记》卷六四"张镐妻"条，北京：中华书局，1961年，第400页。

侍箕帚，望以终天。"①

利用爱情与婚姻显然是吸引男士信仰道教的一个绝妙方法。因为中国人向来重视今生的享受。道教之所以在魏晋南北朝时风行一时，还是有一定的原因的②。而婚姻则是人生的第一需要，利用这种方式自然能吸引更多的男士。但是需要指出的是，既然是为了招纳信众，自然要围绕着道教的主题来进行。然而在上述故事中，除了织女和白水素女以外（她们下凡的目的是帮助世人脱困解厄，既未与人发生感情，也未有婚姻之实），绝大部分仙女下凡的主要目的是追求情感与婚姻生活，这与道教引渡世人升天的主旨完全背离。

二、不受世俗拘束的婚姻观

在民间的仙女下凡故事里，仙女与她们凡夫俗子的丈夫感情深厚，完全按照人世间的生活方式生活。但在道教系统的仙女下凡神话中，女仙们虽然与世人产生情感，并有婚姻事实，但他们的关系更像是情人而不像夫妇。因为女仙们不受世俗观念的影响，也不遵循人世的生活方式，而是率性而为，来去自由，以一种放任而自由的状态与世人来往。

（1）世间女子婚嫁都看重男子家庭门户和人品才学，仙女虽然也有强烈的爱美之心，比较喜欢追求人品俊雅的男子，但通常情况下对男方的出身和家庭状况不大讲究，她们追求的男子大多是孤身独居的清贫书生。卢杞"穷居东都"③为太阴夫人所喜，郭翰"早孤独处"④受织女垂青，张镐"少为业勤苦，隐居王房山"⑤而得仙女为妻，赵旭"贫无可施"而"独葺幽居"⑥被青童眷恋。值得注意的是，这些男子大都居在远离都市的地方，仙女们似乎刻意隐藏自己的行踪。

---

① （宋）李昉等：《太平广记》卷六三"崔书生"条，北京：中华书局，1961年，第393页。
② 葛兆光：《道教与中国文化》，上海：上海人民出版社，1987年，第172页载："道教是以生为乐、以长寿为大乐、以不死成仙为极乐的。这就吻合了人们的第一层发自本能的需要——生存；和佛教实行禁欲苦行刚好相反，道教主张人要活得舒服，活得自在，活得快快乐乐的。这就吻合了人们的第二层需要——享乐；既能生存，又能享乐，还需要高雅脱俗，不堕俗尘，这种日子就是神仙日子。这就吻合了人们的第三层次需要——精神满足。"
③ （宋）李昉等：《太平广记》卷六四"太阴夫人"条，北京：中华书局，1961年，第400页。
④ （宋）李昉等：《太平广记》卷六八"郭翰"条，北京：中华书局，1961年，第420页。
⑤ （宋）李昉等：《太平广记》卷六四"张镐妻"条，北京：中华书局，1961年，第399页。
⑥ （宋）李昉等：《太平广记》卷六五"赵旭"条，北京：中华书局，1961年，第404页。

（2）世间女子看重名分，希望明媒正娶，堂堂正正地成为别人的妻子，然而仙女并非如此，她们喜欢与人秘密交往，不愿意让其他人知道，所以她们更多的是暮来朝去，行踪诡秘。如成公智琼与弦超来往多年，一直是"夜来晨去，倏忽若飞，唯超见之，他人不见"①。后来弦超不慎泄于外人，成公智琼就与他断了交。而青童也总是夜间来与赵旭幽会，还郑重交代说："慎勿言之世人，吾不相弃也。"②后因秘事为奴仆所露，青童遂洒泪而别。

（3）世间的女子一般都是出嫁到夫家，相夫教子，孝敬公婆，而下嫁凡人的仙女除了玉厄三娘子外，都没有公开进入男方家庭。尽管有的仙女与情郎像正常夫妇一样朝夕相处，但不是生活在仙界，就是生活在远离人世的山里，完全不与男方家人接触。马士良亡命逃到深山，无意中偷食仙草而被捉住，一名女仙一边磨刀一边说要杀他，吓得马士良跪地求饶。女仙这才说只有做她的丈夫才能免罪，于是二人"同住于湫侧"③。天帝之女织女不但在凡间私会情郎，还在母亲的庇护下，与两位姐妹婺女、须女同时下嫁姚氏三子，在山中为他们点化了仙境般的庄宅，谆谆告诫他们不许告诉任何人，包括他们父母在内④。

（4）在爱情的名义下，人对感情的要求是专一而忠贞的，不论男女都是如此，但是在男子可以拥有三妻四妾的封建社会里，妇女往往遭受感情上的巨大折磨，难免会表现得嫉妒和凶悍，或是不允许丈夫纳姬娶妾，或是百般虐待姬妾。这种情况在唐代表现得尤其激烈。女仙恰恰相反，她们没有嫉妒之性，虽与凡人两情欢洽，但不阻止凡人另娶妻室。比如成公智琼与弦超配为夫妇，告诉他说："然我神人，不能为君生子，亦无嫉妒之性，不害君婚姻之义。"后来弦超娶妻，二人则是"分日而燕，分夕而寝"⑤。

仙女下凡与世人交欢实际上道教修行的一种方式——房中术。这通常是修道之人在修身养性的过程中实施的一种方法，如同外丹、内丹、存思、守一、服气、服饵、导引等方法一样，目的都是"保神固根，精气不散，淳白不分，

① （宋）李昉等：《太平广记》卷六一"成公智琼"条，北京：中华书局，1961年，第379页。
② （宋）李昉等：《太平广记》卷六五"赵旭"条，北京：中华书局，1961年，第405页。
③ （宋）李昉等：《太平广记》卷六九"马士良"条，北京：中华书局，1961年，第428页。
④ （宋）李昉等：《太平广记》卷六五"姚氏三子"条，北京：中华书局，1961年，第402—404页。
⑤ （宋）李昉等：《太平广记》卷六一"成公智琼"条，北京：中华书局，1961年，第379页。

形神合道"①，以此达到长生不老、得道成仙的最终目的。尽管房中术可行，但情欲是要不得的，教道理论认为："人生而命有长短者，非自然也，皆由将身不谨，饮食过差，淫佚无度，忤逆阴阳，魂神不守，精竭命衰，百病萌生，故不终其寿。"②尤其是自寇谦之改革以后，男女合气之术被取消，以正统自居的道徒不屑此道，目之为旁门左道。天上的神仙若是有尘世欲念之想皆为犯禁，更何谈与人大行其事。可是《太平广记》中的大部分女仙却在渡人之际，恣意追求感情慰藉。这种仙女形象的本身则是对道教说教的一个绝妙讽刺，将其虚伪的性质暴露无遗。

三、得道升天的法术成为工具

在上述的仙女下凡故事里，除了织女和白水素女外，其他下凡的仙女基本上是为了追求个人享受，即便是奉玉帝圣旨的太阴夫人也有贪图个人私欲的嫌疑。为了得到世人的欢心，这些仙女们不惜动用自身的法力，或是偷来天上的美味佳肴给爱人享用，或是点化仙境般的庄宅让爱人居住，或是传授修行的法门让爱人修炼，或者许诺帮助爱人得到功名利禄，或者端直告诉爱人和自己结婚便是白日成仙。但凡世间男子所期望的，仙女们都是无所不能。

（1）常言道：一人得道，鸡犬升天。在道教的宣传中，得道成仙者经常会惠及家属和仆从，甚至连牲畜也能跟着主人白日飞升。传说淮南王刘安成仙即是如此。太阴夫人是仙界中品级颇高的女仙，与她结合的凡人不用服食长生不老药，也不用苦修精炼就能达到超脱生死、白日成仙的最高境界。她追求卢杞时就坦白地告诉他说："君合得三事，任取一事：常留此宫，寿与天毕；次为地仙，常居人间，时得至此；下为中国宰相。"卢杞开始时选择了第一项，太阴夫人高兴地说："某为太阴夫人，仙格已高，足下便是白日升天。"③

（2）品级高的女仙有带世人白日成仙的权力，但品级不高的女仙靠什么来吸引世人呢？她们靠自身的法力。所谓近朱者赤近墨者黑，凡人只要与仙女们接触一段时日，就可以荣沾仙光，达到长生不老的境地。姚氏的三个儿子分别娶织女、婺女、须女为妻，因为她们是天帝之女，所以本身固有的法力更

---

① （唐）张君房：《云笈七签》卷一七《三洞经教部》，济南：齐鲁书社，1998 年，第 103 页下栏。
② （唐）张君房：《云笈七签》卷三二《养性延命录》，济南：齐鲁书社，1998 年，第 183 页下栏。
③ （宋）李昉等：《太平广记》卷六四 "太阴夫人" 条，北京：中华书局，1961 年，第 401 页。

强，如果能保证一百天以内不向外人泄露，姚氏三子便可以"长生度世"①。崔书生与玉卮三娘子离异后，一位见多识广的西域僧人颇为惋惜地对他说："所惜君纳之不得久远，若住得一年，君举家不死矣。"②别人花一辈子时间也不容易得到的东西，他们只要一百天或一年即可得到。

（3）还有一些女仙品级不高，法力也不大，既不能带情侣白日升天，也不能使人长生不老，但她也有令凡俗男子倾心的本事，即教导情侣修习成仙之道，使其长生不老。赵旭与青童相爱，向她请教长生不老之术。青童便将修行的秘诀告诉给他，指导他进行修炼。后来青童重返天庭，又留下《仙枢龙席》隐诀五篇，里面有很多隐秘的词语，她也不厌其烦地"指验于旭"③。赵旭经过刻苦修炼，洞晓了长生之法，直到唐代宗大历年间还时常在人间出现。

（4）除了能让凡人得道升天和长生不老外，仙女们还有能力帮助凡人获得功名利禄和荣华富贵。这个本领似乎比成仙更能获得男子欢心。卢杞有缘与太阴夫人相识，最低的待遇是人间宰相，在一千多年以前的唐朝，卢杞果然成为宰相权倾一时。织女、婺女、须女同嫁姚氏三子，她们的母亲告诫三位女婿说："人之所重者生也，所欲者贵也，但百日不泄于人，令君长生度世，位极人臣。"因为三子不慎泄于其父，三女于是离去，转至河东张嘉真家，"其后将相三代矣"④。

得道成仙和长生不老的思想，在魏晋南北朝时期曾经成为思想文化领域的主要潮流，广泛得到世人的信仰和敬奉。为了得道成仙，人们摒弃世俗的欲念，归隐山林，远离红尘，以无欲和知足为福，以贪欲和无厌为祸。如葛洪就说："祸莫大于无足，福莫厚乎知止。抱盈居冲者，必全之算也；宴安盛满者，难保之危也。"⑤学仙者无不以摒弃杂念、追求清静为第一奋斗目标，人生的荣华富贵自然更是摒弃的内容。但显而易见的是，在《太平广记·女仙类》的故事中，唐代仙女们下凡的动机既不是为了点化世人，也不是出于怜悯而救助世人，在她们的手里，长生不老和得道成仙的法术仅仅是她们诱惑世人

---

① （宋）李昉等：《太平广记》卷六五"姚氏三子"条，北京：中华书局，1961 年，第 403 页。

② （宋）李昉等：《太平广记》卷六三"崔书生"条，北京：中华书局，1961 年，第 394 页。

③ （宋）李昉等：《太平广记》卷六五"赵旭"条，北京：中华书局，1961 年，第 406 页。

④ （宋）李昉等：《太平广记》卷六五"姚氏三子"条，北京：中华书局，1961 年，第 404 页。

⑤ （晋）葛洪：《抱朴子》卷六九《外篇·知止》，上海：上海古籍出版社，1987 年四库全书本，第239 页。

的工具，就连为道教所不齿的人生富贵和功名利禄，竟也被仙女们利用，成为她们手中的利器。这一切的一切足以说明道教在唐代民间已经发生了严重的信仰危机。

四、仙女下凡故事的成因

在神仙学说和道教宣传中，仙人经常来到世间为人指点迷津、传授道术、超度凡人，其中也包括很多美貌的仙女。不过这些仙女与世人的关系非常单纯，仅限于谈仙讲道，从未发生婚姻关系。较早的织女和白水素女的故事虽然与凡人生活在一起，但只是为了帮助董永和谢端摆脱困境，既没有夫妻生活，也没有感情交流，同时也没有助人长生不老、业成名就的附带作用。可是唐代的仙女下凡故事显然与从前的明显不同，她们主要的目的是追求情欲、感情，而帮助世人修道成仙和长生不老仅仅是她们增加自身魅力的手段，此外还带给世人另一个惊喜，即帮助世人获得荣华富贵。这类内容的故事是怎么形成的？

（1）修道成仙是我国本土宗教道教的主旨，在佛教传入并在占据主导地位以前，曾风行几个世纪，影响极大，上至帝王将相，下至平民百姓，无一不想长命百岁、永生不死。不过古代成仙的方法虽多，简便容易的很少。吃长生不死药最是便捷，但金丹不易炼制，仙草千金难求；修身养性虽然简单，但要抛却七情六欲、长年苦修，实在不易坚持到底；而兵解、火解、尸解说起来容易，但要经受死亡的考验，常人轻易不敢尝试。许多想成仙却缺少勇气和毅力的人就企盼另寻一种捷径来达到目的，既然天帝曾经派仙女下凡帮助世人渡过难关，为什么不能再派仙女来超度凡人得道升天呢？在这样一种心理状态下，一群美貌的女仙就飘然而下凡了。

（2）在追求长生不老的同时，还有相当多的世人热衷于追求功名利禄。因为从宗法制产生以来，光宗耀祖、提高门楣便成为传统观念对男子的期盼。在隋唐以前，男子能否出人头地主要取决于家庭门第，贵族子弟世代做高官，平民子弟只能做小官。然而到了隋唐时期，由于实行了科举制度，平民子弟可以凭借自己的才学取得功名，从而改变家庭出身。但是由于诸种原因，依靠个人努力而能光宗耀祖的人毕竟很少，大多数才子学人或是怀才不遇、抱恨而终，或是历经坎坷、仕途不畅。因此，人们在失望之余，便渴望上天能施以援手，使他们能才学得显，胸怀得抒。正因为这个原因，唐代的女仙才会频频垂青那些富有才华却贫困无助的青年书生。

（3）神仙点化凡人成仙并不是从唐代才开始的，点化的手段也多种多样，并不一定必须通过婚姻的方式，但是唐代女仙似乎对这种方式情有独钟。她们或是故作矜持、待以媒妁之言，如太阴夫人曾"遣麻婆传意"①，玉卮三娘子也有老仆提亲；或是暗送秋波、投怀送抱，如青童"挑笑于牖间"②，成公智琼数次托梦于弦超；有的甚至采取恐吓的方式逼人为夫，如看守仙药的仙女强嫁马士良为妻。为什么唐代的女仙对两性关系这么感兴趣，动辄以身相许呢？众所周知，唐代是两性关系相对开放的时代，男女无媒而婚、未婚同居的现象时有发生，而已婚男女与人私通、私奔的情况也屡见不鲜，女子弃夫再嫁亦不属稀罕之事。这样一种社会现实下产生的仙女下凡故事不可避免地打上了时代的烙印，因此唐人眼中的女仙才会一改往日清心寡欲、冰清玉洁的形象，暴露出有血有肉、渴望爱欲的本能。

自道教产生以来，道教徒们就开始大肆渲染仙界的美妙，不断向人们介绍各种通过修炼而得以升天的诱人事例，劝导人们好好修炼争取早日成仙。《太平广记》所载仙女下凡的事例，虽然依旧包含有道教的这种说教意义，但已不是那么鲜明，给人感受更多的是仙女们对生活的极度渴望和对感情的强烈需求，以及人性冲动的本能释放。葛兆光指出："整个大唐帝国都洋溢着一团欢乐、热情、浪漫的气氛，在这种兴奋得令人眩晕的气氛中，人们尽情地享受、尽情地追求，享受着现世的乐趣，追求着欲望的满足，这种时代气氛导致了人们的美感意识、进取信念和世俗肉欲的全面复苏。"③

五、唐代民间的道教观念

通过分析上述《太平广记·女仙类》的故事，我们可以看到发生在民间与正统文献所载并不完全相同的现实。尽管在政治上，道教在唐代是兴盛的，处于巅峰时期，但在社会的底层，道教的衰落端倪已经出现。《太平广记·女仙类》中的这些故事本是为了进行宣传而杜撰出来的，但里面的内容却有许多与

---

① （宋）李昉等：《太平广记》卷六四"太阴夫人"条，北京：中华书局，1961年，第400页。

② （宋）李昉等：《太平广记》卷六五"赵旭"条，北京：中华书局，1961年，第404页。

③ 葛兆光：《道教与中国文化》，上海：上海人民出版社，1987年，第170页。

道教主旨相背离的成分。这些自相矛盾的、无法自圆其说的说教，充分说明道教观念在民间的影响已经开始走向衰退。

（1）道教最高神——天帝地位的下降。天帝是由上古天神崇拜转变而来的，东汉以后被拉入道教体系，成为道教中的神祇，被称作玉皇或玉帝，尽管他的地位比道教本来的最高神三清略低一点，但同属道教最高的统治集团。不过在民间，天帝的地位要比三清高出很多，人们习惯上称为它做玉皇大帝。在人们眼里，天帝是具有至高无上的权威和无边法力的最高神，是天地万物的主宰。每当人们走投无路之时，往往祈求天帝显灵。在织女助董永还债和白水素女的故事里，天帝是以救世主的姿态出现的，说明东晋时天帝在人们的心目中地位还是很崇高的。但是到了唐代，几乎所有的仙女下凡不再是以救助世人为目的，而是为了享受婚姻的乐趣，更有甚者她们大都打着天帝的旗号做幌子，使自己的行为合法化。这时的天帝非但不再以救世主的面目出现，反而成为仙女们满足个人欲望的工具。这一变化说明天帝在当时人们的心目中地位已经降低。

（2）长生不老不如荣华富贵。长生不老本是道教中对人最具有诱惑力的说教，不知有多少善男信女为此糊里糊涂地丢失了生命。但是到了唐代，随着封建政治的高度发展，人们的观念已经有了很大的转变，功名利禄成为人们首先追求的目标。尽管仙女下嫁的故事中给人带来长生不老的说教颇为诱人，但能给人带来荣华富贵的主张更具魅力。当面临长生不老与荣华富贵的双项选择时，世人选择的往往是后者。如天使询问卢杞是否愿意与太阴夫人结为神仙夫妇时，卢杞却大声回答说愿做"人间宰相"①，从而放弃了与太阴夫人的婚事，放弃了白日升天的机会。同具有现实意义的荣华富贵相比，成仙升天就显得有点虚无缥缈、望尘莫及了。

（3）天上不如人间好。织女私自与郭翰相好，但到了七夕要赶回去会见牛郎。当她回来时郭翰笑着问她："相见乐乎？"织女笑着回答："天上那比人间。"②天——本是令天下苍生极度神往的地方，传说那里四季常春，万花竞放，琼楼玉宇，金碧辉煌，饮的是琼浆玉液，食的是珍肴佳馔，胜似人间百

---

① （宋）李昉等：《太平广记》卷六四"太阴夫人"条，北京：中华书局，1961年，第401页。
② （宋）李昉等：《太平广记》卷六八"郭翰"条，北京：中华书局，1961年，第421页。

倍！生活在这样美丽而舒适的环境里，织女为什么还羡慕人间呢？显然天有不尽人意的地方。天上没有三山五岳、江湖河海，没有四季的变化和万物兴衰。天虽然美，但是单调，远不如人间变化多姿、丰富多彩。更重要的是，作为人间的芸芸众生——人，有感情、有爱心，有喜怒哀乐，这正是摒弃了七情六欲的神仙们所缺少的。所以女仙们都愿意跑到人间来寻找爱情，就连有了夫婿的织女也溜到人间另觅情郎。

原载（《唐史论丛》第 9 辑，三秦出版社，2007 年版）

论唐人小字与姓名文化

我国起小字的习俗由来已久，《礼记·檀弓上》说古人"幼名冠字"，即指小时起名，成人取字。据史书记载：古人生下三日，由父亲命名，这就是乳名，即小字，六岁入学以后起学名，十八岁举行成年礼加冠时再起字，这又叫表德。从此，除了他的父辈、长辈和自己以外，别人只能称他的字，而不能称他的名了，他的小字更是秘不外传。对古人的名与字，学术界注意的比较多，相关的研究成果也很丰富，可关于小字的研究却显得极少，除张孟伦在《汉魏人名考》中略有评述外，所见无几，这显然非常不够。因为小字是华夏民族特有的习俗，广泛流行于社会上下层，从古至今盛行不衰。小字的习俗不仅反映了华夏民族的普遍心理，而且也是我国姓名文化的重要组成部分。我在从事唐代文化研究过程中，接触到很多小字的资料，觉得很有写出的必要，因撰此文略作论述。

一、唐代墓志所见小字资料

唐代是我国古代全盛时期，汉魏以来的传统文化与周边少数民族乃至西域、中亚各国文化相互交流融会，形成了包罗万象、气象鼎盛的开放式文化。这种文化氛围对唐代社会各方面都产生了深刻影响，反映在唐人起小字的习惯上，既有继承传统、沿袭古风的一面，也有别出心裁、标新立异的一面，与当时的社会风气十分相应。下面笔者按其特点进行归纳分类，因为周绍良、赵超主编的《唐代墓志汇编》中所收唐人小字的资料最多①，为简省起见，凡出自该书的墓志资料均只写序号和墓志名称，不再出脚注。

（1）以阿字起头。以"阿"字起头的小字在汉魏时期就很流行，到了唐代则更为普遍，就连大大有名的唐玄宗在禁中时"尝称阿瞒"②，其他人以这种方式命名的则多不胜数。大中 059《杨君墓志铭》载墓主"生女一人，小字阿周……他出二男……次曰阿门"，乾符 002 墓志载刘氏幼子年仅七岁便夭折，因年龄小未及起大名，只有"小号阿延"；开成 009 墓志记载墓主裴氏"第二室女小号阿八"；咸通 102《李公别室张氏墓志铭并序》记载张氏生有四男，其中"长曰阿存"。

（2）双名。双名这种形式的小字也起源于汉魏，如西汉大将霍光小字本叫阿翁，但也常常呼做翁翁③。到了唐代，这种小字更为流行。大和 069《窦君墓志铭并序》记载墓主夫人刘氏生有两个儿子，"长曰郡郡……次曰朗朗"，贞元 109《李氏殇女墓石记》的墓主小字"孙孙"；大和 013《崔府君墓志铭并序》的墓主生有五个儿子，其中一个名叫"鲁鲁"；咸通 038《王氏墓志》记载墓主"小字娇娇"；大中 114《支公孙女墓志铭》记载墓主"小号令令"。

（3）儿字坠后。在某字后加个"儿"字做小名在我国古代十分普遍，唐代也是如此，如安乐公主的小字就叫"裹儿"④，上官婉儿的婉儿也是小字，墓志材料则多不胜数。咸通 005《清河崔氏墓志铭并序》载墓主生"男曰刚儿……别子一人曰掌儿"；咸通 097《樊府君墓志》载墓主死时留有三儿一女，年龄皆幼，其中一子叫"雪儿"，另有一女叫"都儿"；咸通 053《孙公府君墓志铭并序》记载墓主儿女众多，每个人的小字各不相同，其中"最小男群儿"；大中 151《韦夫人墓志铭并序》记载墓主韦夫人"有女一人曰雍儿，岁未及卯"。

（4）娘郎为名。古时喜称女性为娘，称男性为郎，在"娘"和"郎"前面加上一个修饰词也常成为小字。大中 040《唐内庄宅使清河张府君墓

① 周绍良主编：《唐代墓志汇编》，上海：上海古籍出版社，1992 年。

② （宋）王谠撰、周勋初校证：《唐语林校证》卷四"贤媛"，北京：中华书局，1987 年，第 406 页。

③ 张孟伦：《汉魏人名考》，兰州：兰州大学出版社，1988 年，第 74 页。

④ （宋）欧阳修、宋祁：《新唐书》卷八三《诸帝公主传》，北京：中华书局，1975 年标点本，第 3654 页。

志》载墓主有子多人、女一人，"长曰寅郎……次曰聘郎，次曰仁郎，次曰彭郎，女百岁娘子"；大中044《庐氏夫人墓志铭并序》载墓主有子两人，"长曰进郎，次曰最郎"；大中113《支公小娘子墓志铭》载墓主"小号复娘……同出女弟一人小字庆娘子"；咸通020《支公长女炼师墓志铭并序》的墓主"小字新娘子"；乾符022的墓主"小字乐娘"；唐玄宗的女儿寿安公主"小字虫娘"[①]。

（5）小字起头。以"小"字起头的小名在唐代也很多。咸通042《邓府君墓志铭并序》载墓主的次男名叫"小虹"；乾符010《范阳卢氏墓志铭并序》载墓主生有儿女多名，其中三子分别叫"小都""小猧""小秃"，一女曰"小建"；咸通069墓志记载孙虬"第二女二十五娘，小字小迎"；大中105《渤海高府君墓志铭并序》记载墓主有一子一女，年龄皆幼，其中"女字小晋"；乾符030《太原王氏墓志铭并序》的墓主最小的孙女名叫"小秦"。

（6）求男之名。为女孩子起一个有利于带来息男的名字，在缺少儿子的唐代家庭中常被使用。咸通001《博陵崔氏墓志铭并序》记载崔氏"生一女曰住子"；大和095《陇西辛氏墓志铭并序》记载墓主"生女一人曰引子"；大和069《茂州刺史窦君墓志铭并序》记载墓主"女曰盼子"；刘承家女使小字"喜子"[②]；吐鲁番百姓史拂那之女名"想子"[③]。

（7）男孩女名或女孩男名。男女异名而取，即男孩起个女性化的小字、女孩起个男性化的小字在唐代也颇为常见。柳宗元的叔母陆氏"生一男曰曹婆"[④]；大中048《颍川陈氏墓记》记载墓主原生有一女，五岁时夭折，后来又生一个儿子，起名"貂蝉"；景福001《张氏夫人墓志》记载墓主生有二女一子，大女儿叫"奴哥"，儿子名"高姐"；开元319《李氏墓志铭并序》记载墓主生有数男，最幼子名叫"洛奴"。

（8）佛教名字。佛教在唐代极为兴盛，与佛教有关的名称便就成为小字

---

① （宋）王谠撰、周勋初校证：《唐语林校证》卷四"贤媛"，北京：中华书局，1987年，第407页。

② （清）董诰等编：《全唐文》卷七三八沈亚之《喜子传》，北京：中华书局，1983年，第7623页上栏。

③ 吐鲁番出土文书整理小组：《吐鲁番出土文书》第九册《唐宝应元年六月康失芬行车伤人案卷》，北京：文物出版社，1990年，第129页。

④ （清）董诰等：《全唐文》卷五九〇柳宗元《叔妣吴郡陆氏夫人志文》，北京：中华书局，1983年，第5970页下栏。

的一种。白居易之子幼美小字叫"金刚奴"①；咸通069墓志的墓主有个三岁的女儿名叫"佛婢"；大中124《陇西李氏墓志铭并序》记载墓主生有一女，"名观音，年始七岁"；大中022《韦氏夫人墓志铭》的墓主有九岁子名叫"弥勒"；咸通033《郑氏夫人墓志铭》的墓主庶出之子名叫"罗汉"；大和069墓志的墓主有子名叫"迦叶"。

（9）专有名词。有些情况下，唐人喜欢用某些专有名词为子女命名，借以表达某种纪念意义。咸通100《苗君墓中哀词并序》记载苗君所纳高氏女"生女曰清明……次曰上元"，这是以节日命名，以纪念女儿生于这两个节日；咸通053墓志的墓主生子较多，其中三子分别叫"吴门、海客、回纥"，吴门、回纥是地名和族名，可能是孩子的出生地，海客常见于唐人诗文，李白的《梦游天姥吟留别》中有"海客谈瀛洲"，意指航海归来的人，这个孩子起名海客或许有着某种特殊的纪念意义。

（10）乞姓之名。乞姓是唐人独特的一种起小名的习惯。所谓"乞姓"，则是指在某个姓氏后加上一个数字作为子女的小字。有的家庭不论生男生女，一律按年岁大小以数字排列，所乞姓氏却不相同。乾符030《刘府君夫人太原王氏墓志铭并序》记载墓主"有孙男一，曰孟七，孙女三，曰王六、王八、小秦"，显然王六老大，孟七老二，王八老三，小秦为老四；大中026《上谷郡张府君墓志铭并序》记载墓主"有男二人，长曰刘十，次刘十一，女一人，名曰侯五"，显然侯五年长，其次刘十，再次刘十一。有的家庭不论男女乞姓相同，但数字却长幼颠倒。大中001《张公故夫人墓志并序》记载墓主"次子侯十一，女弟二人，侯五、侯六"。有的家庭给同性孩子乞相同的姓氏，数字按年岁排列。大中118《高宛县令张公墓志铭》记载墓主"有子二人，长曰辛六，次曰辛七"，景福002《刘氏墓志铭并序》记载墓主有"女乞姓为冯四、冯五娘子"；柳子厚有二个儿子"长曰周六，始四岁，季曰周七"②。有的家庭为同性孩子乞不同的姓氏，数字也长幼颠倒。元和079《宝鼎县令李府君墓志铭并序》记载墓主有"女长曰郭九，次曰党八、曰党十"。

---

① （清）董诰等：《全唐文》卷六七九白居易《唐太原白氏之殇墓志铭》，北京：中华书局，1983年，第6941页下栏。

② （清）董诰等：《全唐文》卷五六三韩愈《柳子厚墓志铭》，北京：中华书局，1983年，第5698页下栏。

唐代还有另外两种乞姓的方式：一是在某姓后加一老字。大和 013 墓志的墓主生有一子名叫"庞老"；咸通 040 墓志记载墓主孙备有一女原叫汶娘，十岁那年，又"更名贺老"；咸通 033《荥阳郑氏夫人墓志铭》记载墓主有子一人名曰"商老，年幼始学"；大中 116《平阳贾君墓铭》的墓主生有三男"次曰石老"。二是只以某姓为子女命名。大中 142《钜鹿魏氏夫人祔葬墓志》记载墓主有女三人，其中"一曰王，二曰李"。

不过同一个家庭之中在为子女起小字时并不刻板地遵从一定的规律，而是灵活多样、比较随意。咸通 053 墓志的墓主有很多孩子，命名各不相同，"第三男阿陀……长男郑九，次吴门、海客、回纥，幼女阿尊……长女阿眉……次阿欢……复次阿律、婷娘，最小男群儿"；乾符 010《范阳卢氏墓志铭并序》的墓主也是儿女众多，"男曰小都，曰小猧，曰拾得，曰丑儿，曰三笩，曰小秃，女曰小建，曰董六"；咸通 030《邢州刺史李肱儿母太仪墓志》记载墓主"有男子五人，长曰小太，次曰蒙儿，又次曰金刚坚，又次曰小坚，最幼曰郡儿"。但总的说来不会脱离当时的主要习惯。

二、小字所反映的古人文化心理

中国人传统心理认为一个人的名字与他的一生至关重要，一个好的名字可能给人带来好运，而一个不好的名字则可能带来灾难。于是从古至今，两千多年来，人们在为子女起名时煞费苦心，或占卜求卦，或求神拜佛，或引经据典，忙得不亦乐乎，无非是想给孩子一个好的开端。早在先秦时期，我国就规定起名必须遵照五个原则："名有五：有信，有义，有象，有假，有类。以名生为信，以德命为义，以类命为象，取于物为假，取于父为类。"①这种规定一直影响了中国传统数千年。不过因为中国历史悠久，文化形态一直处在不断的发展变化之中，名字的现象在不同的时代呈现出不同的特点，先秦时质朴，两汉时恢宏，南北朝时宗教气息浓厚，唐宋时典雅，但总的说来比较理性化，除了脱离不了趋吉避邪、长生永寿心理外，还表现了对丰富物质生活、尊贵社会地位和崇高伦理道德及精神意境的追求。

与学名和字相比较，小字显得随意一些，既可按古训而起，也可不按古训

---

① 李学勤主编：《十三经注疏·春秋左传正义》卷六，北京：北京大学出版社，1997 年标点本，第 180 页。

而行，上文所列唐代小字的资料相当程度上说明了这种情况。更有甚者，小字有时还表现出很大的情绪化，咸通044《荥阳郑氏墓志铭并序》记载郑氏有亲生儿子六人，从大到小依次"曰讽、曰调、次通儿、小通、三通、多儿"，前两个是已长大成人儿子的学名，后四个是小名，其中第四子叫多儿，说明父母对儿子的纷纷出世感不耐烦，起名字时也无心细想，干脆叫"多儿"，即省事又贴切。为什么小字比较随意，而且相对情绪化呢？这是因为小字从来不登大雅之堂，只在家庭中使用，因此用不着太正规，人们为子女起小名时大多本着简单省事的原则。不过小字毕竟也是一个人的名称，尤其是一个未成年的孩童名称，虽然它不如成年人的学名和字能表达复杂而丰富的文化内涵，但却能非常直观地反映人们最本能的心理动态。一般说来，父母对孩子最大的期望就是健康成长，长大成人以后能有快乐幸福的生活，至于怎样的快乐方法和如何的幸福状态则不在考虑范围之内。因此他们在为孩子起小字时不像对待学名和字那样慎重且富于理性，而是比较注重情感的表达，随意而真情流露。如果说学名和字太理性化，那么小字则太情感化。正因为如此，小字所反映的我国古代民众的传统心理比学名和字更为普遍、贴切。

从上述唐人小字的资料，我们可以了解唐代民众一些最基本的心理：

其一是贱名好养心理。在古代由于医疗条件所限，年幼的孩子夭折率很高，每一对父母无一例外地希望子女能顺顺当当地长大成人，在为子女起小字时，他们会把这种愿望融入进去。自汉代以来，民间流传着一种普遍的说法，认为小孩子名贱比较好养，而名贵则难养，因此人们经常以狗、羊、猪、马为子女小名，如司马相如小时名犬子，梁冀之子名胡狗①，就像近代农村给孩子起名"狗剩""狗娃"之类，唐代这种粗俗的名字虽然较少，但这种心理同样非常普遍。如贺老、石老等名字是希望孩子能长命百岁，佛婢、金刚奴、迦叶等名字是渴望借助佛教的法力来庇护子女顺利成长，拾得、丑儿是地地道道的贱名，目的不言自明。乞姓之名也不高贵，这与近代民间认为孩子吃百家饭好养的心理同出一辙。

其二是趋吉避邪心理。这种心理在古人命名习惯中最为常见，正式的学名和字表现得比较含蓄高雅，小字则比较随意，人们常用男女异名而起的方式达

---

① 张孟伦：《汉魏人名考》，兰州：兰州大学出版社，1988年，第42页。

到趋吉避邪的目的。古人认为小孩子阴气重，容易被鬼上身，导致危险，便给男孩取女名，给女孩起男名，故布玄机，使鬼迷惑，使其找不到作祟的对象，孩子就能平安成长。

其三是对子女的怜爱心理。怜爱子女是每一对父母的天性，当面对着初生婴儿的可爱稚弱的小脸而为之起名时，这种天性会毫无保留地流露，以"阿""小""儿"起头或坠后和双名的小字就反映了人们的这种心态。如"阿"字常见于汉魏人名，或为大名，或为小名，更多的情况下用在人名前表示亲热，像鲁肃称吕蒙为"吴下阿蒙"、孙权呼谷利为"阿利"即是明显的例子①。唐人在社交场合中使用"阿"字的现象较少，但以"阿"字起头的小字很常见，说明他们非常喜欢"阿"字所表达的亲热色彩。

其四是浓厚的重男轻女心理。在中国封建社会里，男子的地位是至尊无上的，一则社会上流行妇从夫居的婚姻制度，二则是祭祖敬宗的宗教意识，决定了男子在家庭和宗族中的传宗接代地位，所以人们普遍认为多子多福，男丁兴旺是家族兴盛的标志。因此，每个家庭都希望多生儿子，而在一些男丁较少的家庭里，生子便成为最大的期盼，他们给女儿命名"引子""住子""盼子"，其作用与近现代社会的姑娘起名"唤弟""来弟""招弟"一样。

研究唐代的小字，不仅可以使我们了解古代民众的心理，同时也可以使我们弄懂中国姓名文化中一些不甚为人所理解的特殊现象。如鲁迅小名叫阿张，弟弟周作人小名阿魁，都是他们的祖父介孚公所取。据周作人在《鲁迅的青年时代》和《知堂回想录》讲，当时介孚公正在京城做官，收到家信那日，恰巧分别有一张姓和魁姓官员来访，因此以其姓命名。赵瑞民先生认为介孚公是按《左传》关于命名的五种格式之一"取于物为假"来给孙子命名的②，现在想来这种解释并不很全面。因为鲁迅兄弟两人的小名是"阿"字起头和"乞姓"两种方式的合并。以"乞姓"习惯在唐代的流行，显然绝非熟读诗书者的专利，而是一种普遍的风俗习惯；而以"阿"字起头的习惯至今南方依然流行，这说明介孚公的为孙子起小名的方法除了受古训影响之外，更多的是受了传统心理的影响。

---

① 张孟伦：《汉魏人名考》，兰州：兰州大学出版社，1988年，第62页。
② 赵瑞民：《姓名与中国文化》，北京：中央编译出版社，2016年，第4页。

再如，宋元以来，社会下层百姓多喜用数字作名字，对此现象一直没有合理的解释，赵瑞民先生认为是文化水平的低下而造成的①。我们从唐代小字的情况来看，这种说法也不是很准确。唐代以数字命小字的现象相当普遍，不唯社会下层低文化水准者，还有很多是社会上层有较高文化素养者，说明这是一种普遍的风俗习惯，与文化教育程度无关。宋代继唐代之后，命名习惯肯定承继唐代风俗较多。可是为什么史料中保存下来的数字名多是社会下层人物呢？这是因为社会上层人物另有学名和字号，长大成人以后小字都不再使用，文字资料的保存自然很少，而社会下层民众一不入学堂读书，二不科举做官，所以都没有学名和字号，一个小名就被从小叫到大，再叫到老。这种现象的形成一方面是文化水准低下所造成；另一方面则是世俗习惯使然。

又如双名这种小字，萧遥天、赵瑞民两位先生均认为多用于女性，而以妓妾身份的妇女居多，带有对女性的狎昵色彩②。事实上，双名这种名字在唐代并不是女性的专利，男子也有很多是以双名做小字的，其中不乏出身官僚仕宦家庭者，而很多并非侍妾或妓女的妇女也有以双名做名字的③。但是文字资料中保存下来的双名多是非妾即妓的女性，其原因与社会下层男子多见数字名同出一辙。男子自然不用多做解释，妇女的情况复杂一点。社会上层妇女很多有封号，史书中提到她们之时往往称其封号，没有封号的妇女通常以某夫人或某母的身份出现，名字也常被忽略，至于社会下层妇女若无特殊事迹而惹人注意的话，有名字也不会传下来。唐代的侍妾与妓女多来源于社会下层，一般只有小名而无大名④，例如晚唐有个擅弹琵琶的名妓号关别驾，"小红者，小名也"⑤，说明的正是这种情况。她们的名字之所以能够保存较多，主要原因是她们常与达官贵人、社会名流和文人骚客交往，正是这种特殊的原因才使双名这种具有爱怜意味的名字显得近似昵称，为女性专用。

最后关于宋代人名多用老字的现象，萧遥天先生认为与当时社会优礼老人的风俗有关，赵瑞民先生则推测为与复古思潮有关⑥，虽然不能成定论，却也

---

① 赵瑞民：《姓名与中国文化》，北京：中央编译出版社，2016年，第98页。
② 赵瑞民：《姓名与中国文化》，北京：中央编译出版社，2016年，第120页。
③ 焦杰：《唐代妇女名字的特点》，《中国史研究》2001年第3期。
④ 唐代一些名妓有比较正规的名字，如薛涛字洪度，但多见于以文学擅长的妓女中。
⑤ （宋）李昉等：《太平广记》卷二〇五"关别驾"条，北京：中华书局，1961年，第1568页。
⑥ 赵瑞民：《姓名与中国文化》，北京：中央编译出版社，2016年，第96页。

可为一家之说。不过以唐人喜欢在小字中使用老字的现象来说，两人的说法似乎都不妥当。前文所举以老为名者大都为某姓氏后加一"老"字，是乞姓的一种方式。虽然"商"字有商朝之商的嫌疑，但实际上是一个很古老的姓氏。从这种名字上看不出有什么慕古思想，仅仅表现了对生命长久的吉祥祝愿。因此宋人名字中多带老字，可能是沿袭唐代小名习俗的结果。

名和字是中国传统文化的一种，它的产生及来源，它的多姿多彩，它所表达的民族心理和文化意念，完全可称得上博大精深、内涵丰富，实为中华文明宝贵遗产。然而，随着历史向近现代迈进，名和字合而为一，意蕴深厚的文化内涵越来越少，名字更多地成为人们的代号。与之相反的是，为子女起小字的习俗一直保留，历经数千年而不泯灭，其中所表达的民族心理也基本未变。为什么现代人的名字与古人的名字在文化内涵上发生了较大变化，而小字所反映的民族心理则多所保留？这是因为名字是士大夫文化，主要流行于社会上层，在传统文化中属"雅"文化，而小字是大众文化，既流行于社会上层，又流行于社会下层，在传统文化中属"俗"文化，尽管有点"俗不可耐"，可是根深蒂固、生命力极强，所以能久历沧桑而不泯灭。

原载（《中国典籍与文化》2004 年第 2 期）

健步、急脚与夜不收

  "健步""急脚""急足""夜不收"一类的词语频繁出现于古代文献中，但极少有文献对其性质进行说明。宋代任广在《书叙指南》中提到了"急足，曰驶步（唐刘晏），又曰捷步（任文公）。"①据此可知急足乃是一种胥吏。然而其职责如何，仍不得而知。明叶盛在《水东日记》解释"夜不收"为："军中探听贼中动静消息及专备急干使令之人，如宋时西边所谓'急脚'、'急步'者。"②从这种两种解释来看，急足应该是急脚或急步，同时也就是夜不收。他们是古代官府或军队中的建制，负责侦察敌情、执行紧急任务。但是考察古代的文献，凡是与快速行走有关的事宜，如送信、侦察敌情、查案办案、追捕逃犯等等，都习惯称作"健步""急脚""急足"，而夜不收一般只承担送信、侦察敌情之类的任务，并不查案、办案、追捕逃犯。可见这两位古人的解释并不很确切。那么健步、急脚、急足和夜不收到底属于什么性质？他们之间又有什么关系呢？本文在广泛引证文献的基础上，对这几个词语在不同场合的不同用法进行详细的分析和考证，以期得出一个比较清楚的结论。

---

  ①（宋）任广：《书叙指南》卷三"胥吏色役"条，上海：上海古籍出版社，1987 年四库全书本，第920 册，第 478 页下栏。

  ②（明）叶盛：《水东日记》卷三一"缉事军"条，北京：中华书局，1980 年，第 313 页。

一、健步

健步的出现与古代书信的传递方式有关。在我国古代，尤其是秦汉以前，大部分的文书信件是靠步行传递的，敦煌汉简所谓的"奉邮书走卒"和居延汉简常见的"行者走"，就是指这种以脚力传递文书的形式。既然靠脚力，体能的要求就非常高，送信者必须身强体壮有耐力，擅走长路且速度极快，因此又被称作健步。不过在古代，书信的投递一般分两个系统：一是官方的驿传；二是民间书信投递活动。前者由官方管理，传递与国家政令和军国大事有关的公文，以及官府往来公文，通常是不容许传递私人信函的。后者是民间私人的活动，既包括以健步为职业的个人，也包括被个人豢养为健步的人。三国时期，毋丘俭欲图谋反，便"遣健步赍书，欲疑惑大众"①。这里的健步即是毋丘俭手下身强力壮、擅走长路的军士或者随从。西晋惠帝元康年中，苏宙的旧上司去世，有人弹劾他没有写信吊问，他辩解说："闻凶则因洛健步，书吊嫡孙，健步回说，丧已还东阿，留书付其从子综。"②这里的健步显然不是苏宙的下属人员，很可能是民间的健步。

健步一词在唐代以前的文献中较少见，因此本文不能确定唐代以前的政府机构中是否有健步这种胥吏的存在。但是唐宋以后，健步一词大量地出现在文献中，从中可以了解到，除驿传以外，各级官府包括中央政府都有健步的存在。他们的用途极其广泛：一是侦察敌情。在朱泚之乱期间，唐肃宗被叛军包围于奉天，"尝欲发一健步出觇贼军，其人恳以苦寒为辞，跪奏乞一襦袴，陛下为之求觅不致，竟闵黙而遣之"③。二是替地方官员向朝廷报告各项事宜或传送奏章。安史之乱以后，地方做大，贡赋不入，唐代宗一意姑息，"凡河朔诸道健步奏计者必获赐赍"④。三是查案办案和追捕逃犯。唐代道士宋玄白在抚州做法求雨，飞钉城隍神双目，刺史韦德脸命人抓他，然而"健步辈欲向之，手脚皆不能动"⑤。晚唐时，名士陈磻叟被节度使李巨容排斥而离开襄

---

① （晋）陈寿：《三国志》卷二八《魏书·邓艾传》，北京：中华书局，1975 年标点本，第 777 页。
② （唐）杜佑：《通典》卷九九"与旧君不通服议"条，北京：中华书局，1988 年点校本，第 2643 页。
③ （后晋）刘昫等：《旧唐书》卷一三五《裴延龄传》，北京：中华书局，1975 年标点本，第 3724 页。
④ （后晋）刘昫等：《旧唐书》卷一四四《阳惠元传》，北京：中华书局，1975 年标点本，第 3914 页。
⑤ （宋）李昉等：《太平广记》卷四七"宋玄白"条，北京：中华书局，1961 年，第 294 页。

阳，中途给李巨容的幕吏写信说："已出无礼之乡，渐入逍遥之境。"李巨容"得之大怒，遣健步十余辈，移牒潭鄂，追捕磻叟。"①从这些记载看，健步已经成为各级官府中固定的胥吏。

这些健步们都有健壮的体魄和敏捷的反应，穿山越岭能迅捷如飞。晚唐五代时期，各地节度使均设有步奏官，负责奏报机密要事。所谓步奏，就是不骑马，只靠步行送信。庐州人杨行密就曾做过郑綮的奏事官，史载其"有膂力，日行三百里，唐中和之乱，天子幸蜀，郡将遣行密徒步奏事，如期而复"②。郑州荥泽人史弘肇也颇为有名，据说他"少游侠无行，拳勇健步，日行二百里，走及奔马"③。正因为如此，非急务不会动用健步。中唐宰相元载诬陷江西节度使路嗣恭阴谋作乱，请皇帝于酷暑季节诏其入朝进行考察，嗣恭毫不警觉，请求秋天再入朝觐见。幕僚柳浑提醒他说可能被宰相中伤，路嗣恭急问该怎么办，柳浑说："健步追还表缄。"④

宋代以后，健步的使用就更加普遍了。宋真宗咸平四年（1001年）八月丙午那天刮了一场罕见的大风，皇帝为了表示对百姓的关心，"遣健步于近郊取禾穗视之，皆无所伤"⑤。在地方，健步类似于衙役，什么工作都做，但所做多为急务。一是替官员办事或送信。宋代诗人杨万里《得寿仁寿俊二子涂中家书》诗之一写道："二子别我归，兼旬无消息。客有馈荔枝，盈篮风露色……急呼两健步，为我致渠侧……十日两骑还，千里一纸墨。"⑥二是办案查案。宋代大书法家米芾十分喜爱长沙的湘西道林、岳麓二寺所藏的唐沈传师亲笔《道林诗碑》，有一年他"游宦过其下，舣舟湘江，就寺主僧借观，一夕张帆携之遁。寺僧亟讼于官，官为遣健步追取还"⑦。三是侦察敌情。明王恕在

① （宋）李昉等：《太平广记》卷二六五"陈磻叟"条，上海：上海古籍出版社，1987年四库全书本，第1045册，第15下栏（北京：中华书局，1961年，第2078页为"步健"）。

② （宋）薛居正：《旧五代史》卷一三四《僭伪列传·杨行密》，北京：中华书局，1976年标点本，第1779页。

③ （宋）薛居正：《旧五代史》卷一〇七《史弘肇传》，北京：中华书局，1976年标点本，第1403页。

④ （宋）王谠撰、周勋初校证：《唐语林校证》卷五，北京：中华书局，1987年，第503页。

⑤ （宋）李焘《续资治通鉴长编》卷四九"真宗咸平四年八月丙午"条，北京：中华书局，1979年标点本，第1068页。

⑥ 北京大学古文献研究所：《全宋诗》卷二二八九"杨万里诗"，北京：北京大学出版社，1998年，第42册，第26274页。

⑦ （宋）蔡绦：《铁围山丛谈》卷四，北京：中华书局，1983年，第76页。

《查勘失机官员功罪奏状》中说："南漳县牒，拘得资坪地方里老吴敬等到职审据，各人供称，成化二年二月初五日，有健步尤继海等报有强贼前来攻劫。"①

除了官府中衙役性质的胥吏被称作健步外，健步在明清的文献中还另有所指：一是为私人服务的快速送信者。如明代宁王朱宸濠颇有野心，"以进贡方物为名，遣徐纪、赵隆、卢孔章等赴京侦伺，沿途伏健步快马，限十二日报知"②。二是军队中身体强壮、脚力出众的士兵。在平定准噶尔叛乱的过程中，清军将领向皇帝报告沁达勒之战时说："尚有可用之马五十余匹，给与精壮兵丁乘骑，再派健步兵丁二百名往袭贼营。"③三是指地方土军。明徐襄阳在《西园杂记》中写道："予在沔时，值流贼之乱，襄汉骚动，一时民兵有骁勇、义勇、健步、僧兵、白棒手、牯牛阵，名随地异，土军之为害，予所目击者。"④当然就这些健步的性质而言，与官府中的胥吏则是两回事了。

通过对以上文献的分析和梳理，可以说健步之称最早是指快速传递信件的人。这既指官方的，也指私人的。但在唐宋以后，健步就成了官府中某种胥吏的名称，他们的职责是执行紧急公务，或传递紧急信函，或办案查案、追捕逃犯，或侦探军事情报。

二、急脚（急足）

急脚的称呼出现于唐代，最初指的是官府驿传中的急递业务。在古代，官方的信函往来通常通过官方驿站来传递，驿站中有专门的机构负责处理这些公文，他们根据信函的内容分成不同的等级，传递的速度有快有慢。据北宋学者沈括考证："驿传旧有三等，曰步递、马递、急脚递。急脚递最遽，日行四百里，唯军兴则用之。"⑤这种情况很像现代邮政业务中的快件和慢件。按照规定，急递是不能随便启动的。如户部侍郎杨炎被贬道州司户参军，圣旨命令他直接出城，不得回家。杨炎考虑到妻子重病在身，担心她受惊，想给她写封信

---

① （明）王恕：《王端毅奏议》卷一《查勘失机官员功罪奏状》，上海：上海古籍出版社，1987 年四库全书本，第 467 页下栏。

② （明）谷应泰《明史纪事本末》卷四七《宸濠之叛》，北京：中华书局，1983 年，第 20 页。

③ （清）傅恒等：《平定准噶尔方略》正编卷六八，上海：上海古籍出版社，1987 年四库全书本，第 237 页下栏。

④ （明）徐襄阳：《西园杂记》卷上，北京：中华书局，1983 年，第 36 页。

⑤ （宋）沈括：《梦溪笔谈》卷一一《官政一》，上海：上海古籍出版社，1987 年，第 416 页。

说明情况，便于当日晚到达蓝田时，对主管邮务的崔清请求道："某出城时，妻病绵缀，闻某得罪，事情可知。欲奉烦为申辞疾，请假一日，发一急脚附书，宽两处相忧，以候其来耗，便当首路，可乎？"清许之，邮知事吕华进而言曰："此故不可，敕命严迅。"崔清谓吕华曰："杨侍郎迫切，不然，申府以阙马，可乎？"华久而对曰："此即可矣。"①不过在强权的干涉下，统治者对急递的管理制度常常成为具文，非但不急之务动用急递，连一些与政事无关的事也启用急递。如唐诗的所描写的"一骑绝尘妃子笑，无人知是荔枝来"，说的就是这样的一种情景。

北宋战争频仍，皇帝为了与军前大将保持直接而迅速的联系，建立了金牌急脚递制度。金牌急脚直接对皇帝负责，向军前大将传递皇帝的诏令，实际上就是皇帝的特使。岳飞在朱仙镇大破金兵，宋高宗强令班师，一天之中连下十二道金牌，传递这些诏令的就是金牌急脚递。金牌急脚递的速度比急脚递还要高出许多，沈括在《梦溪笔谈》中说："熙宁中，又有金字牌急脚递，如古之羽檄也。以木牌朱漆黄金字，光明眩目，过如飞电，望之者无不避路，日行五百余里。有军前机速处份，则自御前发下，三省、枢密院莫得与也。"②

由于急脚在快速传递信件这一特点上与健步是相同的，所以急脚也被称作健步。北宋末年，金兵攻破汴京，宋徽宗被俘北迁，他想派人给康王送信，就向侍臣宣谕道："我左右惟尔后生健步，又备知我行事。我欲持信寻康王，庶知父母系念于彼，及此行艰难。"③这里的健步就是他身边的金牌急脚。

宋代的文献中还常常出现急脚子一词。他们一是指官府中的差役，如欧阳修在《与大寺丞》的信中询问家中事宜，并写道："今专遣急脚子去勾当，将来山陵发引排祭一事，汝宜用心，速与问，当早令回报。"④这里的急脚实际上就是健步。二是指担任侦察、报警任务的地方武装人员。宋辽澶渊之盟以后，辽军不断骚扰宋的北部边境，当地百姓遂"自相团结为弓箭社，不论家业高下，户出一人……分番巡逻，铺屋相望……遇有紧急，击鼓集众，顷

---

① （宋）李昉等：《太平广记》卷一五三"崔朴"条，北京：中华书局，1961年，第1098页。

② （送）沈括：《梦溪笔谈》卷一一《官政一》，上海：上海古籍出版社，1987年，第416页。

③ （宋）曹勋：《北狩见闻录》，北京：中华书局，1983年，第4页。

④ （宋）欧阳修：《欧阳修全集·书简》卷一〇《与大寺丞》书之二，北京：中国书店，1986年，第1325页。

刻可致千人"①。弓箭社不久被政府收编或取消,失去了原有的作用。元祐八年(1093年),苏轼提议重建弓箭社,"每社及百人以上,选少壮者三人,不满百人者选二人,不满五十人者选一人,充急脚子,并轮番一月一替,专令探报盗贼"②。

急足之称出现是在宋代,它其实就是官府中当差的急脚。如北宋宰相王安石因为母亲去世而"哀毁过甚,不宿于家,以藁秸为荐,就厅上寝于地。是时,潘凤公所善,方知荆南,遣人下书金陵。急足至,升厅,见一人席地坐,露头瘦损,愕以为老兵也,呼院子令送书入宅。公遽取书,就铺上拆以读。"③这是急足送信。再如《夷坚志》记载这样一个故事:一个人晚间睡觉"梦二急足追至一处……庭下桎梏者颇众,皆僧道尼,亦有狱吏卫守。"④这是急足办案。又如南宋建炎四年(1130年),海寇蜂起,使臣冉进"欲为乱,刘帅见一急足告变,乃斩冉等于(昭应)庙侧"⑤,这是急足侦察敌情。明代中后期,魏忠贤当政,"百司章奏,置急足驰白乃下"⑥。这里的急足就与从前有所不同,专指送紧急公文的人了。

由此可见,急脚(急足)之称是由唐代急递制度的俗称急脚附书沿袭而来的。急脚的主要任务就是送紧急公文,而且多与军事有关,但在实际上往往不能按制度严格执行。但是到了宋代,急脚的称呼开始扩大,不再局限于官府驿传中的急递,官府中的健步以及地方上从事军事侦察活动的人员也称作急脚。

在这里,有一点应该注意:健步、急脚和急足虽然是官府中的胥吏色目,但他们与一般的胥吏不同,如柴寅宾在某地做知县时,县城外山中出现了老虎,他派两名差役去营救打柴的樵夫,然而二役来到南门就跑到酒楼中喝酒休息,这时柴寅宾"坐堂上忽发怒曰:'吾戒谕严切,乃淹留伎馆耶?'即遣急

---

① (宋)苏轼:《苏轼文集》卷三六《乞增修弓箭社条约状》,北京:中华书局,1986年,第1025页。
② (宋)苏轼:《苏轼文集》卷三六《乞增修弓箭社条约状》,北京:中华书局,1986年,第1027页。
③ (宋)王铚:《默记》卷下,北京:中华书局,1981年,第48页。
④ (宋)洪迈:《夷坚志》甲志卷一"王天常"条,北京:中华书局,1981年,第8页。
⑤ (元)袁桷:《延祐四明志》卷一五《象山县》,北京:中华书局,1990年,第6359页上栏。
⑥ (清)张廷玉等:《明史》卷三〇五《宦官传·魏忠贤传》,北京:中华书局,1974年标点本,第7824页。

足侦之，果在"①。可见，健步、急脚（急足）与一般的衙役是不同的。

三、夜不收

夜不收一词出现的非常晚，最早是见于元代元无名氏的杂剧《气英布》的第四折："贫道已曾差能行快走夜不收往军前打探去了。"②从这句话里，我们知道夜不收是擅于走长路而且行走速度很快，他们的任务是打探军事情报。这样看来，夜不收的性质与宋代从事侦察任务的急脚子有些相似。

在明代，夜不收的用途非常广泛。军队中就有夜不收建制，其性质相当于今天军队中的侦察部队。如明代军令明确规定："凡派探夜不收派探不到的、听人言语不亲到贼所、欺诈，因而误失事机者，军法从事。若传报违期，集兵迁延，以致误事，罪同。"③因为古代军队通常白天作战、晚上收兵回营，而侦察人员晚间也要打探敌情，并不收队回营的，所以他们就被称做了夜不收。其实在军队中设立侦察部队并不是明朝的发明，早在唐朝就已经有这样的事例，只不过当时不叫夜不收而是叫健步而已，如"咸通三年春三月四日奉本使尚书蔡袭手示，密委臣单骑及健步二十以下人，深入贼帅朱道古营寨"④。

在明朝初年，北部边境也建有夜不收的机构，该机构的任务是打探蒙古军情和向国内报警。他们的工作比一般军队中的将士辛苦更甚，连统治者都不得不承认："沿边夜不收及守墩军士，无分寒暑，昼夜瞭望，比之守备，勤劳特甚。"⑤后来明朝与蒙古和好停战，设立了互市，战争没有了，夜不收的建制也取消了。"互市之举起于宣、大塞，盖老酋不忍其孽孙之爱，乃以赵全辈易把汉那吉归而成也。二十年来，亡论边民省杀僇奔窜之祸，即中国夜不收命，每岁每塞所省若干人。"⑥

夜不收的军事侦察部队的性质在明代的通俗小说表现得最为明显。《三宝

---

① （清）王士禛：《居易录》卷二一，上海：上海古籍出版社，1987年四库全书本，第566页上栏。

② （明）臧晋叔：《元曲选》，北京：中华书局，1989年重印本，第1294页。

③ （明）戚继光：《纪效新书》卷七"行营野营军令禁约篇"条，上海：上海古籍出版社，1987年四库全书本，第534页上栏。

④ （唐）樊绰：《蛮书》卷四"名类第四"条，北京：中华书局，1983年，第16页。

⑤ 《明实录·英宗实录》卷九"宣德十年九月辛卯条"条，台北："中央研究院"历史语言研究所，1962年影印本，第0179页。

⑥ （明）王士性：《广志绎》卷三"江北四省"，北京：中华书局，1981年，第64页。

太监西洋记》描写郑和率船队来到银眼国，"安排以毕，元帅叫过夜不收，吩咐他体探本国动静，各赏银五十两。"①《禅真逸史》写到薛举进军信州，差心腹将土巡按州县，拿问贪官污吏，访察巨恶积奸，正忙碌之时，"只见探马名为'夜不收'来报"②。

除了军队和边境以外，明代皇帝身边的特使也被称作夜不收。他们的职责是传递皇帝的诏令，性质与宋代皇帝身边的金牌急脚递相同，仅仅是称呼不同而已。丁丑年，正德皇帝私出居庸关来到大同，被北方少数民族数万人围困在阳和城，"上遣夜不收三人，至京师取银百万两。九月廿四日圣诞，阁老梁储、内臣张永往请不回。户部措银二十万两，遣侍郎侯观贲赴大同，犒赏官军，然后返驾。"③

可见，夜不收是明代的一种侦察部队（皇帝的夜不收除外），在军队、边境都有建制。其性质与宋代探听军事情报的急脚子比较接近，不过在明代，夜不收在各地的称呼是不同的："军中探听贼中动静消息，及专备急干使令之人，如宋之时西边之所谓'急脚'、'急步'者。今湖湘谓之'健步'，西北二边称'夜不收'，惟广中则称'缉事军'。"④

通过以上对"健步"、"急脚（急足）"及"夜不收"等几个词语用法的分析及考证，可以得出这样的结论："健步"本是指因长于走路而送信的人，后来则成为官府中胥吏的一种。"急脚"本是指官府驿传中的急件——急脚递，后来与健步混淆。"急足"是急脚的别称。"夜不收"是明代的侦察部队，既不隶属于地方政府，也不隶属于驿站。因为它们都有快速行走的共同特点，所以人们习惯上将它们不加区别而混用，如胡三省在为《资治通鉴》做注时说："健步，能疾走者，今谓之急脚子，又谓之快行子。"⑤其实它们在不同的场合下还是有明显的不同，有时指的是驿传中的急递，有时指的是官府中的

---

① （明）罗懋登：《三宝太监西洋记》第八十回"番王宠任百里雁，王爷计擒百里雁"，上海：上海古籍出版社，1983年，第1026页。

② （明）方汝浩：《禅真逸史》第三十八回"土地争位动阴兵，擎虎改邪皈释教"，上海：上海古籍出版社，1990年，第1621页。

③ （明）徐襄阳：《西园杂记》卷上，北京：中华书局，1983年，第37页。

④ （明）叶盛：《水东日记》卷三一"缉事军"条，北京：中华书局，1980年，第313页。

⑤ （宋）司马光：《资治通鉴》卷七六"高贵乡公正元二年闰月癸未"条，北京：中华书局，1956年标点本，第2423页。

胥吏，有时指的是军事侦察人员。这其中只有夜不收是正规的侦察部队，性质与健步、急脚（急足）完全不一样，叶盛在《水东日记》将它与健步、急脚混为一谈显然是不合适的。

原载（《中国典籍与文化》2007 年第 4 期）

第四编

观音新论

性别之变：唐代中土地区观音女性化过程的考察

在唐代佛教历史上，一个非常重要的问题是很值得关注的，那就是佛教造像尤其是观音形象的女性化过程。关于这个问题，学术界虽然已经有了不少研究，相关的论文有十几篇，其中不乏经典之作，但是因为这些研究基本上是从宗教学角度进行的，所用材料也大多出自佛教的经典、造像及佛经故事等，故所论虽然精辟有力，却有言犹未尽之感，毕竟观音由男变女是个复杂过程，不仅涉及宗教学的内容，也涉及社会心理学，尤其是性别学的内容，故撰本文再行分析。为了更好地说明本文的主旨与研究意义，先将历年与观音有关的研究概况叙之如下。

一、关于观音性别变性研究的概况

观音的研究主要集中在 20 世纪 90 年代初至 21 世纪初，持续了 10 多年时间。研究的内容大约由以下几个方面组成：（1）观音信仰形成的原因及发展脉络。（2）观音经典和观音法门。（3）观音信仰本土化。（4）观音信仰与文学。（5）观音造像与经变。（6）观音与少数民族信仰等[①]。在这些研究中多有涉及观音性别变化的问题，主流的观点认为唐代观音形象由男变女，并

_____

① 耿冠静：《唐两京地区观音信仰研究》，陕西师范大学硕士学位论文，2012 年。

且基本定型，变性的原因比较复杂，涉及政治历史文化背景、观音经典依据及自身特点、世俗化和本土化的需要，以及民众的心理需求等。比如台湾学者于君方先生指出："观音在东晋以迄北周的造像上，虽有多种面貌（如十一面观音、千手千眼观音等），但仍以男性为主。大乘佛学认为男女只是色相，观音本为无相、超时空的菩萨，但是这些手执柳枝和净瓶的观音仍经常被塑造成英俊王子的形象。到了唐代，观音却完全变成了女性。不论是在神迹故事、俗文学，或在进香歌与通俗画当中，观音的女性化和本土化同时产生。"①

于君方先生的观点基本上就是目前学术界通行的观点，即南北朝时期观音造像主要为男性，南北朝晚期观音有了女性的说法，其造像渐渐开始有了女性色彩，等到了唐代随着佛教完全中国化，观音便完成了女性化的过程。按：佛教中国化的过程开始于南北朝时期的道安和慧远师徒，而其完成中国化的标志则是禅宗教派的形成。这是学术界的主流观点②。而禅宗教派在武则天时发扬光大，形成了南北两宗，并正式跻身于十大教派之中，则观音变男为女完成于盛唐开始之前。郭绍林的《论唐代的观音崇拜》（《世界宗教研究》1992 年第 3 期）、王青茹的《浅谈龙门石窟中观世音菩萨的造像》（《中州今古》2002 年第 3 期）、王丹的《从观音形态之流变看中国佛教美术世俗化、本土化的过程》（《河北师范大学学报》2003 年第 3 期）、郭文的《从佛国到凡尘——中国汉地观音造像的形态嬗变与世俗化进程研究》（青岛大学硕士学位论文，2009 年）等，大体都持这一观点。

还有一些文章专门研究观音变性的问题，探讨了观音变性开始的时间和定性为女的时间。最早研究这一问题的是赵克尧先生，他主张观音变性经历了三个阶段："始于东晋南北朝，发展于唐，定形于宋，沿习至今。"③在此之后，先后出现了孙作云的《谈我国民间的观音信仰》（《文史知识》1991 年第 4 期）、芮传明的《中原地区女相观音渊源浅探》（《史林》1993 年第 1 期）、温金玉的《观音菩萨与女性》（《中华文化论坛》1996 年第 4 期）、朱子彦的

---

① 转引自李贞德：《最近中国宗教史研究中的女性问题》，李玉珍、林美玫合编：《妇女与宗教：跨领域的视野》，台北：里仁书局，2003 年，第 11 页。

② 关于佛教中国化问题，除了主流观点之外，还有不同的观点，一种观点认为是宋元以后才真正中国化，另一种观点认为是南北朝，还有一种观点认为佛教不存在中国化的问题。

③ 赵克尧：《从观音的变性看佛教的中国化》，《东南文化》1990 年第 4 期。

《论观音变性与儒释文化的融合》(《上海大学学报》2000 年第 1 期)、徐华威、王水根的《观音菩萨是男是女——中土观音变性原因探析》(《佛教文化》2006 年第 6 期)等文章,都对这一问题进行了探讨。大部分学者均认为观音变性发生于初唐时期,在唐高宗、武则天时期则基本定形。比如芮传明指出:"中原地区的观音性别演变过程似乎发生在太宗、高宗朝和玄宗、肃宗朝之间的一段时间内,亦即是说,大体相当于武后则天专权的时期内。"①而温金玉先生则主张唐高宗、武则天时期观音已经完全变成了女性,他说:"至唐代,观音女性造像基本确定。如河南洛阳市龙门石窟万佛洞口南侧,有一观音立像的浮雕,完成于唐高宗李治永隆元年(680 年),这可看作女相观世音的代表作品:观世音头戴宝冠,左手提净瓶,右手执尘尾,婷婷玉立,呼之欲出,显示了女性无限姣好。"②这一观点实际上也就是主流所持的观音变性与佛教本土化过程同步进行的观点。

有的学者赞同观音变性开始于唐代的说法,但却认为开始于唐代中后期,如孙修身、孙晓岗指出:"又据画史记载,在唐代有绘水月观音变相者……此变相在敦煌莫高窟、安西榆林窟,西夏或元代所开洞窟中曾多有所见,其主尊水月观音菩萨,则全呈现女性的特点……亦证其时已有女性观音的出现。"按:水月观音出现于唐代中晚期,最早由唐代宗大历年间的周昉所绘,因此二人认为主定德的女性观音形象出现的时间在"唐朝的中后期"。不过,他们又认为观音女性化定形则在宋代以后,是佛教世俗化、中国化完成的标志之一。其云:

> 自唐代开始出现表现观音定德的女像后,经过五代宋时,所见观音的形象渐趋一致,而且又出现了许多的变形的观音像来,如鱼蓝观音……随着佛教中国化进程的完成,其世俗化的特点愈为明显,不仅出现了许多由中国僧人编撰、适合中国国情和国民口味的佛经,即人们所称说的伪经,亦出现了许多脱离佛教经典而创作的佛教艺术品,如《水月观音变相》等……这些似有佛教经典依据,而又不据佛典限制,甚至完全脱离佛典,由艺术匠师们根据社会人们的需求,创作而成的许多不同名号的观音形象

---

① 芮传明:《中原地区女相观音渊源浅探》,《史林》1993 年第 1 期。
② 温金玉:《观音菩萨与女性》,《中华文化论坛》1996 年第 4 期。

问世，它标志着佛教中国化世俗化进程已经完成。这就是后期女性菩萨和观音这些女型神祇出现的社会根源……其彻底化的时间，当定于宋、元时期为宜。①

对于以上的说法，我既有认同之处，也有不同的意见。我认为观音女性化出现在唐代是正确的，但温金玉先生所主张的观音在唐高宗、武则天时代定型为女性的说法证据不够确凿。因为任何一种事物的出现与形成都是一个由量变到质变的过程，观音由男变女也不例外，尽管观音本身并不是新生事物，但观音由男性为主的形象变成女性为主的形象却也是一个渐进的过程，洛阳龙门石窟里的观音造像只不过是观音由男变女过程中一个阶段，只反映了观音女性化的趋势，并非代表着女性化的完成。而认为观音在宋代以后才完全定型为女性又有点过晚，因为佛教在唐代以禅宗的形成为标志已经中国化。佛教在宋代以后与儒道的合流及其世俗化，是已经中国化的佛教为寻求进一步发展而与封建士大夫和民众互动的结果，宋元以后观音形象均呈女性且有多种形象，也是佛教教团与民众信仰活动互动的结果，都是在唐代水月观音的基础上发展起来的，若没有女性的水月观音，便没有后世各种各样的女性观音。

另外，关于观音女性化的标志，人们更多地还是从观音造像是否像女性这一点上来考察的，对各类传世文献中所涉及的观音形象及其所反映的民众对观音的看法则疏于分析利用。综合观音造像和各类文献资料，我认为观音变性开始于初唐时代，但其时的观音性别并不确定，虽然一些观音造像颇有女性的娇美，但它并不代表着观音女相的定型，而是代表着观音变性的发展过程。

二、初唐时期观音性别不确定

各种资料显示，初唐时期，观音的性别开始发生变化，但此时的观音性别并不确定，既似男性又似女性，而且文献资料和考古资料所反映的观音形象还不甚一致。

（一）文献记载中的观音多为男性

初唐时期，佛教界翻译出来的几部佛教的经典，凡提到观音的地方都视观

---

① 孙修身、孙晓岗：《从观音造型谈佛教的中国化》，《敦煌研究》1995年第1期。

音为男性。如《妙法莲华经·观世音菩萨普门品》认为观音是"善男子"①，《大方广佛华严经》认为观音是"勇猛丈夫"②，《千手千眼观世音菩萨广大圆满无碍大悲心陀罗尼经》中也说道："佛言：'善男子！汝大慈悲，安乐众生，欲说神咒，今正是时，宜应速说！'"③因为观音是男性，所以初唐时期观音显化救难时都是以僧人的形象出现的。

成书于唐高宗永徽年间的《冥报记》载：

> 监察御史范阳卢文励。初为云阳尉，奉使荆州道覆囚。至江南，遇病甚笃。腹胀如石，饮食不下，医药不瘳。文励自谓必死，无生望。乃专心念观世音菩萨。经数日，恍惚如睡。忽见一沙门来，自言是观世音菩萨。语文励曰："汝能专念，故来救。今当为汝去腹中病。"因手执一木把用挓其腹，腹中出秽物三升余，极臭恶。曰："差矣。"既而惊寤。身腹坦然，即食能起，而痼疾皆愈。④

在这个故事里，因为卢文励患了重病，药石无用之下便念《观音经》，一个自称为观世音菩萨沙门前来救援，治好了他的病。这个故事是佛教信徒宣传的产物，显然在此时人们的观念中观音是男性的。

如果说卢文励是男性，为了方便起见，观音便化身为男性施以援手的话，那么遇难者如果是女性，观世音会化做什么性别呢？牛肃《纪闻》载：

> 桃林令韩光祚，携家之官，途经华山庙，下车谒之，入庙门，而爱妾暴死。令巫请之，巫言："三郎好汝妾，既请且免，至县当取。"光祚至县，乃召金工，为妾铸金为观世音菩萨像，然不之告。五日，妾暴卒，半日方活，云："适华山府君，备车骑见迎。出门，有一僧，金色，遮其前，车骑不敢过。神曰：'且留，更三日迎之。'"光祚知其故，又以钱一千，图菩

① （后秦）鸠摩罗什：《妙法莲华经》卷七，《大正新修大藏经》第 9 册，台北：财团法人佛陀教育基金会出版部，1990 年，第 57 页上栏。

② （唐）实叉难陀：《大方广佛华严经》卷六八，《大正新修大藏经》第 10 册，台北：财团法人佛陀教育基金会出版部，1990 年，第 366 页下栏。

③ （唐）伽梵达摩：《千手千眼观世音菩萨广大圆满无碍大悲心陀罗尼经》，《大正新修大藏经》第 20 册，台北：财团法人佛陀教育基金会出版部，1990 年，第 106 页中栏。

④ （唐）唐临著、方诗铭校：《冥报记》卷中"唐卢文励"条，北京：中华书局，1992 年，第 25 页。

萨像。如期又死，有顷乃苏，曰："适又见迎，乃有二僧在，未及登车。①

按：《纪闻》乃牛肃所作，所载皆徵应及怪异之事，上自武后朝，下至唐肃宗乾元年间，其中以唐玄宗开元年间事为多。在这个故事里，韩光祚为了救爱妾，先是造了一个观音铜像，然后又画了一个观音像，于是先后有两个僧人出现在阴间阻止了三郎的暴行，最终救了韩光祚爱妾一命。虽然遇难的是女性，可观音还是化身为僧人，说明观音此时是男性无疑的。

在初唐时期的传世文献中，观音的形象基本上反映了佛教经典对观音所做的描述，观音的化身大都为男性，一些在佛教界名声和地位较高的僧侣如僧伽、怀让等人都曾被传为菩萨的化身。《太平广记》载：

> 僧伽大师，西域人也，俗姓何氏。……常独处一室。而其顶有一穴，恒以絮塞之，夜则去絮。香从顶穴中出，烟气满房，非常芬馥。及晓，香还入顶穴中，又以絮塞之。师常濯足，人取其水饮之，痼疾皆愈。一日，中宗于内殿语师曰："京畿无雨，已是数月，愿师慈悲，解朕忧迫。"师乃将瓶水泛洒，俄顷阴云骤起，甘雨大降。……后中宗问万回师曰："僧伽大师何人耶？"万回曰："是观音化身也。"②

《宋高僧传》载：

> 释怀让，俗姓杜，金州安康人也。……弱冠诣荆南玉泉寺，事恒景律师，便剃发受具。……让乃跻衡岳，止于观音台。时有僧玄至拘刑狱，举念愿让师救护。让早知而勉之，其僧脱难，云是救苦观音，得斯号也亦由此焉。③

这两位高僧，一位拥有为人治病、呼风唤雨的本领，将瓶中之水泛洒便可降下甘露；一个念其名号便可使人脱难。前者是净瓶观音形象，后者亦符合佛教所宣传的只要念观音名号即可显化救难的说法，显然初唐时期的民众认为观音菩萨是男性。

---

① （宋）李昉等：《太平广记》卷三〇三"韩光祚"条，北京：中华书局，1961年，第2399页。
② （宋）李昉等：《太平广记》卷九六"僧伽大师"条，北京：中华书局，1961年，第638—639页。
③ （宋）赞宁撰、范祥雍点校：《宋高僧传》卷九，北京：中华书局，1987年，第200页。

武则天尊崇佛教，安排面首薛怀义出家为僧，后来又让他做了白马寺寺主，先后封其为正三品左武卫大将军、梁国公及右卫辅国大将军、鄂国公等官职，宠遇隆盛。一些势利之徒便巴结薛怀义以讨好武则天，希求任用。据《朝野佥载》载："唐天后内史宗楚客性谄佞。时薛师有嬖幸之宠，遂为作传二卷。论薛师之圣，从天而降，不知何代人也。释迦重出，观音再生。期年之间，位至内史。"①宗楚客谄媚薛怀义是释迦牟尼重出、观音菩萨再生而获得了武则天的欢心，一年之内便做了内史一职。

（二）观音造像和绘画多现女相

虽然初唐时期各种文献中的观音形象呈现出男性的特点，但是初唐时期的观音造像和绘画却表现出非常明显的女性化趋势。观音造像既有男相，也有女相，同时还有男身女相。龙门石窟有一个等身观音像是以开元时期名臣苏颋为原形而造的。苏颋曾在长安担任左台监察御史，他才学识兼备、为官清廉、不畏强权、纠正了很多冤假错案，离任前，百姓为他造了一个等身像来纪念他：

> ……曾未期月，迁给事中，既而人吏父老，聚而谋曰：咨休哉！明府之惠人也。春风畅之，时雨霈之，心乎爱矣，何以祝之？……乃购奇匠，俶灵峰，追琢镜光，镵凿电烻。倚高壁，临悬关，蹈石葯，戴珉礜，缥缈云笄，婵娟玉立，模宰官之形仪，现轮王之相好。②

从性别上讲，苏颋的等身观音像是男性，这毫无疑问，但"婵娟玉立"一词却显示该观音像具有某些女性的特点，也就是说从外形上看，苏颋的等身观音像如少女姿态曼妙优雅、亭亭玉立。

除了苏颋的等身观音像，唐代初期还有一些呈女相的男性观音像，陕西麟游县慈善寺崖壁间的石佛像是唐永徽四年（653 年）的作品。其中大立佛窟内左右壁各有一处三尊像龛，龛内所雕为一佛二菩萨三尊像，两边胁侍菩萨都是头戴宝冠，上身赤裸，紧佩有璎珞、臂钏和锦带，下身裙带显得轻而薄，尤其是左壁龛内的左胁侍观音菩萨头束高髻，体态丰满，身姿扭动略呈"S"形，

---

① （唐）张鷟：《朝野佥载》卷五，北京：中华书局，1979 年，第 125 页。
② （唐）张说：《张说之文集》卷一二《龙门西龛苏合宫等身观世音菩萨像颂》，上海：上海书店，1989 年。

女相特征更是明显。但不容置疑的是，虽然服饰体态上具有一定的女性的特征，赤裸的上身和平坦的胸部则标志着观音男性的本质。

与龙门石窟相比，敦煌石窟的初唐时期的观音画像女相更为明显。比如第220窟南壁阿弥陀经变内有一观音画像，为唐贞观十六年（642年）绘制。观音绀青长发，束高髻，戴宝冠，斜披天衣，罗裙透体，披宽巾，佩饰环钏璎珞，左手提净瓶，右手作"施无畏印"立莲台上。其造型已完全女性化，面相丰满、结实①。第57窟南壁说法图中也有一观音菩萨画像，也是初唐时期绘制。菩萨容颜秀丽，柳叶眉，樱桃小嘴，鼻梁端直，无髭须，纯粹为女性形象。头微侧，目俯视，正与下方之力士相呼应。身躯略作"三曲弯"，更显得婀娜多姿。额上、鬓边、眼睑、两颊、下额均施淡染，使肌肤润泽细嫩如妙龄少女②。尽管这两幅观音像女相特征极为鲜明，但另外一些石窟的观音造像却显得非男非女，比如第45窟南壁变相的中央有一高大的观音像，首戴花冠，项饰璎珞，身着菩萨装，肌肤圆润，颇富有贵妇神态，但嘴角则画有翠绿色胡须，与体态极不相合，似男非男，似女非女③。而"经文和45窟所见，画面所绘的其现身者计有24项，其中以男性出现者20项，以女性现身者，仅有比丘尼，优婆夷，童女，波罗门妇等4项。"④这说明观音性别不确定的色彩在敦煌石窟的早期也是存在的。

为什么一个男性的观音却带有女相色彩？这就与观音救苦救难时可以显化不同的身相有关了。虽然是善男子出身，但他的工作是普度众生，为了方便渡人，观音要根据需要显现出不同的化身。据《妙法莲华经·观世音菩萨普门品》的描述，观音可以显化"三十三"身相，其中"应以比丘、比丘尼、优婆塞、优婆夷身得度者，即现比丘、比丘尼、优婆塞、优婆夷身而为说法"⑤。为了救女性之难，观音有时可幻化为女性，但幻化成的女性不能违背他的男性出身，故在初唐时期的观音造像、绘画上，观音的性别表现出不确定的色彩。

---

① 季羡林主编：《敦煌学大辞典》，上海：上海辞书出版社，1998年，第162页。
② 季羡林主编：《敦煌学大辞典》，上海：上海辞书出版社，1998年，第162页。
③ 孙修身、孙晓岗：《从观音造型谈佛教的中国化》，《敦煌研究》1995年第1期。
④ 孙修身、孙晓岗：《从观音造型谈佛教的中国化》，《敦煌研究》1995年第1期。
⑤ （后秦）鸠摩罗什：《妙法莲华经》卷七，《大正新修大藏经》第9册，台北：财团法人佛陀教育基金会出版部，1990年，第57页中栏。

　　最能说明初唐时期观音性别不确定特点的是吴道子所画的观音像。西安的卧龙寺内保存着吴道子的观音像碑，他笔下的观音，多为卧坐相，面庞丰腴，头戴宝冠，顶挂璎珞，耳垂肥大，配有饰物，腕上有镯，袒胸跣足；衣冠飘逸，神情妩媚，仪态华贵①。从神态和饰物上看，这个观音俨然一个唐代贵妇的形象；但从"袒胸跣足"的举止来看，则非女性。另外，湖北当阳玉泉寺里也所保存有吴道子所刻的观音像的石碑，上刻自在观音足踏莲台，手持法轮，上下唇都有胡须，袒胸露背，身体粗壮，比例不协调，不但装扮异域，外形十足的男性。同一个作者的观音形象有所不同，说明初唐时期观音形象尚未完全定型。

　　虽然初唐时期观音形象的性别特征比较矛盾，但确确实实已经在向女性转移，反映到造像上越来越多的观音呈女相色彩。龙门石窟中单躯造型的观音主要集中于万佛洞外。最为典型的是万佛洞前南壁由许州仪凤寺比丘尼真智在永隆二年（681 年）五月八日主持所造的一躯观世音菩萨立像，这个立像高 85 厘米，袒胸、露足，头部微斜，腰肢扭动，左手下垂执净瓶，右手持拂尘搭于右肩之后，体态丰腴，身材匀称，外轮廓曲线很是优美，周身饰以璎珞、帔巾、项链、臂钏。温金玉认为："这可看作女相观世音的代表作品……显示了女性无限姣好。"②我不太赞同这一说法，因为尽管这个观音女相十足，但袒胸、露足的装扮既不是女性习惯，又与中国传统文化相违背，另外观音像胸部非常平坦，并无女性的乳峰，说他是女性也不太合适。关于这一点，孙修身等人很早也提到了，他们说："我们也必须看到，菩萨，特别是观音菩萨等，如前所举的那些，又都不具备女性区别于男性最主要的特点，那就是没有特为突起的乳房。"③不过他们认为这体现了观音菩萨中性的特点，既非男性又非女性。对他们的这一主张，我亦不敢苟同，因为《曼殊师利经》虽然说观音有定慧二德，但其本身则是"善男子"，所以我认为这只是一个现女相的男性观音。像这种外极似女性，但胸部平坦的观音造像在龙门石窟早期是比较常见的，既反映了观音性别不确定的色彩，也显示了观音由男性向女性过渡的事实。

---

　　① 芮传明：《中原地区女相观音渊源浅探》，《史林》1993 年第 1 期。

　　② 温金玉：《观音菩萨与女性》，《中华文化论坛》1996 年第 4 期。

　　③ 孙修身、孙晓岗：《从观音造型谈佛教的中国化》，《敦煌研究》1995 年第 1 期。

三、盛唐以后观音女相定形

因为唐代龙门石窟中的观音像多造于唐高宗、武则天时期，大体表现了初唐时期观音性别不确定的色彩和由男向女转变的过程，因此欲考察观音定性为女则需要参考其他方面的材料，尤其是文献材料。

（一）传世文献观音多为女性

进入盛唐以后，观音的性别基本定形，从传世文献来看，观音已经以完全女性化的形象出现，越来越多的观音显化为女性。初唐时期，被传为观音菩萨化身的均为男性僧侣，而到了开元年间女性大德尼也有被传为观音菩萨化身的可能，如《济度寺大比丘尼惠源和上神空志铭》载：

> 大师讳惠源，俗姓萧氏，南兰陵人也……年廿二，诏度为济度寺尼，如始愿也。受戒和上寺大德尼道之崇也，羯磨阇梨太原寺大德律师薄尘，法之良也。……又有尼慈和者，世算之识，知微通神，见色无碍，时人谓之观音菩萨。①

墓志中提到的慈和就是开元年间曾受玄宗妹妹、崇信佛教的代国长公主礼遇的长安善导寺大德尼慈和，她被时人称为观音菩萨。

中晚唐时期，观音是女性的观念已经非常普及了。咸通十一年（870年）八月，唐懿宗之女同昌公主薨，唐懿宗震怒，"医官韩宗昭、康守商等数家皆族诛。刘相国瞻上谏，懿皇不听。懿皇尝幸左军，见观音像陷地四尺，问左右，对曰：'陛下中国之天子，菩萨即边地之道人。'上悦之"②。同昌公主是唐懿宗爱女，郭淑妃所生，咸通九年（868年）出生时，赐"宅于广化里，锡钱五百万贯。更罄内库珍宝，以实其宅。而房楹户牖，无不以众宝饰之。……逮诸珍异，不可具载。自汉唐公主出降之盛，未之有也"③。其因病而卒，唐懿宗迁怒于医官，被诛数百人，众臣劝谏亦不纳，直到有人借观音像陷地四尺

---

① 周绍良：《唐代墓志汇编》开元459《济度寺大比丘尼惠源和上神空志铭》，上海：上海古籍出版社，2001年，第1473页。

② （五代）孙光宪撰、贾二强点校：《北梦琐言》卷六"同昌公主事"，北京：中华书局，2002年，第127页。

③ （宋）李昉等：《太平广记》卷二三七"同昌公主"条，北京：中华书局，1961年，第1825页。

一事暗示同昌公主是观音菩萨转世，唐懿宗才高兴起来。

中晚唐以后的笔记小说中也保留有一些观音传法的记载，其中就有观音以美艳妇人的形象出现来点化世人的。《续玄怪录》载：

> 昔延州有妇女，白皙颇有姿貌，年可二十四五，孤行城市，年少之子，悉与之游，狎昵荐枕，一无所却。数年而殁，州人莫不悲惜，共醵丧具为之葬焉。以其无家，瘗于道左。大历中，忽有胡僧自西域来，见墓，遂趺坐具，敬礼焚香，围绕赞叹。……僧曰："非檀越所知，斯乃大圣，慈悲喜舍，世俗之欲，无不徇焉。此即锁骨菩萨，顺缘已尽，圣者云耳。不信即启以验之。"众人即开墓，视遍身之骨，钩结皆如锁状，果如僧言。①

虽然故事中的女子是菩萨化身，而且"菩萨这种'化倡救淫'的行为，是有着深厚的佛理基础的。人们常说，佛不度无缘之人，菩萨的教化，往往讲究因缘，他们为弘扬佛法，常常是徇俗设缘，有的甚而以色设缘，以'性'作为方便法门，来传法布道"②。但其"狎昵荐枕，一无所却"的行为毕竟不符合中土对女性的规范，难以让人产生敬仰而崇拜，所以在后来的佛教故事中观音虽然仍是以婚姻相诱来传播佛法，但却保持了身体上的贞洁：

> 马郎妇者，出陕右。初是此是俗习骑射，蔑闻三宝之名。忽一少妇至，谓人曰：有人一夕通《普门品》者，则吾妇之。……独马氏子得通。乃具礼迎之。妇至，以疾求止它房，客未散而妇死，须臾坏烂，遂葬之。数日，有紫衣老僧至葬所，以锡拨其尸，挑金锁骨，谓众曰："此普贤圣者，悯汝辈障重，故垂方便。"③

观音由一个"淫荡"的女性一变而为一个贞女，说明在中唐以后的世俗观念里，观音已经定型为女性，否则的话，便无法说服奉行"三从四德"的中国百姓尊崇观音。

------

① （唐）李复言撰、程毅中点校：《续玄怪录》，北京：中华书局，2006年，第201页。

② 周秋良：《娼妓·渔妇·观音菩萨——试论鱼篮观音形象的形成与衍变》，《江西社会科学》2005年第10期。

③ （宋）志磐：《佛祖统纪》卷四一，《大正新修大藏经》第49册，台北：财团法人佛陀教育基金会出版部，1990年，第380页下栏。

中晚唐以后的诗文中有不少关于观音的描述。生活在盛唐时代的王维曾经替崇通寺尼无疑、道登为亡兄所绣的观音像写过一篇《绣如意轮像赞》，称"如意轮者，观世音菩萨陀罗尼三昧门。现方便于幻眼，六臂色身"，"五彩相宣，千光欲发，金莲捧足，宝珠垂髻"①，则知此观音是净土宗的千手千眼观音，而且是女相观音。唐代中后期文人所做的观音像赞或颂中，往往把观音描绘为一个美貌动人、慈祥和蔼的女子。如诗僧皎然的"慈为雨兮惠为风，洒芳襟兮袭轻袂"②、于邵的"天衣若飞，杨柳疑拂"③。晚唐诗人韩偓的《咏柳》一诗更是以"袅雨拖风不自持，全身无力向人垂。玉纤折得遥相赠，便似观音手里时。"④把观音描写为是一个有着杨柳般柔美的身姿和纤纤玉指的美女。

"上元二年九月甲申，天成地平节，上于三殿置道场。以内人为佛、菩萨像，宝装饰之，北门武士为金刚、神王，结彩披坚执锐，严侍于座隅，焚香赞呗，大臣近侍作礼围绕。设斋奏乐，极欢而罢。"⑤此中的上是时为太子的唐肃宗。他令宫女做佛和菩萨装扮，却令武士扮作金刚、神王，显然上元时期佛和菩萨都带有女性的柔美，正与武则天时期的造像女性化一脉相承的。

（二）观音造像女性特征突出

除了文献资料外，造像和各种画像资料也显示盛唐以后的观音基本上也完成了女性化的过程。虽然大部分观音还存在着女性胸部不甚明显的特点，但却有个别造像胸部开始隆起。建于高宗时期的龙门石窟的潜溪寺，有仰覆莲束腰座上的观世音、大势至二菩萨，造型敦厚，身材比例适中，衣褶线条流畅，显示出女性的端庄、文雅，更重要的是胸部微隆⑥，显示出很强烈的女性化特征。开凿于武则天如意元年（692年）的甘肃省庆阳市北石窟寺第222窟有一菩萨像，孙修身等认为这可能就是观音，"她的形象，除了人们称说观音所具备

①（唐）王维著、赵殿臣注：《王右丞集笺注》卷二〇《绣如意轮像赞并序》，上海：上海古籍出版社，1984年，第73页。

②（唐）皎然：《皎然集》卷八《画救苦观世音菩萨赞（并序）》，上海：商务印书馆，1929年，第14页。

③（宋）李昉等：《文苑英华》卷七八一《观世音菩萨画像赞（并序）》，北京：中华书局，1966年，第4125页下栏。

④（唐）韩偓著、陈继龙注：《韩偓诗》卷四《咏柳》，上海：学林出版社，2001年，第377页。

⑤（宋）钱易撰、黄寿成点校：《南部新书》壬卷，北京：中华书局，2002年，第148页。

⑥宫大中：《龙门石窟艺术》增订本，北京：人民美术出版社，2002年，第279页。

的女性美而外，还在于她的前胸，已由扁平变的突起丰满，女性所独具的乳房突起，表现的特为突出，犹如两只小碗反扣于胸部，乳突亦进行了刻意的表现，明显十分。衣饰为菩萨装，我们称之为女性菩萨，当是毋庸置疑的"①。孙修身等虽然认为唐代已经出现了女相的观音，但却主张观音的彻底女性化则在宋元之际，因为唐代所见呈现完全女性观音的造像非常之少，而五代宋元的观音形象均为女相。我觉得仅以造像为根据来判断观音女性化是否完成有点主观，毕竟佛教造像在盛唐以后已经衰落，到中晚唐以后基本消失了。

观音完全女性化特别明显地表现在中唐以后水月观音像的产生与流传。生活在大历至贞元时期的画家周昉以画水月观音知名，长安胜光寺塔东南院即有他画的水月观自在菩萨画像，后来刘整又画上掩障菩萨的圆光及竹②。但因其画已佚，水月观音形象如何无从判定，但"此变相在敦煌莫高窟、安西榆林窟西夏或元代所开的洞窟中，曾多有所见……作为变相主尊的水月观音，抚膝悠闲地坐于山旁，她长发披肩，着入时的服装（按：和前时所见菩萨装迥异，亦不再赤袒上身），神情悠然，目视前方"③。按：《宣和画谱》记载周昉擅画人物，颇为传神，"至于传写妇女，则为古今之冠。其称誉流播，往往见于名士诗篇文字中"。但是由于"昉贵游子弟，多见贵而美者，故以丰厚为体。而又关中妇人，纤弱者为少"④。而敦煌莫高窟、安西榆林窟西夏洞窟中的水月观音均体态丰腴、神态雍容，与周昉笔下的仕女图很神似，令人不能不猜测周昉所做的水月观音是女性。

盛唐以后，敦煌石窟的观音造像无论是洞窟的画像还是绢画全都是女相，而且没有了小胡须。敦煌第 45 窟有观音菩萨和阿难的立像，是盛唐时代的作品。阿难从形体服饰到五官神态完全是一个标准的男性僧侣，而观音则衣饰亮丽、身材修长，五官秀丽，神态柔美。此外，胸部明显隆起，丰满而挺拔，与旁边的阿难形成鲜明的对比。彩色纸画 Ch. 00401 也是观世音菩萨像，中唐时期绘制"高 30 厘米，宽 26 厘米。出自莫高窟藏经洞。观世音菩萨坐莲台上，裸上身，饰以璎珞等；丰双乳，乳部绕以透明的披帛。观音右手置膝头，左手

---

① 孙修身、孙晓岗：《从观音造型谈佛教的中国化》，《敦煌研究》1995 年第 1 期。
② （清）徐松撰、李健超增订：《增订唐两京城坊考》卷四，西安：三秦出版社，1996 年，第 188 页。
③ 孙修身、孙晓岗：《从观音造型谈佛教的中国化》，《敦煌研究》1995 年第 1 期。
④ 岳仁译注：《宣和画谱》卷六《人物》，长沙：湖南美术出版社，1999 年，第 127 页。

置于莲台上，双手均持花，花枝细长；头略向右倾，双目微微向下，作思惟状。"①彩色绢画 Ch. 0091 观世音菩萨像。中晚唐时期绘制。高 101.6 厘米，宽 58.5 厘米。出自莫高窟藏经洞。观音菩萨头戴宝冠，双目俯视，身躯微作"S"状站立，造型眉细眼长，鼻直嘴小，面相丰腴，双耳垂肩，头后有圆光。菩萨身披袈裟，袒胸，饰以璎珞②。上述观音像无论从神态从眉眼从体态从服饰诸方面来看均为女相，因此说菩萨为女性毫不为过。然而唯一令人不解的是中晚唐时期敦煌的观音仍然有袒胸、裸上身习惯，是其依然追寻佛教传统认为观音无性别之分，即便现女相也不需加以遮掩，还是敦煌所受儒家礼教影响较少，且受波斯服装影响较深的缘故，则有待进一步的分析探讨。

总之，唐代的观音形象脱离了北魏时期的秀骨清相和隋代的拙重质朴，变得丰满妩媚、端庄美丽。观音的服饰装束有唐代女性的风采，就像世俗生活中贵族家庭的女性，所以当代有"宫娃如菩萨"的说法。观音造像的世俗化引起了一些高僧的不满，《高僧传》载：

> 宣律师云：造像梵相，宋齐间皆唇厚鼻隆，目长颐丰，挺然丈夫之像。自唐来，笔工皆端严柔弱似妓女之貌，故今人夸宫娃如菩萨也。又云：今人随情而造，不追本实，得在信敬，失在法式。但论尺过长短，不问耳目全具。或争价利，计供厚薄，酒肉饷遗，身无洁净。致使尊像虽树，无复威灵。③

宣律师就是唐代有名的高僧道宣。他生活在初唐，卒于唐高宗乾封二年（668 年），这一个时代正是观音越来越向女性转变的时代。

关于观音女性化的问题，孙修身等人有不同的意见，他们认为观音不存在变性的说法，因为"观音菩萨本身，就具有定慧二德，即男和女的两种性别，随需要而现身变化。其他的菩萨，据佛经讲，也都是属于中性的，亦无有男和女的性别区分。在早期的佛教艺术中，着实是按照佛教的叙说而表现的，到唐确实有女性观音和菩萨的出现……但应该说明的是，这不是她的女性化，只是

---

① 季羡林主编：《敦煌学大辞典》，上海：上海辞书出版社，1998 年，第 238 页。
② 季羡林主编：《敦煌学大辞典》，上海：上海辞书出版社，1998 年，第 233 页。
③ （宋）道诚：《释氏要览》卷中，《大正新修大藏经》第 54 册，台北：财团法人佛陀教育基金会出版部，1990 年，第 288 页中栏。

表现了他的定德之象"①。他们的主张不能说没有道理，但观音既然有男女二德，而中国文化弃男德而选女德，实际上还是看中了观音之德中的女性色彩，并最终将她定性为女，说白了还是女性化。

当然，毕竟观音由男变女是个渐进化的过程，所以中晚唐时期偶尔也会出现观音显化为僧人的记录。如《报应记》记载大中九年（855 年）四月成都人李琚为鬼所拘，昏迷七日，因其"在成都府，曾率百余家于净众寺造西方功德一堵，为大圣慈寺写大藏经，已得五百余卷，兼庆赞了"而得放回，"六七日已来放归，凡过十二处，皆云王院，悉有侍卫，总云与写一卷《金刚经》。遂到家，使人临别执手，亦曰：'乞一卷《金刚经》。'便觉头痛，至一塔下，闻人云：'我是道安和尚，作病卓头两下，愿得尔道心坚固。'遂醒，见观音菩萨现头边立笑，自此顿瘥。"②李琚在阴间所见道安是否就是观音显化前来救难呢？

综合考察文献和造像资料可以发现，文献资料和造像资料关于观音的叙述并不是同步的。在观音造像外形带有女性化趋向的时候，文献资料所反映的社会观念中，观音还是主要以男性的形象出现的。而当观音在文献资料所反映的社会观念中呈现女性的时候，观音形象却因净土观音造像的兴起及随之而来的造像高潮衰落而显得扑朔迷离。但是水月观音的出现及其在敦煌地区的安家落户，陕西省千阳县发现的五尊唐代乳峰突出的鎏金观音铜像，加上敦煌地区女性观音造像的普遍存在，显示着观音已经褪去了男性的色彩。所以尽管目前中原地区用来证明中晚唐时期的观音已经完全是女性的实物极少，但根据文献所载世俗社会对观音的看法，仍然可以说中晚唐时期观音已经完全女性了。正因为有这样的信仰基础，当五代宋元佛教造像再次兴起之时，观音造像普遍以女性形象出现了。

原载（《广东技术师范学院学报·社会科学版》2015 年第 4 期）

---

① 孙修身、孙晓岗：《从观音造型谈佛教的中国化》，《敦煌研究》1995 年第 1 期。
② （宋）李昉等：《太平广记》卷一〇八"李琚"条，北京：中华书局，1961 年，第 734 页。

性别之因：唐代中土地区观音女性化的性别因素考察

在佛教向世界传播的过程中，各种神祇入乡随俗都会发生一些变化，观音作为功德最大、影响最深、地位最重要的菩萨也发生了一些变化，但论变化之大唯有中国，因为只有在中国，观音不但完全中国化，而且由男性变成女性。这个变化过程发生在唐代的中土地区，并在唐代以后基本定型。关于观音在中国变性的原因，学者多有研究，有的从政治因素考虑，有的从文化因素考虑，还有的从宗教角度入手，这些研究固然有理有据，不失精辟深刻，但却忽视了一个非常重要的因素，即性别。毕竟观音由男变女是一个性别转化的过程，如果不从性别视角入手进行探讨，其结论就不能说全面客观。

一、观音潜在的女性特征符合中土民众的心理

（一）观音母性的慈爱与中土民众的心理需求

关于观音慈爱的本性与观音女性化的问题，曾经有学者指出："观音为了拯救众人，而未能成佛，施恩不为任何理由，只是给予，却不求任何回报。能这般无条件地积极关注的，也只有母亲才能做到。"①的确，观音在中国广受欢迎又转身变为女性与其慈爱如母的牺牲精神有很大的关系。但是，中国毕竟

---

① 徐华威、王水根：《观音菩萨是男是女——中土观音变性原因探析》，《佛教文化》2006年第6期。

是一个父权制文化极为发达的社会，母亲尽管以慈爱牺牲的精神获得了子女们的爱戴，但很难超越父亲成为子女崇拜的偶像。民间信仰中的西王母由一个独立女神最终成为玉皇大帝妻子就是母权不敌父权的一个很好的诠释。为什么观音不但可以脱离男儿之身、成为一个独立的女神，而且在民间的影响甚至还超越了佛教的教祖释迦牟尼？这是因为观音变性不但符合女性的心理需求，同时也符合男性的心理需求。

在佛教的信仰体系中，观音是具有定慧二德的神灵①，他虽然是善男子出身，却可以通过各种化身（包括女性的化身）来普度众生，这是观音由男性变成女性的基础。《妙法莲华经·观世音菩萨普门品》宣扬说观音可以根据世人的需要显化为"三十三身相"，"应以比丘、比丘尼、优婆塞、优婆夷身得度者，即现比丘、比丘尼、优婆塞、优婆夷身而为说法。应以长者、居士、宰官、婆罗门、妇女身得度者，即现妇女身而为说法。应以童男、童女身得度者，即现童男、童女身而为说法"②。比丘尼、优婆夷、妇女、童女都是女性，观音超度她们的时候就显化为女身。《大佛顶首楞严经》将观音显化渡人的身份表达的更为清楚："若有女子，好学出家，持诸禁戒，我于彼前，现比丘尼身而为说法，令其成就。"③"若复女子，五戒自居，我于彼前，现优婆夷身而为说法，令其成就。若有女人，内政立身，以修家国，我于彼前，现女主身及国夫人命妇大家而为说法，令其成就。"④"若有处女，爱乐处身，不求侵暴，我于彼前，现童女身而为说法，令其成就。"⑤

观音不但可以显化为女身，而且还具有女性慈爱善良的本性，不论是华严宗和法华宗的救苦救难观音，还是净土宗的接引世人前往西方净土的观音，以及密宗的千手千眼观音都具有这一特点。《妙法莲华经·观世音菩萨普门品》宣称观音可解贪、瞋、痴三毒，并且具有求男求女的法力。《八十华严》中的

---

① 孙修身、孙晓岗：《从观音造型谈佛教的中国化》，《敦煌研究》1995年第1期。

② （后秦）鸠摩罗什：《妙法莲华经》卷七，《大正新修大藏经》第9册，台北：财团法人佛陀教育基金会出版部，1990年，第57页中栏。

③ （唐）般剌蜜帝：《大佛顶如来密因修证了义诸菩萨万行首楞严经》，《大正新修大藏经》第19册，台北：财团法人佛陀教育基金会出版部，1990年，第128页下栏—129页上栏。

④ （唐）般剌蜜帝：《大佛顶如来密因修证了义诸菩萨万行首楞严经》，《大正新修大藏经》第19册，台北：财团法人佛陀教育基金会出版部，1990年，第129页上栏。

⑤ （唐）般剌蜜帝：《大佛顶如来密因修证了义诸菩萨万行首楞严经》，《大正新修大藏经》第19册，台北：财团法人佛陀教育基金会出版部，1990年，第129页上栏。

观音具有"大悲深重救护一切"的特点①，《四十华严》中的观音能解救人间十八种灾难，但凡天灾人祸、疾病痛苦、生老病死等，观音无不能拯救，而且拯救的办法也极为简单，只要"称名"，即口念观音世名号，或"礼拜供养"，即造像或绣像进行礼拜，甚至连"心念"，即在心中默念观音经，都可以达到目的。净土宗宣称观音是西方极乐世界阿弥陀佛的左胁侍菩萨，是指引天下众生往生西方净土的"接引佛"，她"等视众生同一子，宝手接引如慈母"②。密教宣称，信奉密宗观音同样能达到解救苦难与往生净土世界的作用，它们认为念观音咒语，不仅能使人摆脱困境、脱离危险，配以一定的药方还可以起到治病的效果。

总之，在佛教经典的描述中，观音犹如母亲般慈祥，她视天下众生如子，像母亲一样爱护他们，对众生的苦难感同身受。只要念观音名号，供养观音像，持观音咒，在危难降临的时刻，观音就可以及时施以援手，使众生脱离苦难和危险。《妙法莲华经·观世音菩萨普门品》宣称："若有无量百千万亿众生受诸苦恼，一心称名，观世音菩萨即时观其音声，皆得解脱。"③《正法华严经·光世音普门品》也说："若有众生，遭亿百千垓困厄、患难、苦毒无量，适闻光（观）世音菩萨名者，辄得解脱，无有众恼。"④人穷则返本，痛极则唤父母。遇到困难就念观音名号很容易唤起人们对母亲的感情，不论男人还是女人，在这一点上都是相同的。

在传统社会里，父权社会的性别机制使女性比男性蒙受更多的压迫，她不仅受到来自封建君权、族权的压迫，也会受到来自父权的压迫，即在家从父（父死从兄），出嫁从夫，夫死从子。虽然男主外女主内的社会分工，使她们看起来处于被男人养活的状态之中，但实际上她们不仅要与男性共同承担不能承受的生活艰苦，还要比男性多承受生育之苦、养育之辛，以及侍奉与自己没

---

① （唐）实叉难陀：《大方广佛华严经》卷六八，《大正新修大藏经》第 10 册，台北：财团法人佛陀教育基金会出版部，1990 年，第 367 页上栏。

② （唐）释迦才：《净土论序》，《大正新修大藏经》第 47 册，台北：财团法人佛陀教育基金会出版部，1990 年，第 83 页下栏。

③ （后秦）鸠摩罗什：《妙法莲华经》卷七，《大正新修大藏经》第 9 册，台北：财团法人佛陀教育基金会出版部，1990 年，第 191 页中栏。

④ （西晋）三藏竺法护：《正法华经》卷一〇，《大正新修大藏经》第 9 册，台北：财团法人佛陀教育基金会出版部，1990 年，第 128 页下栏。

有血缘之亲的舅姑之累。与受过良好教育的封建士大夫相比，女性对宗教的崇奉更看重宗教的功利作用，身体疾病、心理痛苦、生活的灾难、丧偶的不幸、对生育危险的担忧、对生命长久的渴望，以及对女性身体的不满都会促使她们热衷于在宗教中寻找安慰。在众多的能给她们带来福祉的神灵中，最能拨动她们的心灵是具有大慈大悲情怀的观音，在观音的形象上她们能感受到母亲般的温暖。因此在她们潜意识中，具有母亲气质的观音其实就是一位女性、一个母亲。

与女性相比，封建社会中的男性虽然拥有较多的权利与自由，但是社会义务和养家糊口的双重重担主要由他们承担，而求学进取、宦海沉浮、商旅奔波、应酬往来等传统工作也具有一定的挑战性，在这个过程中他们会面临一些与女性完全不同的问题。生存的艰难、仕途的不顺、生意的损失，以及身体、精神的各种不适，也常常给他们带来困扰，与生俱来的"俄狄浦斯情结"使得男性也渴望母亲的慈爱。因为"母性爱作为一种实践者的主体意识在它产生、存在的同时，也产生了主人公作为它的接受对象，作为女性神，更能唤起人们对慈祥母亲的回忆，使人感到欣慰和甜蜜。"[1]所以具有母亲慈祥特征、随时能满足其精神需求的观音，可能会常常在男性的意识中被幻化为母亲。观音可以显化为女性并具有女性慈爱善良的本性，不但是观音变身女相的经典依据，而且使唐代工匠们在塑造观音像、画家们在创作观音像时将其创造为女相有章可循；人类普遍存在的恋母情结，亦使得这些男性工匠和画师愿意将观音塑造成具有母亲情怀的温柔女性。

唐代比丘尼无量的故事很精辟地诠释了唐代世俗善男信女对观音的理解：

> 比丘尼无量，俗姓闵氏，京兆长安人也。……性戒天全，情欣出俗。……遂于佛前，焚香立愿，誓持华严行菩萨道。……至永淳二年有诏度人，其家男女五人出俗，无量住道德寺。……尽受具戒，苦行愈殷，不服缯纩，唯衣布叠；不受僧利，不食僧厨，六时礼忏，三业无替。加以立性温和，志怀慈爱，每见诸贫病，莫不深思悲愍。有道之徒咸叹曰："虽是女人，斯

---

[1] 邢莉、宋颖：《妈祖与观音》，《浙东文化》2001年第1期。

则丈夫所难及也。"①

比丘尼无量所持为《华严经》，立志行菩萨道，以大慈大悲的观音菩萨为自己追求的目标，而她的性情和举止颇有观音"立性温和，志怀慈爱，每见诸贫病，莫不深思悲悯"的慈悲特点。一个出家的女性持《华严经》，温和而慈祥，尤其是对贫病者心怀悲悯，很容易让人联想到《华严经》里救苦救难的观音菩萨。对无量比丘尼"虽是女人，斯则丈夫所难及也"的评价实则反映了世俗社会的一种普遍看法：高僧再自诩慈悲，也不如女人天生良善。

（二）观音送子功能与中土民众的心理需求

观音除了具有慈母般的情怀使得人们渴望她成为一名女性外，她的送子功能则加强了其变身的可塑性。这一品相的形成与佛教经典所宣传的观音具有给人送子的功能密切相关。《妙法莲华经·观世音菩萨普门品》说："若有女人，设欲求男，礼拜供养观世音菩萨，便生福德智慧之男；设欲求女，便生端正有相之女，宿植德本，众人爱敬。"②在佛教的经典中，观音不仅能如人所愿满足生子的愿望，而且生下的孩子都是天生奇才、人品出众。在"不孝有三，无后为大"的中国传统社会里，观音的送子功能受到了中国民众的高度重视，向观音求子的习俗随着《妙法莲华经·观世音菩萨普门品》的译出便成为中国传统社会广大妇女的一个常见的宗教活动。唐代文献中有很多观音送子的记载，例如，不孕的妇女通过供奉观音像就可以喜得贵子，初唐时期著名高僧万回师的出生，即是其"母祈于观音像而因娠回"③。他小时候虽然看起来很愚笨，但极有慧缘，长大后成为一代著名高僧。再如，诵念观音菩萨的名号也可使人怀孕生子，本相州法藏寺僧后至长安的高僧信行的出生也缘于此，据说其母结婚以后很长时间都没有怀孕，"久以为忧。有沙门过之，劝念观世音菩萨。母日夜祈念，顿之有娠，生信行。幼而聪慧，博学经纶，识达过人"④。

---

① （唐）法藏《华严经传记》卷四"讽诵"，《大正新修大藏经》第 51 册，台北：财团法人佛陀教育基金会出版部，1990 年，第 167 页中栏。

② （后秦）鸠摩罗什：《妙法莲华经》卷七，《大正新修大藏经》第 9 册，台北：财团法人佛陀教育基金会出版部，1990 年，第 57 页上栏。

③ （宋）李昉等：《太平广记》卷九二"万回"条，北京：中华书局，1961 年，第 606 页。

④ （唐）唐临著、方诗铭校：《冥报记》卷上"隋释信行"条，北京：中华书局，1992 年，第 3 页。

在古代社会里，断了祖宗香火在中国人眼中是最大的不孝，而女性的生理特点决定了"女人只是为种族的繁衍而生存"[①]。她的首要任务是生育。一个已婚的女人如果生不出儿子就会面临被休弃的危险；即便侥幸不被休弃，她在夫家活的也没有地位、没有尊严，她不但要忍受丈夫乃至公婆一家人的羞辱，还有可能被年轻貌美的侧室挤兑，年老之后的生存也没有保障。观音具有送子功能无疑是久婚不孕妇女的福音，因此她们对观音的迷恋更为执着：

> 绘工匠意通幽，若菩萨出现，湛兮凝心于内，怡然示相于表。非法王妙用何哉？谁其主人？即湖州刺史谏议大夫樊公夫人范阳县君卢氏所造也。初夫人有临胤之兆，尝念观音，梦云初怀，育月方诞，命曰是女，且不正名，盖取宜子之意也。公以积德树仁，膺其锡美，虽菩萨大慈不昧，亦江汉间气所钟。……词曰：

> 至人之体兮有而无迹，至人之心兮用而常寂。公之小君兮惠性造微，我之大士兮慈心莫违。保幼子兮永贞无悔，觌真仪兮常明不昧。慈为雨兮惠为风，洒芳襟兮袭轻袂。[②]

这篇文章的题目是《画救苦观世音菩萨赞》，写的是湖州刺史谏议大夫樊公夫人范阳县君卢氏画观音的前因后果。卢氏夫人大概是久婚不孕，于是开始念观音的名号，不久做了一个梦就怀孕了，很快生下了儿子。为了表示感谢，她特意请人画了这幅观音像挂于家中供养，希望观音能"保幼子兮永贞无悔"。

唐代笔记小说《河东记》也记载了一个向佛教中神灵祈子的神奇故事：

> 唐宝应中，越州观察使皇甫政妻陆氏，有姿容而无子息。州有寺名宝林，中有魔母神堂，越中士女求男女者，必报验焉。政暇日，率妻孥入寺，至魔母堂，捻香祝曰："祈一男，请以俸钱百万贯缔构堂宇。"陆氏又曰："倘遂所愿，亦以脂粉钱百万，别绘神仙。"既而寺中游，薄暮方还。两月余，妻孕，果生男。[③]

① （德）叔本华著、金玲译：《爱与生的苦恼》，北京：华龄出版社，1996年，第84页。
② （唐）皎然：《皎然集》卷八《画救苦观世音菩萨赞》并序，上海：商务印书馆，1929年，第14页。
③ （宋）李昉等：《太平广记》卷四一"黑叟"条，北京：中华书局，1961年，第259页。

虽然文中所记皇甫夫妻的祈请对象是魔母，但"据学者考证，这里的魔母圣堂并非九子鬼母，而是送子观音"①。不管此魔母是否为观音，但以观音具有给人送子的功能，她的庙宇定然也会成为广大女性祈子的场所。事实上，从敦煌石窟的画像来看，盛唐时代的已婚女性向观音祈子的习俗已经非常普遍了。开凿于盛唐的第45窟有观音三十三身，其中有求男得男，求女得女图，求女者则头饰"抛家髻"，面部圆润，体态雍容华贵，一派盛唐妇女的风姿②。

尽管生育的责任在妻子，但是尽早完成传宗接代的任务使祖先香火有继也是丈夫的希望，因此观音的送子功能不但吸引女性，而且也非常吸引男性。当妻子婚后不孕时，一些男性也会诵念《妙法莲华经》或口念观音名号向观音祈祷，希望观音赐妻子怀孕。西京龙兴寺楚金禅师的母亲高氏结婚很久都没有怀孕，而他的父亲是个佛教徒，经常诵读《妙法莲华经》，结果有一天"夜梦诸佛，觉而有娠"③，于是生楚金。因为观音的送子功能不但非常契合中国儒家"生子尽孝"的文化观念，而且能满足中国男人和女人双方的需求，因此这一功能在中国尽可能地得到了放大。然而，子息毕竟是由女人而生，而且是两性结合的结果，女人以男性作求子的对象总是令人感到尴尬，所以在两性壁垒非常森严的中国传统社会里，男性的送子神并不特别受欢迎，除了送子弥勒和张仙之外，绝大多数送子神都是女神，送子弥勒事实上也可化身为女性，而张仙在民间的影响并不普及。在这种社会心理文化下，具有送子功能的观音最终变成了女性，在中国形成了送子观音的品相。

二、唐代女性的崇奉活动对观音女性化的影响

观音的女性化很大程度上与女性崇奉者的活动有紧密关系。关于这一点，以前的研究也注意到了。比如温金玉即指出："南北朝时，佛教在中国有了迅速的发展，其中出现的尼姑和在家的女居士人数骤增，不少上层妇女也笃信皈依佛教，如北朝就有十七位帝后出家为尼。这时普遍的社会心理需求一个女性的崇拜对象来吸引众多女众，并为她们解除苦难，从而成为她们心中不灭的希

---

① 邢莉：《观音信仰》，北京：学苑出版社，1994年，第123页。

② 季羡林主编：《敦煌学大辞典》，上海：上海辞书出版社，1998年，第113页。

③ （宋）李昉等：《文苑英华》卷八五七《西京千福寺多宝佛塔感应碑》，北京：中华书局，1966年，第4526页。

望。这样女性观音便应运而生。"①但是这些女性的信仰者以什么样的方式、什么样的活动影响了观音由男变女呢？温金玉先生的文章并没有展开。

（一）贵族妇女的崇佛活动与观音女性化

无论是洛阳龙门的观音造像，还是敦煌石窟的观音画像，观音的神态眉眼、装扮服饰以及着装色彩都与唐代贵族妇女非常近似，这其实反映了观音女性化与唐代女性的审美倾向之间的关系。从唐朝初年起，上层贵族女性就对崇奉佛教的活动比较热衷，尤其是在武则天、唐中宗时期。她们的活动包括捐资修建寺庙、造像、画像、诵经抄经，以及广度僧尼等。唐代两京地区有很多是贵族妇女捐资或舍宅修建的寺庙。长安长寿坊的崇义寺，原本是隋延陵公于铨宅。武德三年（620 年），桂阳公主为驸马赵慈景所立②。位居长安新昌坊的青龙寺，原本是隋朝的灵感寺，入唐以后废寺。龙朔二年（662 年），唐高宗的同母妹城阳公主患病久治不愈，唐高宗听说高僧法朗念大悲咒治病很灵验，遂"召朗至，设坛持诵，信宿而安"③。城阳公主病愈后就奏请将废弃的灵感寺改成观音寺让法朗居住，景云二年（711 年）又改名青龙寺④。武则天的母亲出身于世代崇佛的弘农杨氏，一生酷爱佛教；受其影响，武则天也信仰佛教。杨氏去世后，武则天于 670 年修建了太原寺来纪念母亲并为她祈冥世之福⑤。这个太原寺原来就是杨氏的宅第。据《唐会要》记载，长安太宁坊的罔极寺建于神龙元年（705 年）三月十二日，是太平公主奉敕为天后追福而立；此寺在开元二十年（732 年）六月七日又改为兴唐寺。唐中宗时的尚宫柴氏就把自己的住宅捐出作为光德寺，自己也出家做了比丘尼⑥。

上层贵族对佛教的尊崇无疑会影响到佛教的造像艺术。她们出资兴建寺庙，便会对寺庙的整体规划、佛教造像的形象施加一定的影响。而寺庙的僧侣为了迎合她们这些财大气粗的施主，也会刻意将她们的气质容貌服饰巧妙地设

---

① 温金玉：《观音菩萨与女性》，《中华文化论坛》1996 第 4 期。

② （宋）王溥：《唐会要》卷四八《寺》，上海：上海古籍出版社，2006 年，第 990 页。

③ （宋）赞宁撰、范祥雍点校：《宋高僧传》卷二四，北京：中华书局，1987 年，第 613—614 页。

④ （宋）王溥：《唐会要》卷四八《寺》，上海：上海古籍出版社，2006 年，第 990 页。按：《唐会要》载观音寺乃新城公主奏立误。

⑤ （日）高楠顺次郎：《大正新修大藏经》第 50 册，台北：财团法人佛陀教育基金会出版部，1990 年，第 281 页中栏。

⑥ （清）徐松撰、张穆校补、方严点校：《唐两京城坊考》，北京：中华书局，1985 年，第 108 页。

计进去。比如龙门奉先寺的卢舍那大佛是在唐高宗、武则天的支持下修建的，据说武则天还赞助了两万脂粉钱，民间相传卢舍那佛就是以武则天为原形修建的。温玉成先生认为卢舍那佛以武则天为原形而开凿的说法是违背历史事实的①，但这个佛像的确是面如银盆、丰颐秀目，眉弯嘴小、微露笑意，既显男性的庄严，又现女性的慈和。而且从时间上看，虽然其具体的开凿时间仍不清楚，但肯定是在武则天取代了王皇后以后。②考虑到唐高宗与武则天的关系，以及两人都有崇佛的爱好，那么在设计佛像的时候唐高宗听取武则天的一些意见也不是不可能的事情。即便武则天没有对佛像的设计表达过意见，但主持造像的高僧也会刻意体现更多的女性气质以讨好势如中天的武后。另外，卢舍那佛是释迦牟尼的报身佛，意思是光明普照，武则天登极后改名为曌，取日月当空之意，很难说不与之有关。所谓上欲行之下必效之，武则天在男身的释迦牟尼报身佛上投射了女性的欲望，佛教僧侣在造像上为讨好武则天也渗入了女性的色彩，那么广大信徒在具有潜在女身色彩的观音身上投射女性的欲望也是必然的了，唐高宗、武则天时代大量呈女相的观音菩萨在龙门石窟出现也就很好理解了。

据说四川广元为武则天的出生地，此地原本有川主庙。武则天建立武周政权以后，出资修建已具规模的川主庙，后来百姓将之改名为"皇泽寺"，取"皇恩浩荡，泽及故里"之意。民间传说只表达了民众的愿望，不足为信，但郭沫若先生根据 1955 年出土于四川广元的立于后蜀广政二十二年（959 年）九月六日的《利州都督府皇泽寺唐则天皇后武氏新庙记》的记载，认为皇泽寺的创建至迟必远在唐之中叶③。我认为建立皇泽寺并以之为武后庙既与武则天有关，更与此地原有石窟造像有关。皇泽寺大洞窟里的造像是初唐作品，"阿弥陀佛旁边有左胁侍观音像，其造型也与之大同小异"④。如果武则天确实出生于广元，或者仅仅因为她的父亲曾经在那里做过利州都督，都足以影响到大石窟里的观音造像。唐代一些女相观音不但服饰近似唐代贵族女性，

---

① 温玉成：《试论武则天与龙门石窟》，《敦煌学辑刊》1989 年第 1 期。

② 富安敦：《龙门大奉先寺的起源及地位》，《中原文物》1997 年第 2 期；冈田健：《龙门奉先寺的开凿年代》，《美术研究》1984 年第 2 期。

③ 郭沫若：《武则天》，上海：上海文艺出版社，1979 年，第 136 页。

④ 邢莉：《观音信仰》，北京：学苑出版社，1994 年，第 29 页。

而且极具唐代上层贵妇的气质，显然是贵族女性信徒与佛教僧侣互动的结果，说不定"有些寺院里的菩萨形象就干脆以贵族家庭的妇女甚至女伎为模特儿"而塑造的，所以唐代观音才会"丰满而不厚重，妩媚而不轻佻，其形象端庄美丽，萧（潇）洒飘逸①。

经过唐太宗的"贞观之治"，直至唐玄宗的"开元盛世"，国力强盛、文化开放、兼容并蓄的社会风气，使得唐代女性们生活在礼制约束较为宽松的社会氛围之中。与整个封建时代的女性相比，"那个时代的女性比较突出，不仅出现了一个登上皇位的武则天，而且整个妇女的社会地位有所提高，受到的禁锢相对较小。在整个封建社会里，这是妇女们的黄金时代，是最'解放'的时代"②。当然，这只是上层社会贵族女性的黄金时代。生活条件优裕的上层女性，她们个性张扬开放，服饰鲜华亮丽，气度雍容华贵，"慢束罗裙半露胸"的时装，既凸显了女性窈窕动人的身姿，也使她们性感而迷人。唐代贵族妇女对美的追求不仅使她们自己变得富有魅力，也影响了整个社会的审美倾向。有唐一代，以上层社会贵族妇女为描绘对象的画作大量出现，许多画家都以擅画贵族妇女的风韵而著名，初唐的张萱、中唐的周昉就是其中的佼佼者。他们创作的《捣练图》《簪花仕女图》等名画对唐代的文化艺术影响极大，自然而然也影响了佛教的造像与画像，尤其是观音菩萨的形象。

在社会开放、文化兼容并蓄的社会背景下，随着中外文化的交流不断，唐代中原及敦煌地区的工匠和画家根据自己的审美取向，在创作观音形象的时候虽然主要吸收了印度佛教美术中流行的优美妩媚的"三屈式"造型，但是五官眉眼却渐渐摒弃异国情调的高鼻深目的男性特征，代之以中原女性长眉丰颐的特点，遂使观音向女相发展。唐代东京龙门石窟的观音造像、敦煌石窟的观音画像和宫廷画家的观音画像中观音多头作高髻打扮，体态丰腴，面相富贵，衣带摇曳，璎珞满身，极似唐代的贵族妇女，正是融入了中原地区的审美观念和审美情趣。在一些非常精美的观音造像及画像中，可以找到许多和《捣练图》《簪花仕女图》相似的特点——笔致纤细而不失弹性，色彩清丽而富有质感，细纱缁衣轻薄透明，肌肤丰润而白皙。比如敦煌第45窟的菩萨立像即姿态婷婷

---

① 邢莉：《观音信仰》，北京：学苑出版社，1994年，第30页。
② 魏迎春：《敦煌菩萨漫谈》，北京：民族出版社，2004年，第44页。

婀娜，面相丰满圆润，身材丰盈健美，肌肤莹润细腻。在唐代女性审美艺术的影响下，神秘、庄严的观音走下神坛，从佛界逐渐走向人间，从佛界走向世俗，释道安所说的"宫娃如菩萨"形象地映射了唐代女性审美倾向对观音菩萨形象的影响。

其实，上层贵族妇女形象及审美艺术对观音造像的影响在南北朝时期已现端倪。邢莉著文指出："龙门石窟古阳洞有一幅由比丘尼引导的贵族妇女的礼佛图，前导的披裟裟的比丘尼之后，跟随着长裙曳地的贵族妇女鱼贯徐行，画面笼罩着浓郁的宗教色彩。画面的妇女身材修长，轻盈苗条，充满夸张的色彩。观音造像的风格与之趋于一致。"①只不过那时的贵族妇女以苗条为美，而唐代的女性以丰腴为美。

（二）普通女性的崇佛活动与观音女性化

1. 造像或画像

造像或画像是唐代女性崇奉观音的主要活动。龙门石窟和敦煌石窟中有很多观音菩萨的造像和画像，数目之多仅次于阿弥陀佛，造像或画像的供养人有很多都是女性。以龙门石窟为例，根据孙昌武的研究，龙门石刻观音（不包括"西方三圣"里的观音）的铭文中，女性造像者占约三分之一②。有的是母亲为儿女所造，有的是妻子为丈夫所造，有的是女儿为父母所造，有的是姐妹为兄弟所造，有的是女性为自己所造。参与造像的既有俗家女信徒，也有出家的比丘尼。有的是女性单独造像，有的是与家人合资像③。在敦煌石窟，也有不少女性供养人出资画观音像，如开于盛唐（宋、清重修）的第一二二窟的龛外北侧盛唐画观世音菩萨一身。东壁门上盛唐画说法图一铺，女供养人二身④；第三二窟的南壁有中唐画释迦说法图一铺，东侧观音一身，西侧地藏一身（清代重描），下五代画菩萨五身（模糊）。北壁中唐画七佛（跌坐），下说法图一铺，东侧观音一身，西侧菩萨一身。东壁门北盛唐画十一面六臂观音一身、菩萨一身、地藏一身、女供养人二身；门南观音一身、药师佛一身，女

---

① 邢莉：《观音信仰》，北京：学苑出版社，1994年，第27页。
② 孙昌武：《中国文学中的维摩与观音》，北京：高等教育出版社，1996年，第225页。
③ 漆德红：《唐代女性造像记略论》，《亚洲研究》2011年第15期。
④ 敦煌文物研究所：《敦煌莫高窟内容总录》，北京：文物出版社，1982年，第39页。

供养人一身，五代画供养比丘一身（均残）①。初唐开凿宋代重修的第二〇三窟龛外南侧上，初唐画维摩诘经变（维摩诘）中观世音一身，下供养比丘尼一身、女供养人三身②。

在女性主持或女性参与的情况下，观音的形象或多或少都能映射出女性的意愿，她们会自觉或不自觉地将自己的审美意识融入进去，这非常有助于观音女相的转变。比如前面提到的龙门石窟万佛洞前庭南壁观音造像就是由比丘尼真智主持所造，这个造像女相色彩特别突出，不论是身体形态，还是五官相貌，以及服饰装扮，都似极了贵族女性，以至被学者认为是女相观音的代表作品。可以肯定地说，这座观音造像的形象如此具有女性特征，与真智的选择是分不开的，也许真智在这个造像寄托了自己某种渴望。

唐代女性不仅从主观方面对观音造像女性化发生影响，有时也会有意无意之间通过客观的方式发生影响：

> 汉州开元寺，有菩萨像。自顶及焰光坐趺，都是一段青石。洁腻可爱，雕琢极工，高数尺。会昌毁寺时，佛像多遭摧折刊缺，惟此不伤丝毫。及再立寺，僧振古宝而置放西廊。余与京大德知玄法事西川从事杨仁赡同谒，杨深于释氏，好古之士也。赡敬弥日，而玄心精识多闻，话其本末云："先是匠人得此石异之，虔心镌刻，殆忘餐寝。有美女常器食给之。其人运思在像，都无邪思。久之，怠而妄心生，女乃不至。饥渴既逼，兼毒厉匝体，遂悟是天女。因焚香叩首，悔谢切至，女复来，其病立愈。而像即成。亦尝有记录，因毁寺失其传焉。寺今再立矣。"③

这个故事在唐代崇佛的社会中显然有原版可循，美貌的天女则是一个被神化了的普通的年轻姑娘。她心地善良，大概也信奉佛教，看到工匠为了雕刻菩萨像而废寝忘食，担心饿坏了他，就经常送食物给他。时间久了，工匠对姑娘生了爱慕之心，耽误了工作。后来姑娘大概有什么事情耽搁了，很长时间没有来，工匠相思成病，直到姑娘重新露面，他的病才好了，很快将菩萨像雕刻完毕。试想工匠在雕刻人物作品时心中却想着一个姑娘，他能不将他所思念对象

---

① 敦煌文物研究所：《敦煌莫高窟内容总录》，北京：文物出版社，1982年，第12页。
② 敦煌文物研究所：《敦煌莫高窟内容总录》，北京：文物出版社，1982年，第71页。
③ （唐）赵璘：《因话录》卷六《羽部》，上海：上海古籍出版社，1979年，第116页。

的形象融入他的创作中呢？

2. 供像观像

佛教宣称，观音菩萨大慈大悲、法力无边，不但能求男得男求女得女，还能拯救人间所有苦难，而且拯救的办法极其简单，只要念观音世名号，或礼拜供养观音造像、绣像、心里默念观音经，都可以达到目的。因此，唐代女性不只在石窟中造观音像或画观音像用于祈福，在家中也设观音像，常年焚香供奉，每日观像祈祷。观音像有金像、石像、铜像、绣像和画像诸种，因人而异。如《辩正论》记载一则故事："陈玄范妻张氏，精心奉佛，恒愿自作一金像，终身供养。有愿莫从，专心日久，忽有观世音金像，连光五尺，现高座上。众叹其精感所致。"① 张氏信奉观音菩萨，一心希望通过自己的努力制作一个观音金像供于家中，但因经济条件所限，心愿一直无法满足，时间久了，观音为其诚心所感，赐予她一座金身。唐代墓志中有很多女性香花供养佛像的记载，有的明确说明所供奉者为观音，比如生活在唐代初年的南阳张氏是佛教信仰者，志文说她"蕴观音于藏间，崇经造像，纵草筹之岂穷；设会修檀，类尘数之无尽"②，显然她就在内室供奉观音像。有的虽然未明言供奉的对象，但以观音在唐代尤其是初唐造像的流行，供奉观音的女性应该不少。陕西千阳县出土的唐代观音鎏金铜像和铜像都是善男信女于家中供奉的，其中那些女性观音很可能是女性的供养对象。

唐代女性对观音的痴迷还表现在女红方面。自从佛教造像进入低谷以后，为了满足供养观音的需求，唐代的很多女信徒们都利用擅长刺绣的本领，亲自动手绣观音像挂于房中香水供养，祈求观音保佑自己的亲人：

> 故尚书膳部郎中太原白府君讳行简妻京兆杜氏，奉为府君祥斋，敬绣救苦观音菩萨一躯，长五尺二寸，阔一尺八寸，纫针缕彩，络金缀珠，众色彰施，诸相具足。发弘愿于哀恩，荐景福于幽灵，稽首焚香，跪而赞曰：
>
> 集万缕兮积千针，勤十指兮虔一心。呜呼！鉴悲诚而介冥福，实有望

---

① （宋）李昉等：《太平广记》卷一一一"张氏"条，北京：中华书局，1961年，第767页。

② 周绍良：《唐代墓志汇编》永徽127《文林郎夫人张氏墓志》，上海：上海古籍出版社，2001年，第214页。

于观音。①

文中的杜氏是白行简的夫人，在丈夫去世一周年的祥斋祭祀时，为了替丈夫祈求冥福，她亲手绣了一幅观音像，并对着观音像稽首焚香祈求，说自己为了绣观音宝像煞费苦心、殚精竭虑，"集万缕兮积千针，勤十指兮虔一心"，希望观音看在她的虔诚份上能保佑她的丈夫在阴间不再受苦。

唐代女性绣观音像的事例很多，身份也各不相同，有已婚的，有未婚的，还有出家的比丘尼，绣观音像的目的都是为亲人祈福，有的是祈冥福，有的是祈生福。如：

> 《莲华经·普门品》载菩萨盛德大业详矣。……初尚书吏部郎赵郡李公第六女，归于博陵崔绰。大历初居公忧，泣血无声，至于大祥。既而思求冥祐，徼福上圣，针缕之闲，成就庄严。其用心也至矣乎！……崔氏之子，以肃尝获升公堂，以赞述见托，痛梁木之坏，恸怀恩之烈，故像设之所，敢著乎辞。②

> 我裴氏弱妹，畴昔之夜梦老僧，意夫圣者，祈太夫人之福，恳恳焉。圣者复之曰：当绣，若绘救苦观世音菩萨。……是用心宜圣功，指集睟容，圆光具发，朝日瞳昽。岁八旬有六日，我慈亲生之辰也，愿于是毕，工于是终，圣于是兴，福于是始。同气不类，神明我遗。祯梦靡臻，斯文敢阙。③

第一段文字中的李氏出自赵郡李氏，嫁博陵崔绰为妻，性情至孝，父亲的去世令她悲痛不已，两年之中都无法自抑。大祥之后，她精心绣了一幅观音像，每日香花供养，以此替父亲祈求冥福，根据文中所云"像设之所"分析，这个绣像应是设在家中的。第二段文字中的裴氏是未婚少女，她在梦中向一位老僧替母亲祈福，老僧授意她绣观音像。于是她"用心宜圣功，指集睟容，圆光具发，朝日瞳昽"，用了一年零八十六天的时间，终于在母亲寿辰那天将观

---

① （唐）白居易著、谢思炜校注：《白居易文集校注》卷二，北京：中华书局，2011 年，第 114—115 页。
② （宋）李昉等：《文苑英华》卷七八一《绣观世音菩萨像赞》，北京：中华书局，1966 年，第 4127 页。
③ （宋）李昉等：《文苑英华》卷七八二《绣救苦观世音菩萨赞（并序）》，北京：中华书局，1966 年，第 4131 页。

音像绣好了。

唐代女性所绣的观音宝像不论是为谁祈福，最终都要挂在女性的房中作为供养观想的偶像。虽然上述文字的描述并不能说明她们所绣观音像是男性还是女性，但是试想一下：这么多女性，包括未婚的少女，在家中长期供养一位男性观音菩萨，与他朝夕相处，早晚参拜，时时念诵，总是有点暧昧之意；而一个已婚的女性，对着一位男神喃喃自语请求子息，也会觉得很尴尬。这些深受三从四德礼教熏陶的女性，无论在心理上还是从情感上，都希望陪伴她们身边的大慈大悲的观音是位慈祥的女性，一位可以倾听她们心声的母亲，所以她们在创作观音绣像的过程中，往往自觉或不自觉地融入自己的希望。而据前文所引王维《绣如意轮像赞》一文则知崇通寺尼无疑、道登所绣观音为女性足以说明问题。加之盛唐以后的文献显示观音为女性的观念在社会上普遍流行，那就有理由相信这些女性所绣的观音像应该是女性。

三、结语

观音在中国转化为女性有着复杂的原因，但从性别角度分析，则主要包括两个方面的内容：一是观音本身所具有的潜在的女性特征，使其符合中国民众男女两性的心理需求，善男信女都希望大慈大悲的观音是位和蔼可亲、具有牺牲精神、能满足人们希望的母亲。二是唐代女性对观音的崇奉活动，这是最重要的、也是最关键的性别因素。唐代妇女的崇佛活动既包括贵族妇女，也包括普通女性，其中贵族妇女的崇奉活动直接影响了观音的形象塑造，观音的体态相貌，观音的气质神韵，观音的服饰装扮等特征。而普通女性的崇奉活动则客观影响了观音性别的转变。随着佛教在唐代的传播，信仰佛教的女性群体越来越大，在佛教的众多神祇中，观音菩萨以"他那以慈悲为怀、普度众生的心愿，深得广大民众，特别是封建时代长期受男权歧视和压迫，对自身命运没有自主权的广大妇女的普遍信奉。"①佛教僧团为了吸引更多的女信徒，也会按照女性的需要去刻意强调观音幻化女性的特点，将观音变身女性。如果说观音能化身为女性且具有母亲的慈爱特点为观音转变为女性提供了可能，那么唐代

① 段塔丽：《唐代民间佛教神祇信仰中的女性角色与地位》，《陕西师范大学学报》（哲学社会科学版）2011 年第 4 期。

女信徒崇奉观世音的活动，则为这种可能变成现实提供了强有力的现实基础。所以说观音女性化既是佛教中国化的需要，更是唐代女性信徒与佛教互动的结果。

原载（《广东师范技术学院学报·社会科学版》2014 年第 10 期）

唐高宗武则天时期妇女崇佛与观音造像的女性化

在中国古代，佛教造像的女性化是一个非常有趣的现象。不仅仅观音由高鼻深目的异域男子变成一个端庄秀丽的中土白衣女子，连释迦牟尼也变得端庄而圆润像极了中土的贵妇，只差胸部隆起了。关于这个问题，学术界已经从很多方面进行了探讨，大致认为佛教造像女性化是佛教本土化的必然结果，时间从南北朝一直持续到唐、五代乃至宋初，发展的关键时期则是唐高宗、武则天时期，而以观音菩萨造像女性化的完成为标志。这当然是无可争议的。不过，这样一场持续时间漫长的宗教文化现象的发生发展，必然有很多具体的原因，体现了不同的社会需求，而唐高宗、武则天时期成为佛教（观音）造像女性化的关键时期，除了体现了特殊的政治文化需求外，也体现着一定的性别需求。这应该是历史文化研究中的一个非常重要的问题。本文拟以观音为例，从性别视角探讨一下唐高宗、武则天时期佛教造像女性化的问题。

一、唐高宗、武则天时期的观音造像女性化趋势

我在《性别之变：唐代中土地区观音女性化过程的考察》一文中，运用造像资料和传世文献对唐代中土地区观音女性化的过程进行了比较细致的考察，并指出：从龙门造像来看，唐高宗、武则天时期的观音女性化趋势非常明显，但从文献资料来看，观音女性化的过程尚未完成，因为文献资料显示：观音在

显化救人的时候既有男性形象又有女性形象，而到了盛唐以后，无论是造像、绣像、画像，还是文献资料，观音大体都以女性的形象出现。也就是说，盛唐以后，无论是大众的社会观念，还是佛教宗奉者的宗教意识，观音都已经是一个女性的形象了。观音女性化的完成，当与唐高宗、武则天时期观音造像女性化的强大趋势密不可分。

（一）唐高宗、武则天初期男身女相的观音

唐高宗、武则天时期观音造像女性化的过程是循序渐进的，较早的带有女性化趋势的观音大多是呈女相的男性观音。比如许州仪凤寺的比丘尼真智于永隆二年（681年）五月八日主持修造的万佛洞前南壁的一躯观世音菩萨立像即是呈女相的男性观音。这座观音立像有85厘米高，身材匀称，体态丰腴，头部微斜，腰肢扭动，外轮廓曲线很是优美。他袒胸露足，左手执净瓶，微微下垂，右手持拂尘，尘尾搭于右肩之后，全身以璎珞、帔巾、项链、臂钏为饰。温金玉先生提出："这可看作女相观世音的代表作品：观世音头戴宝冠，左手提净瓶，右手执尘尾，婷婷玉立，呼之欲出，显示了女性无限姣好。"[1]

其实，温金玉先生的说法颇有商榷之处。虽然这座造像的衣着服饰及观音的容貌体态呈现出女性气质的柔美与婉约，但毕竟没有女性最明显的第二性征，即胸部的隆起。关于这一点，我认为孙修身等人的见解颇为精辟。他们说："我们也必须看到，菩萨，特别是观音菩萨等，如前所举的那些，又都不具备女性区别于男性最主要的特点，那就是没有特为突起的乳房。"[2]单从胸部是否隆起来看，万佛洞的观世音造像仅仅是呈女相的男性观音，只体现了观音造像女性化过程中的一个环节，并不是真正意义上的女性观音。

事实上，这种呈女相的男性观音在唐高宗、武则天时期的造像中并不止一例。陕西麟游县慈善寺崖壁间的洞窟开凿于唐永徽四年（653年），其中有一大立佛洞窟。大立佛洞窟内左右两壁各有一尊像龛，龛内雕有一座佛像两座菩萨像，两边胁侍的菩萨都是头戴宝冠，上身赤裸，紧身佩有璎珞、臂钏和锦带做装饰，下身裙带略显得轻薄飘逸，其中左壁龛内的左胁侍观音菩萨女相特征也很明显。他头束高髻，体态丰满，身姿扭动，略呈"S"形，但很明显，他

---

[1] 温金玉：《观音菩萨与女性》，《中华文化论坛》1996年第4期。
[2] 孙修身、孙晓岗：《从观音造型谈佛教的中国化》，《敦煌研究》1995年第1期。

的胸部是非常平坦的，不容置疑，这是一个呈女相的男性观音。

龙门石窟还有一个非常有名的呈女相的男性观音，因为它是以开元时期名臣苏颋为原形而造的，是一个等身观音像。苏颋在武则天时期担任过左台监察御史，他不畏强权、纠正了很多冤假错案，后来他离任，百姓为了纪念他，便自发筹资为他造了一个等身像，"乃购奇匠，俯灵峰，追琢镜光，镌凿电煜。倚高壁，临悬关，蹋石药，戴珉鬟，缥缈云耸，婵娟玉立，模宰官之形仪，现轮王之相好"[①]。虽然这个等身观音像的模板是男人，但容貌体态却"婵娟玉立"，身材犹如少女般曼妙优雅、亭亭玉立，女性气质明显。

（二）武则天时期女身女相的观音

观音女性化的趋势在唐高宗、武则天后期，尤其是武则天统治时期就非常明显了，出现了女性的第二性特征——隆起的胸部。甘肃省庆阳市北石窟寺第222窟开凿于武则天如意元年（692年），里面有一尊菩萨像，她的胸部隆起的很明显，就像两只倒扣的小碗。孙修身等人即认为这可能就是观音，"她的形象，除人们称说观音所具备的女性美而外，还在于其前胸，已由扁平变的突起丰满，女性所独具的乳房突起，表现的特为突出，犹如两只小碗反扣于胸部，乳突亦进行了刻意的表现，明显十分。衣饰为菩萨装，我们称之为女性菩萨，当是毋庸置疑的"[②]。这座造像女性化特征突出，说明观音造像女性化的趋势在唐高宗末年至武则天时期已经达到了高峰。

唐代长安光宅寺里有一座武则天称帝后赐建、以石佛群作为装饰的七宝台。这些石佛群在明代时被收集于宝庆寺大殿内壁和佛塔上。清末民国初被日本学者发现，精美造像大量流出国外。这批造像中有七尊造型相似的十一面观音菩萨立像，美国华盛顿史密森学会弗瑞尔美术馆藏有一尊膝部以下残缺的，日本东京国立博物馆收藏一尊完整的，这是唐代密宗造像最为流行的题材之一。观音菩萨右手上举持杨柳枝，左手自然下垂拈披帛，面相饱满丰腴，长目细眉、双目微闭、神情安详、法相庄严。除了装扮和发式明显是女性之外，最重要最明显的女性特征是乳房丰满，高高耸起，脖子上的项圈珠饰恰到好处地

---

① （唐）张说：《张说之文集》卷一二《龙门西龛苏合宫等身观世音菩萨像颂》，北京：文物出版社，1982年，第11页。

② 孙修身、孙晓岗：《从观音造型谈佛教的中国化》，《敦煌研究》1995年第1期。

遮掩了乳头。日本九州国立博物馆亦藏一宝庆寺一佛二菩萨像，两面协侍的观音都是女相观音，修眉细目，体态丰满，腰肢纤细，呈 S 形扭动，胸部呈突起状，其中左协侍是净瓶观音，胸部突起的更为明显。

1987 年，陕西省千阳县还出土了一批窖藏的唐代铜佛造像，里面一共有 15 个铜制佛像，其中 8 个是鎏金菩萨立像，1 个是鎏金弟子像，1 个是铜莲花 7 座佛像，另外 5 个是铜菩萨立像。经过学者们的考察和研究，窖藏时间应该在唐武宗会昌五年（845 年）灭佛期间。从整体来看，这批观音菩萨造像均具有女性柔美的特点：肌肤丰盈，比例均称，长眉细目，腰肢苗条。但是每个个体也有差异：有的鼻梁高隆，异域特征明显；有的胸部扁平，呈男身女相；其中有 5 个造像的双乳丰满突出，十足的女性，显然这 5 个是完全女性化了的观音。高次若、刘明科认为这些铜佛造像"大部分应是出自武则天时期"[①]是非常有道理的。根据龙门石窟造像特点分析，保存异域特征较明显的应该是隋到唐初的作品，而女性特征明显的应该是唐高宗、武则天时期的作品，观音双乳丰满的则应该到了武则天时期的晚期了。这些观音像的出土也是观音造像女性化的趋势在唐高宗末到武则天时期达到了高峰的有力佐证。

二、武则天的倡导推崇作用与观音女性化

观音女性化在唐高宗、武则天时期达到高峰不是偶然的，与武则天扶持佛教、利用佛教，以便取代李唐而实施的宗教政策是分不开的。台湾学者古正美指出："若没有武则天在造像史上的突破，在造像上还是不可能出现女观音的。"[②]这个论断显然是很有见地的。那么武则天在利用佛教的同时，采取何种手段与方法成功地将男性观音变成女性，并使得整个社会接受了观音的女相呢？

因为武则天曾授意薛怀义与法明和尚伪造《大云经》云："陈符命，言则天是弥勒下生，作阎浮提主，唐氏合微。故则天革命称周"[③]。并于《大云经》颁布天下的第二年（690 年）年改国号为周，改元天授，取代李唐而正式

---

① 高次若、刘明科：《陕西千阳县上店发现唐代铜佛造像窖藏》，《考古与文物》1997 年第 1 期。

② 转引自李贞德：《最近中国宗教史研究中的女性问题》，李玉珍、林美玫合编：《妇女与宗教：跨领域的视野》，台北：里仁书局，2003 年，第 13 页。

③ （后晋）刘昫等：《旧唐书》卷一八三《薛怀义传》，北京：中华书局，1975 年标点本，第 4742 页。

称帝，成为中国历史上唯一的一名走到前台的女皇，所以学术界的主流观点认为观音女性化与武则天自称是弥勒佛转世有关。比如芮传明先生即指出：唐高宗中期以后，随着武后权力的高涨，统治者有意地奉承和世俗百姓无意的附会，将号称弥勒下生的女皇与观音相联系，在龙门石窟中造了大量女性化的观音像，推动了唐代观音形象向女相的演变①。温玉成先生亦指出：自唐高宗、武则天时期以来，弥勒造像发生了明显的变化是：第一，由独立开窟，专供弥勒，发展到以弥勒居中的三佛题材（如摩崖三佛）。第二，洞窟和弥勒像不断增大，弥勒像高度由 1.5 米发展至 5.5 米。第三，在龙门，唐中宗神龙以后不再见弥勒大洞②。

这两种说法都值得商榷。因为弥勒佛在龙门的造像所呈现出来的特点与阿弥陀佛、观音造像基本上是一致的，即它们都是在唐高宗、武则天时期达到顶峰，然后渐趋衰落，不但造像越来越少，造像的规模也在缩小，只是弥勒佛造像就此终结多一重的政治因素。另外，武则天时期的弥勒佛造像，包括她登基以后新开的弥勒洞窟，女性特征并不突出，胸部更没有隆起，那个开于延载二年（695 年）的敦煌莫高窟著名的第 96 窟的弥勒佛巨像也是如此。事实上，弥勒佛信仰自北朝以来就非常流行，龙门石窟的绝大多数弥勒造像的开凿大都是在《方等大云经》出现之前。因此，武则天和弥勒佛的关系是武则天审时度势，在"称帝时充分利用了唐初社会的弥勒信仰，而当其称帝后，又进一步通过政权的力量，大力扶持佛教，为弥勒信仰在社会上的广为传播创造有利条件"③。至于武则天不选择的阿弥陀佛和观音则有着特殊的考虑：阿弥陀佛虽然地位更高，也能转世，但却是男身，不适合武则天；观音虽然可化身为女性，但她发誓要普度众生才能成佛，并不具备在当世转世的条件；三者之间，只有弥勒既可化身为女性，又具备转世条件，最关键的是将来他会继承释迦牟尼成为新的教主。这三点汇合起来最适合被武则天加以利用。因为观音和弥勒在佛教系统中地位相近，又均可化身为女性，所以武则天自称是弥勒佛转世，

---

① 芮传明：《中原地区女相观音渊源浅探》，《史林》1993 年第 1 期。

② 温玉成：《试论武则天与龙门石窟》《敦煌学辑刊》1989 年第 1 期；高俊苹：《试论武则天时期龙门石窟的弥勒造像》（《敦煌学辑刊》2006 年第 2 期）的观点与之相似："龙门石窟的弥勒造像，在唐太宗时期仅见若干小龛。至唐高宗后期、武则天执政以来，龙门石窟出现了大量的弥勒造像，表现形式由双龛供奉、独立开窟、专事弥勒供奉发展到以弥勒居中的"三佛"题材，而且造像规模越来越大。"

③ 段塔丽：《武则天称帝与唐初社会的弥勒佛信仰》，《中国典籍与文化》2002 年第 4 期。

会对观音形象的女性化产生一定的影响，但影响不是绝对的。

武则天对观音造像女性化影响最大的活动应该是奉先寺卢舍那佛的开凿。东都洛阳是武则天经常驻跸之地，龙门的开窟造像也在唐高宗、武则天时期则达到了高峰，奉先寺的卢舍那大佛就是当时造像精品的代表之作。据调露二年（680 年）和开元十年（732 年）重刻的造像题记所载，卢舍那大佛是唐高宗敕建的，用的是国库的钱，但武则天也为大像的开凿"助脂粉钱二万贯"①。因为这个佛像丰颐秀目，眉弯嘴小，嘴角微翘，面露笑意，既有男性的庄严，又现女性的慈和，所以民间相传卢舍那佛是以武则天为原形而开凿的。虽然这个传说并无文献佐证，而且具体的开凿时间仍然不清楚，但是肯定是在武则天取代了王皇后的位子以后②。考虑到唐高宗与武则天的关系，以及两人都信佛并且喜欢做一些崇佛的活动，那么在设计佛像的时候唐高宗和武则天都可能表达了自己的意见，而且武则天的意见很有可能影响高宗。相应地，主持开窟造像的奉先寺僧侣在造像上问题上为讨好武则天而渗入了女性色彩也不是没有可能的，因此民间的说法不完全是空穴来风。另外，卢舍那佛是释迦牟尼的报身佛，意为光明普照，武则天登极之后即改名为曌，取的是日月当空之意，很难说她与卢舍那佛没有关系。

卢舍那佛的造像对唐代佛教造像女性化影响较大。在此以后，无论是释迦牟尼造像，还是菩萨和弥勒造像，越来越脱离异域色彩，变得越来越慈眉善目，具有中土女性的特点。如武则天为卢舍那佛捐助脂粉钱后的第二年（673 年）惠简洞开凿，这是西京法海寺惠简法师主持修造的皇家洞窟。窟内共造九尊弥勒像，居中的弥勒坐像高 3.10 米，发髻为螺形，形象与神态与卢舍那佛像很相像，女性的气质极其突出，"令人觉得可敬可亲、雍容大度"③。这个弥勒坐像显然受到卢舍那佛的影响。又，同样开凿于唐高宗时期的潜溪寺，主佛阿弥陀佛端坐在须弥台上，面颐丰满，虽为男像，却是胸部隆起④，比之卢舍那

① 张乃翥：《龙门石窟大卢舍那像龛考察报告》，《敦煌研究》1999 年第 2 期。

② 富安敦：《龙门大奉先寺的起源及地位》，《中原文物》1997 年第 2 期；冈田健：《龙门奉先寺的开凿年代》，《美术研究》1984 年第 2 期。

③ 宋岚：《试论龙门石窟弥勒佛的造像特征及其信仰根源——以武则天时期弥勒造像为例》，《美与时代》2009 年四月上半月刊。

④ 宫大中认为潜溪寺中的阿弥陀佛是观世菩萨，误。宫大中：《龙门石窟艺术》增订本，北京：人民美术出版社，2002 年，第 279 页。

佛和弥勒坐像的女性化特征更明显。所谓上欲行之下必效之，武则天在男身的释迦牟尼报身佛造像上投射了女性的欲望，那么广大信徒在具有女身色彩的观音造像上投射女性的欲望也是必然的了。在此情形下，观音女性化过程进一步加速。

三、唐高宗、武则天时代女性崇佛活动与观音女性化

观音造像女性化在唐高宗、武则天时期达到高峰，不但与武则天的推动有关，更与广大女性信仰群体的推崇与信奉观音的活动关系有关，因为女性的介入必然会对观音形象的变化产生影响。关于这一点，温金玉先生曾指出："南北朝时……尼姑和在家的女居士人数骤增……普遍的社会心理需求一个女性的崇拜对象来吸引众多女众，并为她们解除苦难，从而成为她们心中不灭的希望。这样女性观音便应运而生。"[1]在唐代，女性的信仰群体对观音造像女性化的影响也是很突出的。比如"龙门石窟古阳洞有一幅由比丘尼引导的贵族妇女的礼佛图……长裙曳地的贵族妇女鱼贯徐行，画面笼罩着浓郁的宗教色彩。画面的妇女身材修长，轻盈苗条，充满夸张的色彩。观音造像的风格与之趋于一致。"[2]那么，唐代女性通过何种方式来影响观音造像女性化过程的呢？

经唐高宗、武则天的推崇，佛教获得了长足的发展，信众也越来越多，其中女性信仰群体也越来越壮大。开窟造像或画像是唐代女性崇奉佛教的主要活动之一。"阿弥陀佛与观世音菩萨是较受唐代女性群体青睐的两种造像题材。"[3]龙门石窟中有很多观音菩萨的造像和画像，他们的供养人很多都是女性。据孙昌武的研究，龙门石刻观音的铭文中（不包括"西方三圣"里的观音），女性造像者占约三分之一[4]。张晓迎据李晓敏搜集的 1456 条隋唐造像记进行统计分析，女性造像则多达 25%以上[5]，还有很多是女性与家人共同造像。在女性主持或参与的情况下，她们的意见会对造像的设计产生重要的影响，工匠也会认真考虑像主们的建议，因此观音造像势必或多或少能折射出女

---

① 温金玉：《观音菩萨与女性》，《中华文化论坛》1996 年第 4 期。
② 邢莉：《观音信仰》，北京：学苑出版社，1994 年，第 27 页。
③ 张晓迎：《唐代妇女佛教造像活动研究》，西北大学硕士学位论文，2012 年，第 41 页。
④ 孙昌武：《中国文学中的维摩与观音》，北京：高等教育出版社，1996 年，第 225 页。
⑤ 张晓迎：《唐代妇女佛教造像活动研究》，西北大学硕士学位论文，2012 年，第 7 页。

性的意愿，这非常有助于观音造像由男向女的转变。比如前述龙门石窟万佛洞前庭南壁那个呈女相的观音立像，除了胸部没有隆起外，整个身材与一个婀娜多姿的女子并无二致。这个造像之所以女相色彩特别突出，肯定与供养人比丘尼真智的个人意愿是分不开的，也许在这个造像造像就是以真智为原形打造的，寄托了她的某种渴望。

由于武则天的推崇，唐高宗、武则天时代的女性尤其是上层社会贵族女性的崇佛活动也达到高峰。她们的活动包括捐资舍宅修建寺庙、广度僧尼、开窟造像、画像绣像、诵经抄经等。唐代两京地区很多寺庙都是由贵族妇女捐资或舍宅修建的。比如青龙寺的前身是隋朝的灵感寺，入唐废弃，龙朔二年（662年），唐高宗同母妹城阳公主久病不愈，经人推荐，高僧法朗念大悲咒治好了她的病，为了表示感谢，城阳公主奏请将改成观音寺让法朗居住，景云二年（711年）又改名青龙寺[1]。唐中宗时的宫官尚宫柴氏也笃信佛教，她不但出家做了比丘尼，还把自己的住宅也捐了出去作为光德寺[2]。太原寺原本是弘农杨氏的宅第，杨氏有着世代崇佛的传统，武则天的母亲也是位虔诚的佛教信徒，670年，武则天改宅为寺，为她去世的母亲祈冥世之福[3]。另据《唐会要》记载，神龙元年（705年）三月十二日，太平公主奉敕为武则天在长安太宁坊立罔极寺追福，开元二十年（732年）六月七日此寺又改为兴唐寺。

这些贵族妇女出资兴建寺庙或者造像供养，便会对寺庙的整体规划、庙宇供养神像的设计施加一定的影响，寺庙的僧侣为讨其欢心，也会在设计造像时，刻意将她们的气质容貌装扮等考虑进去，使得造像呈现出女性的色彩。前述奉先寺的卢舍那大佛、弥勒坐像便是极好的例子。再比如现藏于美国的宝庆寺的十一面观音菩萨立像龛，是长安三年（703年）由唐朝管理全国僧众事务的最高僧官——德感法师领导大臣等为武则天建长安光宅寺七宝台时所造。日本九州国立博物馆亦藏一宝庆寺一佛二菩萨像，是当时修七宝台时虢国公杨思勖捐赠的。那时的武则天已经登上了皇帝宝座，无论是德感法师还是虢国公杨

————————

　　[1]（宋）王溥：《唐会要》卷四八《寺》，北京：中华书局，1955年，第846页。按：《唐会要》载观音寺乃新城公主奏立，误。

　　[2]（清）徐松撰、张穆校补、方严点校：《唐两京城坊考》，北京：中华书局，1985年，第108页。

　　[3]（新罗）崔致远：《唐大荐福寺故寺主翻经大德法藏和尚传》，《大正新修大藏经》第50册，台北：财团法人佛陀教育基金会出版部，1990年，第281页中栏。

思勘，在造像的设计上都会揣测武则天的心思。虽然其他女性个体对佛教造像女性化的影响远不及母仪天下的武则天，但由众多个体组合而成的群体，产生的影响也就能与武则天相伯仲了。正因为如此，我们今天看到的唐代一些呈女相的观音不但服饰与唐代贵妇相似，而且神态与气质也颇与唐代贵妇近似。邢莉所指出："有些寺院里的菩萨形象就干脆以贵族家庭的妇女甚至女伎为模特儿"①塑造的，应该是当时的社会现实。

观音的服饰装束像极了世俗生活中贵族家庭的女性，缺少了印度佛教的神秘与庄重特点，这一现象引起了很多高僧的不满，道宣法师即批评说："自唐来，笔工皆端严柔弱似妓女之貌，故今人夸宫娃如菩萨也。又云：今人随情而造，不追本实，得在信敬，失在法式。但论尺过长短，不问耳目全具。或争价利，计供厚薄，酒肉饷遗，身无洁净。致使尊像虽树，无复威灵。"②除了龙门石窟的观音造像外，敦煌石窟的观音画像也多作高髻打扮，比如开凿于景龙年间（707—710 年）的敦煌莫高窟第 217 窟中的观音像，衣带摇曳，璎珞满身，体态丰腴，面似银盆，富贵相十足，其神态服饰活脱脱就是唐代上层社会的贵族妇女。不管高僧们满意不满意，观音菩萨还是在经历了唐高宗、武则天时期造像女性化趋势的高峰之后，最终完成了由男变女的转变。

观音造像女性化是佛教史的大问题，探源究根，不是一两种因素就能说明了的，而是历史的、文化的、宗教的、社会的、政治的、世俗的诸种因素综合作用的结果。本文所谈虽然只是一个侧面，但却足以说明性别因素对历史文化发展的影响。如果没有武则天开凿卢舍那佛，佛教造像女性化的趋势不会那么明显，观音女性化的过程也不会加快；如果没有广大的佛教女性信徒的崇佛活动，观音女性化过程也不会那么顺利，也不会普及。可以说，观音女性化趋势在高宗武则天时代达到高峰，是在武则天的推动下，在广大女性信仰群体的配合下才得以实现的。总之，女性——作为被历史遗忘的性别群体，虽然她们无法发声，但她们既然存在于历史之中，必然就会对历史发生影响。同理，只要有女性的存在，社会的政治、经济、文化及其所

① 邢莉：《观音信仰》，北京：学苑出版社，1994 年，第 30 页。
② （宋）道诚：《释氏要览》卷中，《大正新修大藏经》第 54 册，台北：财团法人佛陀教育基金会出版部，1990 年，第 288 页中栏。

有的一切制度都不应该排斥女性，也许这就是我们研究历史文化的目的，当然不是唯一的目的。

原载（《平顶山学院学报》2017 年第 4 期）

试论水月观音在唐代产生的社会文化基础

　　观音是佛教在中国民间最受欢迎的神祇，其影响所及并不次于佛教的最高神释迦牟尼，民间即有"家家观世音，户户阿弥陀"的说法。而观音三十三像中最受欢迎的又是水月观音。关于水月观音的出现与流行及其对中国文化的影响，不同学科的研究学者分别从历史学、宗教学、哲学、美学等角度进行了分析和探讨①。这些研究尽管都有其独特的视角和合理的解释，然而水月观音如何只在中国产生却没有一个非常准确的答案。如果是佛教中国化的需要，那么观音由男变女本身已经是中国化的显著成果了，更何况本土化的佛教教派——禅宗在唐代以来盛极一时，渐渐取代了律宗、法华宗、唯识宗、华严宗、三论宗等，成为宋代以后佛教的主体，与净土宗塑像和密宗的真言共同构成了中国民众佛教信仰的世界。如果说佛教经典中常有"水月"隐喻出现，并将"水""月""水中月"定型为"空""虚幻""假有"本质的明确象征是水月观音出现的基础，那么缘何唯只有中国出现了水月观音呢？一如观音的女性化只是中国特例，水月观音在唐代的出现必然也有着中国古代社会独特的需求。

---

　　① 郭敏飞的《水月观音考论》是一篇比较系统的探讨水月观音在中国产生并流传原因的文章，他认为佛教经典中"水月"隐喻、中国形象艺术和女神、母神崇拜是水月观音出现的基础。详见郭敏飞：《水月观音考论》，杭州师范大学硕士学位论文，2009 年。

一、中国古代源远流长的水月情结

探讨水月观音的出现，离不开传统社会民众的水月情结。早在上古时期，我国先民便对水和月产生了浓厚的感情，与水月有关的诗篇和神话传说，便是先民抒发对水月情感的媒介。在这两者之中，水由于贴近人的生活，与人有着更多的互动，因而成为人们以诗言志的主体。比如《诗经·关雎》载："关关雎鸠，在河之洲。窈窕淑女，君子好逑。参差荇菜，左右流之。窈窕淑女，寤寐求之。"①《诗经·蒹葭》云："蒹葭苍苍，白露为霜。所谓伊人，在水一方，溯洄从之，道阻且长。溯游从之，宛在水中央。"②《诗经·溱洧》曰："溱与洧，方涣涣兮。士与女，方秉蕳兮。女曰观乎？士曰既且。且往观乎？洧之外，洵訏且乐。维士与女，伊其相谑，赠之以勺药。"③《诗经·泽陂》云："彼泽之陂，有蒲与荷。有美一人，伤如之何？寤寐无为，涕泗滂沱。"④《诗经·泉水》云："毖彼泉水，亦流于淇。有怀于卫，靡日不思。"⑤水在《诗经》时代即与人的情感紧密相连，人们对爱情、亲情、家乡的思念之情都可以通过对水的吟咏表达出来。

战国时代的楚辞里也有很多咏水的佳作。在屈原笔下，除了神话故事、历史传说、仙灵神鬼、花鸟虫兽外，日月山水也成为他抒发内心世界的意象。《九歌·云中君》载："美要眇兮宜修，沛吾乘兮桂舟；令沅湘兮无波，使江水兮安流。"⑥《九歌·湘君》载："麋何食兮庭中，蛟何为兮水裔；朝驰余马兮江皋，夕济兮西澨……筑室兮水中，葺之兮荷盖。"⑦《九歌·大司命》载："与女游兮九河，冲风至兮水扬波。与女沐兮咸池，晞女发兮阳之阿。"⑧屈原也用水做比附表达了对爱情、亲情的思考和对家国的思念之情。

中国古代对水的依恋源于水对人的生存具有不可或缺的重要性。水虽然是最常见的自然物，但它却是人类生存的必要条件。古人对水的依恋从《周易》

---

① 袁梅：《诗经译注》，济南：齐鲁书社，1985年，第76页。

② 袁梅：《诗经译注》，济南：齐鲁书社，1985年，第335页。

③ 袁梅：《诗经译注》，济南：齐鲁书社，1985年，第269页。

④ 袁梅：《诗经译注》，济南：齐鲁书社，1985年，第362页。

⑤ 袁梅：《诗经译注》，济南：齐鲁书社，1985年，第159页。

⑥ （宋）洪兴祖：《楚辞补注》卷二，北京：中华书局，1983年，第60页。

⑦ （宋）洪兴祖：《楚辞补注》卷二，北京：中华书局，1983年，第66页。

⑧ （宋）洪兴祖：《楚辞补注》卷二，北京：中华书局，1983 年，第72—73页。

有《坤卦》和《坤卦》的卦爻辞对坤的解释便可得到证明。据研究，《周易》的六十四卦是在乾、坤、震、巽、坎、离、艮、兑八卦的基础上推演而成，而这八卦分别代表着天、地、雷、风、水、火、山、泽等八种自然现象。八卦推演成六十四卦后，水和地合成一卦变成了《坤卦》，坤本身便是地的意思，《象传》之"地势坤"即"地势水"，寓意为"厚德载物"，取水有滋生万物的情怀①。古人的这种观念，《管子·水地篇》讲得非常清楚："水者，地之血气，如筋脉之通流者也……集于草木，根得其度，华得其数，实得其量。鸟兽得之，形体肥大，羽毛丰茂，文理明著。"②正因为如此，水比土地更受人依恋，这种依恋心理对逐水草而居的游牧民族更为强烈，因此《连山卦》首坤次乾。

因为水能滋生万物，因此水便具有孕育生命的神秘力量。传说上古时期的女儿国就是通过水来怀孕生子的："女儿国有黄池，妇人入浴，出即怀孕。"③"扶桑东千余里有女国，容貌端正，色甚洁白，身体有毛，长发委地。至二三月，竟入水则妊娠，六七月产子。"④水具有孕育生命的神秘力量很可能源于古人对祖先灵魂的崇拜。大洋洲上的特罗布里恩德岛上的女人如果想生育的话就可以到河里沐浴，他们认为自己祖先的灵魂就飘浮在水里，只要灵魂进入女人的身体便可以让女人怀孕⑤。水的这种神秘力量自然使古人对水神的崇拜更多地倾向于女神身上，如传说中的女丑、娥皇、女英及宓妃是也。

先民的月亮情结也是非常强烈的，只是月亮远在上穹，遥远而神秘，心向往之却难以触及，仰其美丽却难以贴近，所以上古时代的人们很少用以诗言情的方式表达对月亮的依恋与崇拜，偶然用之，则用以形容女性之美。《诗经》中与月有关的诗只有一首《月出》云："月出皎兮，佼人僚兮。舒窈纠兮，劳心悄兮。月出皓兮，佼人懰兮。舒忧受兮，劳心慅兮。月出照兮，佼人燎兮。

---

① 焦杰：《性别视角下的〈易〉〈礼〉〈诗〉妇女观研究》，北京：中国社会科学出版社，2010 年，第 42—45 页。

② 黎翔凤：《管子校注》卷一四《水地第三十九》，北京：中华书局，2004 年，第 813—815 页。

③ （清）郝懿行笺疏、范祥雍补校：《山海经笺疏补校》卷七《海外西经》，上海：上海古籍出版社，2013 年，第 259 页。

④ （唐）姚思廉：《梁书》卷五四《东夷传》，北京：中华书局，1973 年标点本，第 809 页。

⑤ （英）马林诺夫斯基著、高鹏编译：《野蛮人的性生活》，北京：团结出版社，2005 年，第 97—108 页。

舒夭绍兮，劳心惨兮。"①热恋中的男子赞美自己意中人如月亮般美丽而迷人。战国时代的宋玉也在《神女赋》中用月亮之美描写高塘神女："其少进也，皎若明月舒其光。"②

因为月亮神秘而遥远，神话便成为人们表达对月亮依恋情感的主要途径。最早的就是《山海经》的记载里有羲和浴月的传说，她就是嫦娥的前身。最著名的就是嫦娥奔月的故事："羿请不死之药于西王母，羿妻嫦娥窃之奔月，托身于月，是为蟾蜍，而为月精。"③嫦娥变成的月精并不孤单，不但有吴刚相陪，其出入还必乘车，为她驾车的是一个美丽的少女"望舒"，亦叫纤阿。《史记·索隐》载："纤阿……美女姣好貌。又乐产曰：'纤阿，山名，有女子处其岩，月历数度，跃入月中，因为月御也。'"④

古人对月亮的崇拜与依恋情结同样来源于月亮的对人类和生命的不可或缺性。朱天顺指出："有些土著民族，以为使植物生长的不是太阳，而是月亮。他们以为是月亮的柔和光线带来凉爽和露水，并有滋润人畜，促进植物生长的神性而向它献祭。"⑤因为月亮能滋润人畜，能促进植物的生长。在中国，随着《周易》阴阳思想与两性关系结合，代表阳的日和代表阴的月便分别成为男女两性的象征："大名生于东，月生于西，此阴阳之分，夫妇之位也。"⑥母亲与女性便成为中国月亮文化最基本的象征意义。《吕氏春秋·精通》云："月，群阴之本。"《淮南子·天文训》云："月者，阴之精，地之理也。"《说文》释月载："阙也，太阴之精。"正因为如此，我们看到的诗篇与神话内容往往离不开女性，水和月都是女性的象征。

因为月亮是太阴之精，男女构精，万物化生，所以月亮与女人发生的感应也能产出生命。"女狄暮汲石纽山下，泉水中，得月精如鸡子，爱而含之，不觉而吞，遂有娠，十四月，生夏禹。"⑦这种观念从汉代一直延续到魏晋南北

① 袁梅：《诗经译注》，济南：齐鲁书社，1985 年，第 359—360 页。

② （梁）萧统：《昭明文选》卷一九，郑州：中州古籍出版社，1990 年，第 252 页。

③ （汉）刘安：《淮南子》卷六《览冥训》，北京：中华书局，1998 年，第 501 页。

④ （汉）司马迁：《史记》卷一一七《司马相如列传》，北京：中华书局，1980 年标点本，第 3010 页。

⑤ 朱天顺：《中国古代宗教初探》，上海：上海人民出版社，1982 年，第 21 页。

⑥ （汉）郑玄注、（唐）孔颖达疏：《礼记正义》卷二四《礼器》，北京：中华书局，1980 年阮元十三经注疏本，第 3120 页。

⑦ （宋）李昉等：《太平御览》卷四《遁甲开山图荣氏解》，上海：上海古籍出版社，2008 年，第 893—202 页。

朝时期。"见白气贯月，意感，以乙日生汤，号天乙。"①"李亲任政君在身，梦月入其怀，及壮大，婉顺得妇人之道。"②"孙坚夫人吴氏，孕而梦月入怀，已而生策。"③对这种文化现象，傅道彬指出："月亮之所以具有如此深远的文化创生意义，正因为它一开始就同女性的意义联系在一起。"④其实，这句话掉过来说更合适：月亮之所以与女性联系在一起，是因为它一开始就具有文化创生意义。

二、中古时期水月意象诗赋创作的盛行

中国古人的水月情结历经两汉到隋唐久盛不衰，水和月都成为人们以诗言情表达思想感情的途径。魏晋以来流行赋体文，出现了很多吟咏水的赋文。曹丕《临涡赋》载："荫高树兮临曲涡，微风起兮水增波。鱼领顽兮鸟适逸，雌雄鸣兮声相和。苏藻生兮散茎柯，春木繁兮发丹华。"⑤谢灵运《长溪赋》云："潭结绿而澄清，獭扬白而戴华，飞急声之瑟泊，散轻文之涟罗。始镜底以如玉，终积岸而成沙。"⑥顾恺之《观涛赋》曰："临浙江以北脊，壮沧海之宏流。水无涯而合岸，山孤映而若浮。既藏珍而纳景，且激波而扬涛。"⑦在文人墨客笔下，奔流不息的江河，烟波浩渺的湖海，汹涌澎湃的波涛，被赋予了鲜活的生命，成为他们寄托情感的对象。不过，这个时候人们关注的水不再是身边的山川河流，而是大江大海的波澜壮阔和宏伟的气势。人们对水的情感已经走出了神秘崇拜的束缚变得理性起来，给人力量的不再是水的温柔润泽，而是激荡飞扬、一泻千里的气势。这当然与那个时代的社会背景有关。

中古时期的社会，人们对月亮的依恋之情进一步加深，月亮的传说变得更丰富与动人，更令人充满遐思和向往："旧言月中有桂、有蟾蜍，故异书言月

---

① （梁）沈约：《宋书》卷二七《符瑞志上》，北京：中华书局，1974年标点本，第764页。

② （汉）班固：《汉书》卷九八《元后传》，北京：中华书局，1962年标点本，第4015页。

③ （晋）干宝：《搜神记》卷一〇，北京：中华书局，1979年，第122页。

④ 傅道彬：《中国文学的文化批评》，哈尔滨：黑龙江人民出版社，2000年，第173页。

⑤ （清）严可均编：《全上古三代秦汉魏晋南北朝文·全三国文》卷四《魏四》，北京：商务印书馆，1999年，第36页。

⑥ （清）严可均编：《全上古三代秦汉魏晋南北朝文·全宋文》卷三〇，北京：商务印书馆，1999年，第287页。

⑦ （清）严可均编：《全上古三代秦汉魏晋南北朝文·全晋文》卷一三五，北京：商务印书馆，1999年，第1458页。

桂高五百丈，下有一人常斫之，树创随合。人姓吴名刚，西河人，学仙有过，谪令伐树。释氏书言须弥山南面有阎扶树，月过，树影入月中。或言月中蟾桂，地影也；空处，水影也；此语差近。"①在这种情形下，吟月的诗文大量增加。司马相如《长门赋》云："日黄昏而望绝兮，怅独托于空堂。悬明月以自照兮，徂清夜于洞房。援雅琴以变调兮，奏愁思之不可长。……众鸡鸣而愁予兮，起视月之精光。"②魏古诗《明月何皎皎》曰："明月何皎皎，照我罗床帏。忧愁不能寐，揽衣起徘徊。客行虽云乐，不如早旋归。出户独仿徨，愁思当告谁？引领还入房，泪下沾裳衣。"③曹植《七哀诗》云："明月照高楼，流光正徘徊。上有愁思妇，悲叹有余哀。"④陶渊明《拟古诗九首·其七》载："皎皎云间月，灼灼叶中花。岂无一时好，不久当如何？"⑤何逊《与苏九德别诗》云："春草似青袍，秋月如团扇。三五出重云，当知我忆君。"⑥徐陵《关山月》载："关山三五月，客子忆秦川。……战气今如此，从军复几年。"⑦日常生活中的惆怅、旅居异地的乡愁、深闺的怨恨、将士的思归等情感，以及对人生的感悟都通过对月亮的倾诉而表达出来。人们对月亮的情感颇像《诗经》时代对水的依恋。

特别值得注意的是，这一时期诗文创作中水月共吟的现象开始出现，很多情况下，吟水必咏月，咏月必吟水，就连观江海之波涛也必邀月相陪，似乎有了明月的相衬，波涛才有了更值得观赏的价值。顾恺之《观涛赋》云："其中则有珊瑚明月，石帆瑶瑛，雕鳞采介，特种奇名。崩峦填壑，倾堆渐隅。岑有积螺，岭有悬鱼。谟兹涛之为体，亦崇广而宏浚。形无常而参神，斯必来以知信。势刚凌以周威，质柔弱以协顺。"⑧谢朓《临楚江赋》载："爰自山南，薄暮江潭，滔滔积水，袅袅霜岚。忧与忧兮竟无际，客之行兮岁已严。尔乃云沈西岫，风动中川，驰波郁素，骇浪浮天，明沙宿莽，石路相悬。于是雾隐行

① （唐）段成式：《酉阳杂俎》卷一《天咫》，北京：中华书局，1981年，第9页。
② 斗南主编：《人一生要读的古典诗词》，北京：北京联合出版公司，2011年，第388页。
③ 沈文凡等编著：《汉魏六朝三百首译析》，长春：吉林文史出版社，2005年，第42页。
④ 逯钦立：《先秦汉魏晋南北朝诗·魏诗》卷七，北京：中华书局，1983年，第458页。
⑤ 逯钦立：《先秦汉魏晋南北朝诗·晋诗》卷一七，北京：中华书局，1983年，第1005页。
⑥ 逯钦立：《先秦汉魏晋南北朝诗·梁诗》卷八，北京：中华书局，1983年，第1689页。
⑦ 逯钦立：《先秦汉魏晋南北朝诗·陈诗》卷五，北京：中华书局，1983年，第2525页。
⑧ （清）严可均编：《全上古三代秦汉魏晋南北朝文·全晋文》卷一三五，北京：商务印书馆，1999年，第1458页。

雁，霜眇虚林，迢迢落景，万里生阴，列攒茄兮极浦，得兰鹅兮江浔，奉王樽之未暮，飡胜赏之芳音。愿希光兮秋月，承永照于遗簪。"①夜空深邃，明月孤悬，伫岸观涛，涛声激浪，可谓静中有动，动中有静，静与动之中，喧嚣的江海波涛便多了几分神秘。

水月共吟的现象到唐代时更为盛行，大凡吟诗者皆有水月共吟的作品传世，而且名家往往不止一首。李白《金陵江上遇蓬池隐者》云："水影弄月色，清光奈愁何。明晨挂帆席，离恨满沧波。"②杜甫《旅夜书怀》曰："细草微风岸，危樯独夜舟。星垂平野阔，月涌大江流。"③白居易《春题湖上》载："湖上春来似画图，乱峰围绕水平铺。松排山面千重翠，月点波心一颗珠。"④王维《白石滩》云："清浅白石滩，绿蒲向堪把。家住水东西，浣纱明月下。"⑤崔道融《秋霁》曰："雨霁长空荡涤清，远山初出未知名。夜来江上如钩月，时有惊鱼掷浪声。"⑥赵暇《江楼感怀》载："独上江楼思渺然，月光如水水如天。同来望月人何处？风景依稀似去年。"⑦旅途的孤独与闲适，客居异地的乡愁与思归，日常生活的心情都通过水月共吟得以表达。当然，最最有名的当属张若虚《春江花月夜》云："春江潮水连海平，海上明月共潮生。滟滟随波千万里，何处春江无月明。……江天一色无纤尘，皎皎空中孤月轮。江畔何人初见月？江月何年初照人？……斜月沉沉藏海雾，碣石潇湘无限路。不知乘月几人归，落月摇情满江树。"⑧作者那复杂的感情通过这首长诗完整的表达出来。

水月共咏诗作在唐代之流行，邓婷曾以《唐诗三百首》为例进行统计，其中把"月""水"相连而描写"水月"这一意象的诗歌（28首30次）已在所有写月之诗里占了压倒性的比重（约占总数的 31%），明显超过了其他诸

---

① （清）严可均编：《全上古三代秦汉魏晋南北朝文·全齐文》卷二三，北京：商务印书馆，1999 年，第 234 页。

② （清）彭定求等：《全唐诗》卷一八二，北京：中华书局，1960 年，第 1856 页。

③ （清）彭定求等：《全唐诗》卷二二九，北京：中华书局，1960 年，第 2489 页。

④ （清）彭定求等：《全唐诗》卷四四六，北京：中华书局，1960 年，第 5003 页。

⑤ （清）彭定求等：《全唐诗》卷一二八，北京：中华书局，1960 年，第 1301 页。

⑥ （清）彭定求等：《全唐诗》卷七一四，北京：中华书局，1960 年，第 8210 页。

⑦ （清）彭定求等：《全唐诗》卷五五〇，北京：中华书局，1960 年，第 6372 页。

⑧ 张志英：《唐诗宋词全鉴（典藏版）》，北京：中国纺织出版社，2015 年，第 14—15 页。

如描写"山月""秋月"等月景的诗歌数量①。在这些"水月"意象的诗篇中，有离情的怅恨，有行旅的闲适，有春意的妩媚，有客居的忧愁，有人生的思索，有对精神世界的追求。不论天上的明月是圆是缺，不论身边水是动是静，骚人墨客们总有办法将它们与自己情感紧密相连。在他们的眼中，水和月是那样的亲切，那样的温柔，像母亲、亲人、情人，可以让他们毫无顾忌地将内心深处最柔软的地方展示出来。中国古人的水月情结到唐代发展到了极致。

在中国传统文化里，水和月虽是两种不同的自然现象，但在传统文化母题中有着相似的特征和审美哲学，这是中古时期水月共吟诗赋比较流行的一个非常重要原因。首先，水与月都具有滋生万物的特性，是生命萌生和生长的源泉，水滋养生命，月亮能创造生命。其次，水与月都具有女性的柔美的特征，水是柔顺的温婉的，月亮是温柔的恬静的，水和月都能让人变得沉静而愉悦。再次，水与月带给人的审美视角是相似的，水波晶莹澄澈，月光皎洁如水，夜幕下的水光泛波，是水？还是月？最后，水和月的美往往互相依存，水无月则晦暗不明，月无水则缺少生动，缺了任何一方，美中总显不足。可以想象，在寂静的夜晚，一川江水、一湖碧波、一湾清流、一轮圆月，或一镰银钩，水映月，月入水，晶莹剔透、纤尘不染，温柔而恬静，在唐代诗人笔下，水月意象呈现出的是一种空灵到极致的美。唐代文人墨客笔所抒发的水月情结一反《诗经》和《楚辞》时代的率性直白、热情质朴，变得含蓄深沉、宁静宜人，呈现出一种空灵之美。唐诗创作中水月意境的流行正是禅宗兴起的结果。

三、水月观音是唐代文人士子的心理诉求

禅宗是隋唐时代佛教教派之一，虽然其始祖号称是来自印度的菩提达摩，但真正的创始人却是唐代的弘忍大师，在其弟子神秀和慧能的主持下发扬光大，所以禅宗完全全是佛教中国化的产物。禅宗虽然是本土佛教，但它毕竟是从印度佛教发展而来，所以禅宗的一些基本范畴与印度佛教还是共同或者相近的。比如禅宗的最高境界"空"，以及修行的方法"悟"，则与佛祖释迦牟尼所倡导的"'悟'是识得佛性、真如或禅理的最基本、最传统的方法，悟得

---

① 邓婷：《浅析唐代禅诗中的"水月"意象》，《山西青年管理干部学院学报》2008年第4期。

'无我'是低层次，悟得"空"才是高层次"并无多大的区别①。只是印度佛教的"空"是"四大皆空"，禅宗追求的"空"是"物空""心空"。"心空"是"心量广大，犹如虚空，无有边畔，亦无方圆大小，亦非青黄赤白，亦无上下长短，亦无瞋无喜、无是无非、无善无恶、无头无尾"②。"物空"是"万物色像，日月星宿，山河大地，泉源溪涧，草木丛林，恶人善人，恶法善法，天堂地狱，一切大海，须弥诸山，总在空中。"③这是一种超然遗世的境界，达到这一境界便能得到澄明透彻的智慧，具有只可意会、不可言传的"空灵"之妙。

在禅宗的世界里，以月喻禅是其文化传统，《文殊师利问菩提经》即云："初发心是月新生，行道心如月五日，不退转心如月十日，一生补处心如月十四日，如来智慧如月十五日。"④在禅宗看来，月亮的阴晴圆缺的规律与佛性的修行周期是一致的，月一天天由新月发展到圆月，佛性的修行也一天天由初发到功德圆满。正因为如此，唐代热衷于禅学的文人士子特别喜爱作为吟咏的对象，借吟月抒发自己对禅学的理解和对禅宗最高境界的向往。陈子昂的《酬晖上人秋夜独坐山亭有赠》、张说的《江中诵经》、王维的《赋得秋日悬清光》、于良史的《春山夜月》、李商隐的《锦瑟》等等都是此类。《香祖笔记》即说："唐人五言绝句，往往入禅，有得意忘言之妙，与净名默然，达磨得髓，同一关捩。观王（维）裴（迪）《辋川集》及祖咏《终南残雪》诗，虽钝根初机，亦能顿悟。"⑤

禅宗的至高无上的空灵境界与唐诗水月共吟中所描绘的意象非常接近。晚唐诗僧皎然有一首非常有名的禅诗《溪上月》，就是通过水月共吟这种意象表达了禅宗的理想境界——空灵到极致的美："秋水月娟娟，初生色界天。蟾光散浦溆，素影动沧涟。何事无心见，亏盈向夜禅。"⑥一江秋水，一轮素月，

① 王柯平：《空灵为美的禅宗美学思想——中国古典美学札记》，《北京第二外国语学院学报》1996 年第 6 期，第 10 页。
② 齐云鹿：《坛经大义》，北京：宗教文化出版社，2014 年，第 58 页。
③ 齐云鹿：《坛经大义》，北京：宗教文化出版社，2014 年，第 60 页。
④ （唐）释道世著，周叔迦、苏晋仁校注：《法苑珠林校注》卷三四，北京：中华书局，2003 年，第1090 页。
⑤ （清）王士禛：《香祖笔记》卷二，转引自潘务正：《清代翰林院与文学研究》，北京：人民出版社，2014 年，第 128 页。
⑥ 李森译注：《禅诗三百首译析》，长春：吉林文史出版社，2014 年，第 40 页。

上下空明澄澈，万籁俱静，其意境正如宋高僧妙空在《证道歌注》中所言："一月普现一切水，一切水月一月摄。诸佛法身入我性，我性同共如来合。"①娟月倒映秋水，空明澄碧，犹如佛界的色界天，快乐、清净，既让人喜悦无比，又让人感到微妙无比。在皎然这首诗里，水月之境与禅境合二为一，诗境与禅境浑然天成。可以说，唐诗的水月意象是中古时期的文人士子出于对水月之美的欣赏和以月喻禅的需求而形成的。唐代热爱禅学的文人士子对水月意象的向往和追求，正是中国化的水月观音出现的基础。

水月观音是三十三观音造像之一，纯粹是中国佛教的产物，这个形象大约出现在中唐以后。据史书记载，生活在大历至贞元时期的著名画家周昉以画水月观音知名，他创作的观音形象来源于玄奘《大唐西域记》所载的布呾洛迦山中的观音菩萨，长安胜光寺塔东南院就有他画的水月观自在菩萨掩障，菩萨圆光及竹，并是刘整成色②。但这幅观音画早已佚失，所以周昉所画水月观音形象到底如何却无从判定。传统社会中水月观音形象是以手抚膝、半跏趺坐思维相或手持杨枝和净瓶，姿势随意洒脱，观音身后有一轮圆月做背景，周围有泉流池沼、山峦丛林，整个画面犹如一幅山水画、山居图③。作为中国化的观音形象，水月观音在中晚唐时期已经成为佛教信徒摩顶礼拜的圣像，来唐求学的日本僧人回国之时都请很多佛经和佛像回去，其中即有水月观音像④。如果没有广泛的社会文化基础，水月观音不会再出现不久之后便拥有如此庞大的信仰市场。这个广泛的社会文化基础就是唐代文人笔下呈现的水月意象。

观音菩萨在佛教中的地位仅次于释迦牟尼佛，虽然可现男相女相，但在印度佛教中却是一位男子，在中国却完全变成了一位慈祥的女性，这个变化过程开始于南北朝，完成于初唐到盛唐之间。到中晚唐时，观音无论是造像还是文献记录都显示其是位女性了⑤。也有学者认为观音女性化是在宋代完成的⑥。目

---

① 转引自吴言生：《禅的梦：人生的顿悟与回味》，西安：三秦出版社，1992年，第101页。

② （唐）张彦远撰、周晓薇点校：《历代名画记》卷二，沈阳：辽宁教育出版社，2000年，第36页。

③ 尚荣：《中国佛教艺术100讲》，天津：百花文艺出版社，2010年，第110页。

④ （日）安然：《诸阿阇梨真言密教部类总录》卷下，《大正新修大藏经》第55册，台北：财团法人佛陀教育基金会出版部，1990年，第1070页上栏。

⑤ 焦杰：《性别之变：唐代中土地区观音女性化的过程考察》，《广东技术师范学院学报》（社会科学版）2015年第4期。

⑥ 孙修身、孙晓岗：《从观音造型谈佛教的中国化》，《敦煌研究》1995年第1期。

前可见为数不多的武则天中晚期的观音造像，无论是华严教派的净瓶观音，还是密教的十一面观音，都是身材窈窕，五官端秀，乳峰丰满的女子。而在中晚唐时期的传说中，观世音点化世人也总是以女人的形象出现，甚至以"以身相许"的方式引诱世人成为佛家弟子。所以在某些学者（包括我自己）的心目中，周昉所画的水月观音也应该是一位女性①。然而这并不一定是事实。

目前所见最早的水月观音像都是五代时期的作品，大多都收藏于英国和美国的博物馆。这些观音像有的呈双脚盘坐状，有的呈半跏趺坐思维相，但均手提净瓶杨柳，有圆月做背景，但有的有泉流池沼和翠竹树林和岩石山峦，有的却没有。不过这几幅水月观音的外貌形象和气质特征明显是男性，其中最明显的特征是那两撇小胡子。这种有胡须的观音在初唐敦煌造像中非常普遍，但中晚唐之后就没有了。显然，周昉在长安胜光寺塔东南院画的水月观音很可能不是女性而是位男性，被日本僧人请到日本的观音像也可能是位长胡子的观音。在观音已经完成女性化之后产生的水月观音居然是男性，不能不说是很奇怪的事情。分析其原因，可能与唐代观音女性化并且渐渐成为妇女群体的信奉对象密不可分。

观音在唐代的女性化有很多原因，其中女性信仰群体的扩大及其对观音的崇奉活动是其中一个重要原因②。在唐代，具有母性情怀的观音不仅受男人的崇拜，更受女人的崇拜。在佛教的神祇中，"阿弥陀佛与观世音菩萨是较受唐代女性群体青睐的两种造像题材"③。根据孙昌武的研究，龙门石刻观音（不包括"西方三圣"里的观音）的铭文中，女性造像者占约 1/3④。张晓迎据李晓敏搜集的 1456 条隋唐造像记进行统计分析，女性造像则多达 25%以上⑤，不管是居家的优婆夷，还是一般的女信仰者，她们都喜欢供养观音菩萨，尤其喜欢在家里供养。盛唐以后佛教造像进入低谷，"为了满足供养观音的需求，唐代

---

① 焦杰：《性别之变：唐代中土地区观音女性化的过程考察》（《广东技术师范学院学报》（社会科学版）2015 年第 4 期）怀疑周昉在长安胜光寺塔东南院画的水月观音很可能是女性有欠考虑。

② 焦杰：《性别之因：唐代中土地区观音女性化的性别因素考察》，《广东师范技术学院学报》（社会科学版）2015 年第 12 期。.

③ 张晓迎：《唐代妇女佛教造像活动研究》，西北大学硕士学位论文，2012 年，第 41 页。

④ 孙昌武：《中国文学中的维摩与观音》，北京：高等教育出版社，1996 年，第 225 页。

⑤ 张晓迎：《唐代妇女佛教造像活动研究》，西北大学硕士学位论文，2012 年，第 7 页。

的很多女信徒们都利用刺绣的技术，亲自动手绣观音像挂于房中香水供养"①。女性化的观音俨然成了唐代妇女的专属，这是否令那些同样有着恋母情结、又热爱佛学、喜欢谈禅的唐代文人士子无可奈何又心有不甘？于是他们在水月意象的基础上创造出水月观音来？换句话说，周昉在长安胜光寺塔东南院画的水月观音是否是响应了唐代文人士子心声的结果？

除了周昉之外，据黄休复《益州名画录》卷上所载，晚唐画家左全、范琼分别在成都大圣慈寺和圣寿寺画有水月观音像。我们同样无法知道他们所画的水月观音是男是女。不过水月观音在中晚唐时代颇得男子的欢心，比如大诗人白居易就对水月观音极其崇拜，他在《画水月菩萨赞》中说："净禄水上，虚白光中：一睹其相，万缘皆空。弟子居易，誓心归依，生生劫劫，长为我师。"②晚唐时有个蒋询的侍郎长得颇为俊美，胜过前朝的潘安仁、卫叔宝，大家称他为"水月观音"，都很喜欢他到家里来做客，"人以为祥瑞"③白居易愿生生世世做水月观音的弟子，蒋凝被称为"水月观音"而不以为意，说明中唐以后产生的水月观音应该是男性无疑。可惜由于文献的缺乏，到目前为止我们还未能发现任何与周昉、左全和范琼画水月观音有关的记载。不过，从唐代诗作中水月意象流行的盛况来看，这一推论还是很有可能的。

宋代以后，随着观音女性化的日益普及，男人们创作的水月观音也不得不迅速完成了她的女性化过程。在敦煌莫高窟、安西榆林窟，西夏或元代开凿的洞窟中，有不少这样水月观音像，她"抚膝悠闲地坐于山旁，她长发披肩，着入时的服装（按：和前时所见菩萨装迥异，亦不再赤袒上身），神情悠然，目视前方"④。从服饰和打扮来看，水月观音完全是个唐代贵妇，然而非常奇特的是，个别这种造型的水月观音竟然有胡须。这种状况显然是水月观音由男向女转化过程中的必然出现的现象。宋代以后，水月观音完全女性化，其服饰打扮与唐代就有所不同的，越来越具有宋代女性服饰的特点。

每一种文化现象的产生都有其特殊的社会背景，水月观音出现于中晚唐时

---

① 焦杰：《性别之变：唐代中土地区观音女性化过程的考察》，《广东技术师范学院学报》（社会科学版）2015年第4期，第7页。

② （唐）白居易著、顾学颉校点：《白居易集》卷二二，北京：中华书局，1979年，第888页。

③ （五代）孙光宪撰、贾二强点校：《北梦琐言》卷五"沈蒋人物"，北京：中华书局，2002年，第103页。

④ 孙修身、孙晓岗：《从观音造型谈佛教的中国化》，《敦煌研究》1995年第1期。

期的唐代社会必然也是有着广泛的社会文化心理需求。源自上古时期的水月情结到中古时期进一步发展强化，以文人士子创作的水月共吟诗赋作品的流行而表达出来。这种文学创作倾向实质上是传统文化的水月情结与本土化佛教禅宗的"空灵"思想相融合的产物，唐诗所呈现的水月意象和禅宗的最高境界都是一种空灵到极致的美。可以说，唐代热爱禅学的文人士子对水月意象的向往和追求就是水月观音出现的社会基础，但水月观音最初以男性形象出现很有可能是文人士子的一种自我补偿措施，用以弥补女性化的观音渐渐成为妇女群体的信仰对象而产生的失落感。只不过这位男性的水月观音抵不过观音女性化大潮的冲击，很快便华丽转性，成为观音三十三品像中最受欢迎的一个。

原载（《平顶山学院学报》2017 年第 6 期）

后 记

从 2015 年学院启动"陕西师范大学史学丛书"的出版计划起，我就谋划着将我早期文史考据方面的论文整理到一起，然后借着这个东风再出版一部论文集，《中古文史存稿》这个名字早就想好的。因为 2015 年的时间比较紧，而早期的论文大多没有电子稿，很多都要用手重新敲录在电脑里，有些文章中国知网上虽然有，但从 PDF 格式转换成 Word 文档之后会出现很多问题，所以 2015 年我选择了出版《性别史论稿》。在那之后，我一直没有放弃这个想法，每每利用空闲时间加以整理，新旧文章合起来，终于形成了这部书稿。

因为有着充裕的时间，整理这部书稿相对比较轻松，工作强度远没有《性别史论稿》大。记得 2015 年工作最紧张之时，有两次累得筋疲力尽，直喊"快要累死了"。当然，这轻松也要感谢两位学生：一是郭晶晶同学，她利用寒假先将早期论文中原本在文稿中的文献出处换作脚注。二是胡博文同学，他帮我核对了早期论文中所有的引文，并标出版本和页码。这后一个工作量相当的大，他利用了一个月的时间。对他们两个人的付出，我表示万分的感谢！

《中古文史存稿》所收论文有很多是 20 世纪 90 年代写成的，回顾这些论文总会想起年轻时代，想起刚工作时的单纯与茫然，想起在黄先生身边工作的日子，想起古籍所的那些人和事。谨以此论文集献给已故的导师黄永年先生！献给那些曾经对我言传身教的前辈学者！

焦 杰

2019 年 7 月 9 日星期日